城市轨道交通穿越风险工程案例集

韩玉珍 潘 毫 张 雷 何纪忠 编著

中国建筑工业出版社

图书在版编目（CIP）数据

城市轨道交通穿越风险工程案例集／韩玉珍等编著
. —北京：中国建筑工业出版社，2021.11
ISBN 978-7-112-26846-7

Ⅰ.①城…　Ⅱ.①韩…　Ⅲ.①城市铁路-轨道交通-
交通工程-风险管理-案例　Ⅳ.①U239.5

中国版本图书馆 CIP 数据核字（2021）第 247566 号

本书通过介绍近些年国内轨道交通工程风险项目，并按照不同的风险属性进行归类整理，给出实际施工中采取的风险处理措施、风险控制标准等内容，极具工程实际借鉴意义。全书共分 9 章，主要内容包括：绪论；富水砂卵石地层盾构穿越既有地铁车站及区间；长条形明挖深基坑超长距离顺行上跨既有盾构区间；暗挖区间隧道近距离上跨既有地铁区间结构；软土地区明挖深基坑邻近既有地铁车站及区间；PBA暗挖风井穿越地下市政管线；暗挖区间隧道近距离穿越立交桥桥基群桩；超浅埋暗挖大断面区间隧道穿越市政管线及建筑物；总结。

责任编辑：辛海丽
责任校对：刘梦然

城市轨道交通穿越风险工程案例集

韩玉珍　潘　毫　张　雷　何纪忠　编著

*

中国建筑工业出版社出版、发行（北京海淀三里河路 9 号）

各地新华书店、建筑书店经销

唐山龙达图文制作有限公司制版

北京建筑工业印刷厂印刷

*

开本：787 毫米×1092 毫米　1/16　印张：12¾　字数：310 千字

2021 年 11 月第一版　　2021 年 11 月第一次印刷

定价：**56.00 元**

ISBN 978-7-112-26846-7

(38622)

前　言

随着城市规模不断扩大，地铁作为一种高运量、低能耗、便捷型的交通方式得到空前的发展。密集的地铁网络建设中不可避免地存在邻近既有建（构）筑物的情况，邻近施工引起既有建（构）筑物附近地层移动，从而可能引发既有建（构）筑物的过量变形甚至破裂，威胁到相关人员的生命财产安全。因此，对邻近施工采取严密技术措施控制地层变形，保证地层变形不超过安全使用标准，显得十分必要。

目前，城市隧道与地下工程施工包含明挖法和暗挖法两类工法。无论采用哪类施工方法，都会遇到很多邻近施工的问题。地铁隧道与既有建（构）筑物之间的相互作用机制较为复杂，受到地层条件、隧道结构特性、隧道与既有建（构）物相对空间位置等因素影响，不同邻近施工工程存在较大差异，采取的风险控制措施及施工方案也不尽相同。作为隧道与地下工程的一线技术人员，在一次次工程建设中，积累了相当的城市轨道交通工程邻近施工的技术与经验。因此，我们对近年来所主持、参与的城市轨道交通工程邻近施工的工程案例逐一分析，总结工程施工方案，搜集成果资料，撰写成书，以供广大地下工程工作者参考借鉴。

本书围绕城市轨道交通工程邻近施工问题，选取近年来相关典型案例进行总结分析，力求系统地介绍城市轨道交通工程邻近施工设计理论及风险控制技术，以期为将来类似工程的建设提供参考。全书共9章，包含第1章绪论、第2章至第8章7项城市轨道交通工程邻近施工典型案例、第9章总结。第2章富水砂卵石地层盾构穿越既有地铁车站及区间，主要介绍盾构法区间隧道下穿既有车站及区间工程，以北京19号线平安里站—积水潭站区间为工程案例，详细介绍了盾构法穿越风险工程的控制措施及施工方案，包括盾构掘进参数、试验段设置、盾构管片加强措施等。第3章长条形明挖深基坑超长距离顺行上跨既有盾构区间，主要介绍明挖基坑上跨既有盾构区间工程，选取风险较大且具有典型性的长距离顺行上跨工程，详细分析了明挖基坑卸载导致隧道上浮的原理及相应风险控制措施，措施包括基坑分层分块开挖、坑底加固、增加配重等，并结合三维有限元数值模拟和实际施工效果，肯定了类似工程所采用风险控制措施的有效性。第4章暗挖区间隧道近距离上跨既有地铁区间结构，主要介绍了暗挖（矿山法）区间隧道近距离上跨既有地铁区间（矿山法）工程，以北京19号线某区间为案例，详细描述了矿山法区间近距离上跨既有区间的施工保护方案，重点介绍了深孔注浆措施的施工工艺，并通过有限元数值计算和实测数据分析，验证了本工程采取措施的合理性和有效性。第5章软土地区明挖深基坑邻近既有地铁车站及区间，主要介绍了软土地区明挖深基坑邻近既有地铁及区间工程，以杭州近江单元 SC0302-B1/B2-14 地块基坑邻近婺江路站及其附属为背景，详细介绍了工程施工方案、风险保护措施，尤其重点介绍了采取的风险保护措施，如采取型钢组合支撑体系（含伺服系统）、坑底旋喷桩加固措施、分层分块开挖措施等。结合三维有限元数值计算结果及实际施工效果，验证了本工程各项措施的有效性。第6章PBA暗挖风井穿越地下市政管线，主要介绍了地铁工程中一项重要工法——PBA工法，以北京19号线某区间风井穿越市政管线为工程背景，详细介绍了 PBA 工法施工工艺流程，特别是导洞（初支）及二衬施工的工艺及要点，同时介绍了 PBA 工法针对穿越管线风险可采取的保护措施。第 7 章暗挖区间隧道近距离穿越立交桥桥基群桩，主要介绍了暗挖（矿山法）区间穿越桥桩工程，以沈阳 3 号线某区间穿越文化路立交桥工程为背景，介绍了穿越桥梁时暗挖区间及桥梁本身可采取的针对性保护措施，并重点介绍了标准马蹄形暗挖断面的施工工艺流程及对应的辅助措施。第 8 章超浅埋暗挖大断面区间隧道穿越市政管线及建筑物，介绍了近两年比较流行，特别是对于周边场地有限、受控环境因素较多的情况下可采用的工法——超浅埋暗挖法（即棚盖法），以北京 19 号线某区间渡线段为工程背景，详细介绍了棚盖法的施工步骤及采用的风险控制措施，并重点介绍了控制地层变形的一项重要工艺——管幕施工工艺。

　　本书总结归纳了轨道交通工程邻近施工的主要典型案例，区间（车站）施工工法涵盖了盾构法、矿山法、超浅埋暗挖法（棚盖法）、明挖法、PBA 工法；穿越方式包含下穿（密贴、垂直）、上跨（顺行、垂直）、侧穿等多种空间位置关系；穿越风险源涵盖了既有区间（盾构、矿山）、既有车站及附属、市政管线、建筑物、桥梁等；穿越地层涵盖了卵石地层、淤泥地层、黏土层等多种不同地质条件的地层；主要风险措施涵盖了深孔注浆、超前小导管、分层分块开挖、大管棚支护、坑底加固、增设临时仰拱、格栅加密、设置试验段、合理的盾构掘进参数、强化的量测手段等，几乎覆盖了轨道交通工程中可采取的大部分风险控制措施。全书内容丰富，系统全面，可为轨道交通工程从业者提供参考和借鉴。倘能如此，作者甚感欣慰。

　　鉴于作者水平有限，错漏和不当之处在所难免，恳请读者和专家们严加斧正，不吝赐教。

目　　录

第1章
绪 论

1.1 研究背景及意义

近年来，随着我国城市化进程的加速，大中型城市人口急剧膨胀，同时带来城市交通过度拥挤、高能耗、高污染以及事故频发等问题。城市轨道交通系统作为一种高运量、低能耗、便捷型的公共交通系统得到空前发展，已成为城市交通系统不可或缺的一部分[1]。据统计，截至 2020 年 12 月，我国大陆地区共有 44 个城市开通运营城市轨道交通线路 233 条，运营里程 7545.5 公里，车站 4660 座，实际开行列车 2528 万列次，完成客运量 175.9 亿人次[2]。以北京为例，北京已建成运营的轨道交通主要有：1 号线、2 号线、4 号线、5 号线、8 号线、9 号线、10 号线、13 号线、16 号线、新机场线、房山线、燕房线等；在建的包括：19 号线一期、平谷线、22 号线、3 号线等。

随着城市地下空间的发展，地下工程建设项目的种类和数量迅速增多。除轨道交通设施，地下工程建设项目还包括地下停车库、地下街道、地下仓库等多种地下民用和工业设施。依据城市建设的需要，城市中地下空间开发工程越来越往城市人口密度高、经济发展快的区域富集，不同工程之间相互影响的程度高，施工带来的生命和财产的风险也越来越大。新建任何城市地下工程考虑对既有地下工程的影响已经是不可避免的问题。

城市地下工程土建施工主要采用明挖和暗挖两种施工工法。明挖法作为一种经济、可靠的施工工法，在条件允许的情况下应优先选用。然而，城市地下空间开发工程多在人口密集、经济活络的区域建设，为避免影响居民的地面交通与生活，多采用"隐蔽"的暗挖法进行施工。

毋庸置疑，密集的城市轨道交通网络及复杂的地下空间环境为新建地下工程带来巨大的潜在风险，无论采用什么施工工法，都不可避免地要进行邻近施工，如邻近既有地下铁道、地下仓库、地下商城等建（构）筑物。本书城市轨道交通工程主要包括新建城市轨道交通设施邻近既有建（构）筑物施工，以及邻近既有轨道交通设施其余地下工程施工两个方面的内容。就工程施工本身而言，如何最大限度地减小施工对周边环境的不利影响，是必然要面对且亟需解决的难题。相关文献资料及工程案例虽多有涉及，但在国内轨道交通相关工程建设日趋复杂的条件下，不同区域甚至相同区域邻近工程所采用的施工工法、设计施

1

工方案、风险保护措施等都存在或多或少的差异，风险控制效果也参差不齐。本书基于作者多年在轨道交通建设领域一线的工作经验，通过归纳汇总全国典型轨道交通工程施工案例，旨在向参与轨道交通领域建设的学者及工程师介绍相关邻近施工工程的新方案、新技术及新措施，以供类似工程借鉴参考。

1.2　城市轨道交通施工方法概述

城市轨道交通设施主体包括车站及区间两部分，尽管同属于地下建设工程，但所采用的施工工法存在差异。为阐述轨道交通工程常用的施工工法，本书分车站和区间分别介绍其施工工法。

1.2.1　车站施工工法

地下车站结构形式和施工方法的选择，受沿线工程地质、水文地质条件以及所处环境、地面建筑物、地下构筑物、道路交通等因素的影响和制约，方案的选择不仅要满足地铁工程本身的使用功能，同时也要满足合理开发利用地上、地下有效空间的要求，并考虑由于施工给周围环境带来的不良影响。地下车站工程常用的施工方法有明挖法、盖挖法和暗挖法。

1. 明挖法

明挖法即明挖顺作法，其主要施工步序为：施作基坑围护结构由上向下开挖基坑，边挖边支撑，待开挖至基坑底设计标高后，再由下向上浇筑主体与内部结构，然后回填土方，恢复路面。明挖法虽然经济、可靠，但施工期间对地下管线、周围环境、道路交通等有较大影响。明挖顺作法一般适用于地面覆土浅、有条件敞口开挖，且有足够施工场地的情况。结合地面拆迁及道路拓宽，站位设在现状道路范围外，或现状道路内，但交通允许暂时中断或有条件临时改道，使地面交通客流有条件疏散，就可考虑采用明挖顺作法施工。

2. 盖挖法

盖挖法也是地下车站施工中常用的施工方法。根据施工工序的不同，盖挖法一般可分为盖挖顺作法、盖挖逆作法、盖挖半逆作法。

盖挖顺作法：先施作围护结构及临时路面，恢复交通；后在临时路面下方，按明挖顺作法的施工顺序开挖土方、施作主体衬砌结构；待车站结构完成后再回填顶板覆土，恢复永久路面。盖挖顺作法形成临时路面后的施工顺序与明挖顺作法差别不大，但因受路面盖板的限制，出土、进料无法采用垂直运输。与明挖法相比，该方法的缺点是施工空间较小、施工较困难、出土不顺畅、不适宜大型机械施工、工期较长、造价较高。该方法主要适用于允许短时间封闭道路的路段。

盖挖逆作法：先施作围护结构及中间桩，基坑开挖至结构顶板底面，浇筑顶板结构，恢复地面道路，然后在顶板、围护结构及中间桩的保护下，自上而下开挖土方并施作主体结构。盖挖逆作法与盖挖顺作法相比，不需要在施工完成后二次占用道路，对地面干扰小。但其对竖向支撑系统要求高，施工技术难度较大，工程造价比盖挖顺作法高，施工速度较慢。

盖挖半逆作法与盖挖逆作法类似，其区别仅在于顶板完成及恢复路面后，向下挖土至设计标高后先修筑底板，再依次序向上逐层建筑侧墙、楼板。

3. 暗挖法

在地面无条件明挖或盖挖的情况下，可采用暗挖法。暗挖法施工全部作业均在地下进行，因此对地面交通和人员出行影响较小，但与上述两法相比，施工难度较大，工期较长，造价较高。对于暗挖地铁车站这样的大型地下结构，由于尺寸较大、断面形式较复杂，采取适当的施工方法及支护方式对控制地面沉降、保证施工安全非常关键。下面分别介绍单层暗挖车站和双（多）层暗挖车站的施工工法。

单层暗挖车站可采用侧壁导坑法、中洞法、中隔壁法等开挖方法，其共同特点为分步开挖导洞，施作初期支护和二次衬砌，经多次支护转换，最终形成永久承载结构。对于单层暗挖车站，由于高度、跨度均不大，开挖尺寸较小，竖向可分为2层或3层开挖。

双（多）层暗挖车站施工可采用暗挖PBA（PILE/BEAM/ARC）工法、一次扣拱暗挖逆作法、双侧壁导坑法、中洞CRD工法等开挖方法。暗挖PBA工法在暗挖小导洞中施作桩、梁形成主要传力结构，暗挖形成支承在两个梁之间的拱部，类似于盖挖法的顶盖，在其保护下进行基坑开挖、衬砌和内部结构混凝土的浇筑作业。一次扣拱暗挖逆作法的技术核心为选取三连拱框架跨的顶拱和底板结构，分别拟合并形成上、下导洞，底板及底纵梁先于其他构件在下导洞内一次性、完整地形成；而后在上、下导洞间施作边桩和中间立柱形成竖向支撑构件；上导洞初支即为顶拱初支，顶拱及顶纵梁二次衬砌可在上导洞内一次性、完整地完成；侧跨顶、底及侧边受力构件形成后，施工中跨的顶拱结构，然后采用逆作完成下层开挖及各层墙、板等内衬结构。双侧壁导坑法是采用"眼镜法"开挖两侧洞室，并施作初期支护，然后施作边跨内的二次衬砌及梁柱结构；再开挖中洞上弧导洞，施作初期支护及拱部二次衬砌；最后由上至下开挖中洞，拆除临时支护，施作中跨内的二次衬砌。中洞CRD工法是利用CRD工法由上至下分步开挖中洞，形成初期支护，在中洞内施作梁、柱及二衬结构，形成竖向强支护；然后由上至下分步开挖两侧洞，形成初期支护，逐段拆除中隔壁，施作二次衬砌，完成车站主体结构。

明挖法、盖挖法与暗挖法的综合比较详见表1.1。可以看出，明挖法与盖挖法无论从施工难度、施工工期、结构防水质量及土建工程造价等方面均较暗挖法具有明显的优势。因此，一般场地条件及周边环境允许的情况下，尽量采用明挖法施工；仅在受各种条件限制，无法明挖或盖挖施工时才考虑采用暗挖法施工。

车站施工方法综合比较　　　　　　　　　　　　　　　　表1.1

工法	施工难度	施工工期（月）	地面沉降（mm）	交通影响（月）	扰民程度	防水质量	土建造价（亿元）
明挖法	小	12～14	5～30	12～14	大	好	1.7～1.9
盖挖法	较小	13～16	5～20	4～8	较小	较好	1.9～2.2
暗挖法	大	24～30	50～120	很小或无	很小	较差	3.1～3.6

1.2.2　区间施工工法

地铁工程中区间隧道施工方法一般采用明挖法以及暗挖法中的矿山法和盾构法，这三种施工方法在施工难度、技术含量、对周围环境影响、机械配备、综合造价等方面均各有特点，可根据线路平面布置、区间埋深、施工进度、工程水文地质条件及线路所经过地区的环境条件等因素综合考虑进行优选。

1. 明挖法

明挖法是一种经济、快捷的施工方法，适用于结构埋深较浅、施工场地开阔、建筑物稀少、交通及环境允许的地区，该法施工速度快，造价较低，结构形式一般为整体浇注钢筋混凝土矩形框架结构，可设中隔墙或根据线路要求采用单跨结构，隧道出地面后为钢筋混凝土 U 形槽结构。顶板上可敷设城市地下管网和设施。明挖法区间隧道的缺点是施工时对周围环境和交通的影响较大。

2. 矿山法

矿山法适宜在岩石地层或无地下水的松软地层中施工，软土浅埋隧道工程施工中亦称"浅埋暗挖法"，即在洞室里一次或者分步开挖土体，及时用钢拱架加喷射混凝土结构作为洞室的初期支护，然后再施作模筑混凝土二次衬砌，两者共同承受永久荷载。矿山法施工的优点是线路适应性强，不影响地面交通，不影响市政管线。矿山法施工的缺点是：施工速度慢，日均开挖速度为 1～2m；初期支护废弃量较大，不环保；地面沉降较大，施工风险大，需要较强的措施保护周围建筑物和地下管线；施工需要降水，对于一些透水与不透水的交互地层，很难达到无水开挖的施工要求，需要采取辅助降水或止水措施，工程造价高；施工环境差，质量较差。

3. 盾构法

盾构法是目前地下结构开挖技术最先进、自动化程度最高的施工方法，该方法是在盾构机钢壳体的保护下，依据其前部的刀盘或挖掘机开挖前方土体，并在盾构机壳体内完成出渣、管片拼装、推进等作业。盾构法施工的优点是：施工速度快，日均推进速度为 8～12m；地面沉降小，施工安全，可以有效地保护周围建筑物和地下管线；不需要施工降水，可以节省造价，避免降水引起的地面沉降、环境影响；结构为机械化施工，质量均匀，易于保证。盾构法施工的缺点是：线路适应性差，一般只能用于单线标准断面；施工工期与车站相互影响，需要较大的场地用于盾构机的始发和接收。

轨道交通工程区间隧道施工方法综合比较见表 1.2。

区间隧道施工方法综合比较   表 1.2

项次	明挖法	矿山法	盾构法
1	技术、工艺简单	技术、工艺简单	技术、工艺复杂
2	施工灵活，适用变化断面	施工灵活，适用变化断面	断面尺寸固定
3	作业环境较好	作业环境恶劣	作业环境优越
4	施工速度较快	施工速度慢	施工速度快
5	防水质量较好	防水质量不易保证	防水质量较好
6	需降水或止水	需降水或止水	不需降水
7	需采用基坑支护措施	需超前支护	不需进行地层加固措施
8	有效控制地表变形	难以控制地表沉降	有效控制地表沉降
9	施工风险小	施工风险较大	施工风险小

1.3　城市轨道交通工程邻近施工问题研究现状

目前，对于城市轨道交通工程邻近施工问题的研究主要有理论研究、数值计算和实测分析。

1.3.1　理论研究

理论研究具有物理概念明确的优点，一般用于邻近施工引起既有建（构）筑物变形与内力变化的初步评估。通常，邻近施工影响既有建（构）筑物的分析包括两方面：一是计算分析施工引起既有建（构）筑物周围土体的附加应力场或位移场；另外是既有建（构）筑物对该附加应力场或位移场的响应。对于轨道交通工程施工影响周围建（构）筑物，Liang 等[3] 基于 Winkler 地基模型，给出了盾构上穿工况下既有隧道竖向变形的计算方法；张冬梅等[4] 则采用三参数 Kerr 地基模型，研究盾构下穿对上覆管道的影响。对于基坑开挖工程影响邻近隧道，陈郁等[5] 基于经典 Mindlin 半空间理论解推导得到了基坑工程开挖卸荷引起的下方土层中的附加应力，从而得到计算下覆隧道隆起的计算方法。随着地基或隧道模型的不断修正完善，轨道交通工程邻近施工问题的分析精度逐渐提高。但是，目前理论研究无法考虑土体的塑性变形、强度变化等行为，离准确评估邻近施工的影响程度与范围仍存在一定差距。

1.3.2　数值计算

随着计算机技术与数值分析方法的发展，数值计算方法越来越多地用于分析轨道交通邻近工程施工的问题，指导工程施工。许多学者基于有限元数值理论分析了盾构-土-既有隧道三者相互作用。Lin 等[6] 深入研究了盾构下穿工况下既有隧道纵向应力变化与横向扭转变形，认为盾构下穿引起的既有隧道处的土拱效应使得既有隧道纵向受力发生偏移，从而产生横向扭转变形。Avgerinos 等[7] 分析了既有隧道纵向、横向变形与衬砌受力在盾构垂直下穿工况下受开挖面位置变化的影响，并对既有隧道纵向刚度与盾构支护压力进行了参数分析。同时，Chen 等[8] 结合宁波轨道交通 1 号线邻近基坑开挖，分析了软土地层大面积基坑开挖对邻近地铁隧道的影响，并提出了相应的保护措施；周丁恒等[9] 结合上海地铁 7 号线浦江站—耀华站中间风道基坑工程，建立实际施工工况的数值模型，动态地分析了施工过程中开挖卸荷对地铁区间隧道上浮的影响。数值计算多基于实际工程，对相互作用机制或参数影响进行分析评价，但目前有限元数值模型多以均质圆环模型（甚至均质圆筒模型）为主，无法考虑实际的管片接头等薄弱处的细部特征，继而缺少对既有隧道安全的精细评价。此外，土体本构模型及其参数的选择很大程度上决定了数值计算的准确性，目前并没有能准确描述土体应力-应变关系的本构模型。

1.3.3　实测分析

实测数据是邻近施工工程影响的最直接表达，许多学者对实测数据进行分析，得到轨道交通工程邻近施工影响既有建构筑物的规律。Chen 等[10] 对长沙某一 58°斜交下穿工程做了详细的实测分析，发现受盾构下穿的影响，既有隧道左右两侧壁出现明显的张拉应力，并在横向上发生"竖鸭蛋"式椭圆变形。英国 Thameslink 盾构 21°穿越既有砖石隧道工程的实测数据显示，既有隧道拱顶处压缩，拱腰处在盾构接近侧呈现拉伸而在远处呈现压缩；当盾构位于隧道正下方时，应变呈现对称模式；盾构远离后应变将趋于一个残余值，最大应变处观察到衬砌开裂现象。况龙川等[11]结合上海市某典型工程实例，分别对隧道沿线施工灌注桩、地下连续墙、隧道旁侧开挖深基坑以及隧道上部开挖基坑引起的隧道变形及变位监测数据进行分析，发现不同施工行为对隧道变形及变位的影响各有特点，在工程实践中应予以高度重视，从而保证地铁的安全。现场实测的主要缺点是工作量大，研究周期长且受多因素影响，并且目前的研究手段、研究方法以及现场监测的控制管理方面还有待改进和完善。

总体来说，轨道交通工程邻近施工影响既有建构筑物的力学行为，受地层条件、空间位置与施工措施等多种因素的影响，不同工况下的分析结果存在差异。同时，随着城市地下空间的建设加快，轨道交通邻近施工工程变得愈加复杂。如何减少邻近施工对既有建（构）筑物的影响，保证城市居民的正常生活与安全，仍是轨道交通领域学者和工程师一直关注的焦点。在理论研究、数值计算以及实测分析的基础上，系统地披露轨道交通邻近施工工程最新的施工控制与防护措施，为以后类似工程提供参考存在着一定的实用价值。

1.4 本书内容

本书围绕城市轨道交通工程邻近施工问题，针对不同地区水文地质及工程风险情况，系统地归纳总结了工程设计人员所采取的邻近工程风险控制措施，旨在为类似工程提供有益参考，给予相关领域的研究者与工程师一些帮助和启发。

全书共分 9 章，第 1 章为绪论，第 2～8 章各对应一种典型的实际邻近施工工程案例，第 9 章为全书内容的总结。

参考文献

[1] Ding L, Zhang L, Wu X, et al. Safety management in tunnel construction: Case study of Wuhan metro construction in China [J]. Safety Science, 2014, 62: 8-15.

[2] 中华人民共和国交通运输部. 2020 年城市轨道交通运营数据发布 [EB/OL]. 2021-01-06. https://www.mot.gov.cn/jiaotongyaowen/202101/t20210106_3512388.html.

[3] Liang R, Xia T, Hong Y, el al. Effects of above-crossing tunnelling on the existing shield tunnels [J]. Tunnelling and Underground Space Technology, 2016, 58: 159-176.

[4] 张冬梅, 宗翔, 黄宏伟. 盾构隧道掘进引起上方已建隧道的纵向变形研究 [J]. 岩土力学, 2014, 35 (9): 2659-2666.

[5] 陈郁, 李永盛. 基坑开挖卸荷引起下卧隧道隆起的计算方法 [J]. 地下空间与工程学报, 2005, 1 (1): 91-94.

[6] Lin X T, Chen R P, Wu H N, et al. Deformation behaviors of existing tunnels caused by shield tunneling undercrossing with oblique angle [J]. Tunnelling and Underground Space Technology, 2019, 89: 78-90.

[7] Avgerinos V, Potts D M, Standing J R. Numerical investigation of the effects of tunnelling on existing tunnels [J]. Géotechnique, 2017: 1-15.

[8]　Chen R，Meng F，Li Z，et al. Investigation of response of metro tunnels due to adjacent large excavation and protective measures in soft soils [J]．Tunnelling and Underground Space Technology，2016，58：224-235.

[9]　周丁恒，陈长江，曹力桥．堆载控制基坑开挖引起的地铁区间隧道上浮研究 [J]．现代隧道技术，2008（增刊）：211-215.

[10]　Chen R P，Lin X T，Kang X，et al. Deformation and stress characteristics of existing twin tunnels induced by close-distance EPBS under-crossing [J]．Tunnelling and Underground Space Technology，2018，82：468-481.

[11]　况龙川，李智敏，殷宗泽．地下工程施工影响地铁隧道的实测分析 [J]．清华大学学报，2000，40（S1）：79-82.

第2章
富水砂卵石地层盾构穿越既有地铁车站及区间

2.1 工程概况及难点

2.1.1 工程位置

北京地铁 19 号线平安里站—积水潭站（平—积）区间起始于平安里西大街与赵登禹路十字路口北侧的平安里站北端，线路出站后沿赵登禹路向北敷设，至西直门内大街与赵登禹路路口处下穿既有地铁 4 号线区间后向东北敷设，下穿幼儿园、万特商城、天美时尚广场等建筑物后向北进入新街口北大街，最终接入德胜门外大街与新街口外大街路口西南角的积水潭站南端。图 2.1 展示了平—积区间平面布置情况。

平—积区间全长 1318.835m，采用超浅埋暗挖法和盾构法两种施工工法。超浅埋暗挖法施工主要应用于右 K46＋547.065～右 K46＋687.027（139.962m）及左 K46＋547.065～左 K46＋662.07（115.005m）单渡线；右 K46＋687.027～右 K47＋865.9（1178.873m）及左 K46＋662.07～左 K47＋865.9（1203.830m）线采用盾构法施工。区间在积水潭南端提供盾构始发条件，在平安里站暗挖渡线段结构内解体接收。

图 2.1　北京地铁 19 号线平—积区间总平面图

2.1.2　地质条件

根据详勘报告本区间地层由上至下依次为：①粉土填土层、①₁杂填土层、③粉土层、③₃粉细砂层、④₃粉细砂层、⑤卵石圆砾层、⑤₁中粗砂层、⑥粉质黏土层、⑦卵石层、⑦₁中粗砂层、⑦₄粉质黏土层、⑨卵石层、⑨₁中粗砂层、⑩粉质黏土层、⑪卵石层、⑪₁中粗砂层、⑫砾岩层、⑫₁泥岩层。区间隧道顶板覆土厚度为12.93～25.92m，隧道底板标高在18.515～32.315m。区间主要穿越⑤卵石圆砾、⑥粉质黏土、⑦卵石、⑨卵石等地层。

2.1.3　水文条件

区间地下水类型为上层滞水（一）、层间水（三）和层间水（四）。上层滞水（一）埋深一般小于7m，含水层主要为表层的人工填土、粉土层。层间水（三）埋深在15.00～18.00m，含水层主要为卵石圆砾⑤层和中粗砂⑤₁层。层间水（四）水位埋深为26.16～26.8m，含水层主要为卵石⑦层。盾构区间入水深度为0～4.98m，盾构区间入水长度645.4m。

2.1.4　工程重难点

本段工程存在以下施工重难点：

（1）新建盾构隧道双线下穿既有线4号线区间正线（特级风险源）及新街口站出入口及风道（一级风险源），侧穿新街口站车站主体（一级风险源），合理确定盾构掘进参数，保持快速均匀推进，有效控制既有结构变形在允许范围内，确保既有线正常运行是工程重难点。

（2）平—积盾构区间长2.2km，其中穿越富水卵石地层达到644m，且地面无设置检修井条件。长距离穿越卵石层，盾构机选型、维保及结构线型控制是工程重难点。

2.2　有线元数值分析

2.2.1　穿越风险工程概况

平—积区间双线下穿地铁4号线区间正线及侧穿新街口站（图2.2）。左右线平面处于左转弯，曲率半径$R = 360m$，顶板覆土24.75m，底板埋深30.15m，结构入水深度4.44m，主要穿越土层为⑦卵石层。既有4号线新街口站—平安里站区间采用盾构工法，外径6m，内径6.4m，管片宽度2.2m，管片厚度300mm，混凝土强度等级为C50。新建19号线区间左右线下穿既有4号线区间，垂直净距7.63m，为特级风险源。既有4号线新街口站主体端部为平顶直墙两层三跨结构，采用明挖法施工。19号线区间侧穿4号线车站结构，水平净距4.99m，垂直净距6.67m，为一级风险源。既有4号线新街口站东南风道为两层单跨拱顶直墙结构，采用矿山法施工。19号线区间下穿风道结构，垂直净距8.15m，为一级风险源（图2.3）。

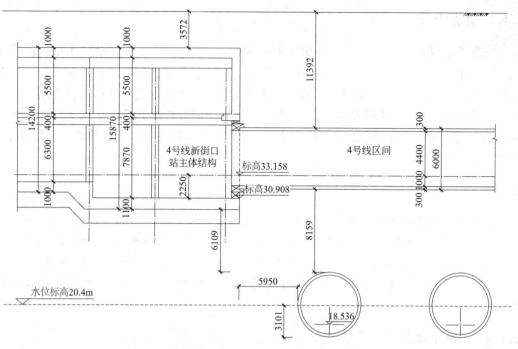

图 2.2　既有车站及区间正线与新建区间剖面关系

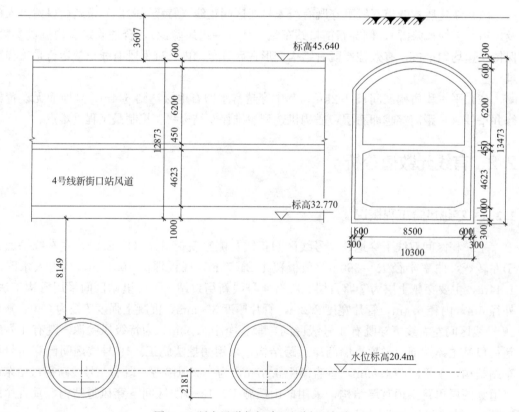

图 2.3　既有风道与新建区间剖面关系

2.2.2　三维有限元模型

本次计算采用 MIDAS GTS NX 软件进行建模、计算分析。模型尺寸长 230m、宽 195m，自地表向下 60m 深，涵盖既有 4 号线新街口站车站主体、附属 B 出入口、C 出入口及 1 号风道、平安里站—新街口站（平—新）区间等结构。有限元模型见图 2.4。为了模拟盾构掘进过程对既有线的影响范围和程度，按照实际施工工筹安排，模拟左线先期贯通，右线再始发掘进，并在距离既有线 40m 时，按照纵向约 10m 一段的掘进距离模拟穿越过程。模型采用实体单元建模，土层采用摩尔-库仑模型，盾构管片及既有线结构采用弹性模型，模型共计827190 个单元和 124328 个节点。土层及结构材料参数分别见表 2.1 和表 2.2。

土层材料参数表　　　　　　　　　　　　　　　　　　　　表 2.1

名称	重度(N/m³)	弹性模量(MPa)	泊松比	内摩擦角(°)	黏聚力(kPa)
①₁ 杂填土	17000	20	0.36	8	5
③₃ 粉细砂	19000	60	0.28	35	0
⑤ 卵石	20000	130	0.22	40	0
⑥ 粉质黏土	20000	100	0.28	38	26
⑦ 卵石	20000	150	0.22	45	0
注浆层	20000	100	0.21	50	10

结构材料参数表　　　　　　　　　　　　　　　　　　　　表 2.2

名称	重度(N/m³)	弹性模量(MPa)	泊松比
C40 混凝土	25000	32500	0.2
C50 钢筋混凝土	25000	34500	0.2

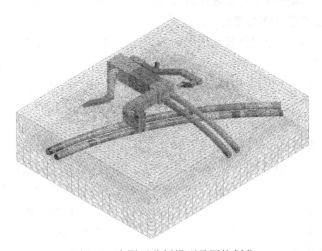

图 2.4　有限元分析模型及网格划分

2.2.3 结果分析

通过建立三维地层-结构模型进行计算分析，对既有 4 号线平—新区间及新街口站结构、附属结构及轨道结构进行变形计算分析，发现这些建（构）筑物均产生了变形。在整个施工过程中，既有区间隧道主体结构最大沉降为 3.55mm，最大横向变形为 0.26mm；既有新街口站结构最大沉降变形为 1.03mm，最大横向变形为 0.21mm，变形缝无明显差异沉降，最大横向差异变形为 0.03mm；既有附属结构最大沉降为 3.11mm，最大横向变形为 0.37mm，变形缝最大差异沉降为 0.15mm，最大横向差异变形为 0.08mm。

2.3 穿越风险控制措施及盾构掘进过程控制

2.3.1 穿越风险控制措施

1. 通用技术措施

盾构管片采用 II 类加强管片，增强配筋、提高管片承载能力，同时增设预留注浆孔，根据监测情况可反复多次注浆；加强转弯处盾构管片的反向注浆，保证注浆效果；利用穿越既有线段的试验段，调整和确保盾构机性能，确定掘进参数，控制好隧道轴线，减少蛇形和超挖，保持匀速通过；采用克泥效控沉措施，及时做好同步及二次补浆，严格控制注浆压力及注浆量，确保及时有效填充壳体及管片与土层的间隙；穿越过程中加强既有线的监控量测，并根据监测结果及时调整盾构掘进参数。

2. 盾构机通过技术措施

做好各项准备工作提前对盾尾密封进行检查；调整同步注浆浆液的配合比，缩短凝结时间，同时增大注浆量和注浆压力；对堵塞的注浆管进行疏通管理；在盾构机通过后及时进行二次双液注浆，通过调整水泥水玻璃的配比参数，控制双液注浆的凝结速度，达到加固土体和加固充填空隙的目的；加强掘进姿态控制，全面贯彻信息化施工。

3. 盾构机掘进过程中技术措施

掘进过程要求盾构在通过该特殊地段时有序、平衡、平稳。有序包括施工组织有序、机械保养有序以及信息管理有序。平衡包括上仓压力与开挖面水土压力平衡、出土量与掘进进尺平衡以及注浆量与进尺平衡。平稳包括盾构姿态平稳、管片姿态平稳、推进速度平稳。

4. 盾构机通过后补强措施

二次注浆：盾构同步注浆后，由于浆液的脱水，浆液体积收缩会加剧地表的后期沉降量，又由于盾构推力，衬砌和土层间会相互分离，二次注浆能有效地进一步充实背衬和提高止水能力。三次复紧：为防止因管片的变形引起地层的过度扰动，对管片螺栓拧紧要求三次复紧，即拼装管片时一次拧紧，退出盾尾后二次拧紧，后续盾构掘进至每环管片拼装前，对相邻已成环的 3 环范围内管片螺栓进行全面检查并复紧。

5. 既有线路轨道防护措施

轨道防护是在采取必要的安全措施条件下，通过对轨道的维护和调整，保证轨道的几何形状，从而保证安全行车。主要有轨道几何尺寸的调整、道床与结构剥离以及道床裂缝的整治。轨道几何状态调整：轨道预测产生的最大沉降为 3.53mm，根据既有线轨道结构特征，轨道变形为沉降变形或因不均匀沉降变形产生的倾斜，可通过调整轨面水平达到调整轨道几何形位的目的。道床结构整治：在整体结构沉降较小的情况下，可认为轨道结构的道床与隧道结构的变形能够保持一致；如变形过大，有可能产生道床与主体结构剥离、道床开裂等。施工结束后对道床与结构剥离和道床开裂超过 0.3mm 的地段应进行整治。根据类似工程经验，道床裂缝采用混凝土裂缝灌浆材料进行修补，浆料粒径不大于 0.3mm，采用无压灌注法，灌浆材料 2h 必须达到 C15 强度等级，并在通车前 2h 施工完毕。本段道床均为混凝土整体道床，在结构安全的条件下，道床不会发生较大的开裂和剥离，可以保证运营行车安全。

2.3.2　盾构下穿风险源掘进工艺流程

1. 掘进参数控制

盾构机下穿风险源前 60m 试掘进，下穿期间将对掘进参数进行必要的调整，为后续顺利通过风险源提供条件。主要内容包括：①根据地质条件和试掘进过程中的监测结果进一步优化掘进参数；②正常掘进段采用 1 段掌握的最佳掘进施工参数，通过加强施工监测，不断完善施工工艺，控制地面沉降；③推进过程中，严格控好推进里程，不断地将人工测量的电子测量系统的数据进行比较，发现问题及时调整，将偏差控制在误差范围内；④根据技术交底设定的参数推进，推进出土与衬砌背后注浆同步进行；⑤做好施工记录。

2. 盾构机掘进模式的选择及操作控制

掘进模式的选择，根据隧道洞身地质情况及周边环境，本区间隧道拟采用土压平衡模式掘进，在施工过程中时刻注意地层的变化情况，根据实际的掘进情况及时调整盾构掘进模式。土压平衡技术采用以刮刀、保径刀和贝壳刀为主切削土层，以低转速、小扭矩推进，土仓内土压力值应略大于静水压力和地层土压力之和，土仓压力通过采取设定掘进速度、调整排土量或设定排土量、调整掘进速度两种方法建立，并应维持切削土量与排土量的平衡，以使土仓内的压力稳定平衡。

3. 盾构掘进方向的控制与调整

盾构掘进方向控制采用隧道自动导航系统和人工测量辅助进行盾构姿态监测，采用分区操作盾构机推进油缸控制掘进方向。在实际施工中，由于地质突变等，盾构推进方向可能会偏离设计轴线并超过管理警戒值。在稳定地层中掘进，因地层提供的滚动阻力小，可能会产生盾体滚动偏差；在线路变坡段或急弯段掘进，有可能产生较大的偏差。因此，应及时调整盾构姿态、纠正偏差。通过分区操作推进油缸来调整盾构姿态，纠正偏差，将盾构的方向控制调整到符合要求的范围内。盾构掘进过程中，滚动角过大会导致盾体发生旋转，从而影响管片拼装质量。因此当滚动角过大时，应及时采用盾构刀盘反转法纠正滚动偏差。

2.3.3　盾构下穿风险源掘进参数设置

盾构掘进参数主要由刀盘扭矩和土仓土压力、排土量和推进速度、螺旋机转速、千斤顶推进力、注浆压力与时间、注浆方式与注浆量、浆液性能、盾构坡度、盾构姿态和管片拼装偏差等参数控制。施工中熟悉盾构性能和操作方法，并根据隧道埋深、地质情况和环境条件等，对掘进参数进行预测计算，同时紧随盾构推进对地面沉降变形进行监测反馈，以验证施工参数的合理性，根据监测结果，对施工参数进行综合协调、优化。参数计算为计算理论值，仅提供施工参考，实际施工参数结合试验段结论确定。

1. 盾构土仓压力计算

1）土压力控制

土压力的合理设置，也是沉降控制的关键因素。首先，应根据开挖影响范围，确定盾构影响高度，计算该高度内的水土压力。施工过程中严格控制土压力，压力偏差不超过 ±0.1bar。一方面，根据盾构推进速度，选择相匹配的螺旋机转速及闸门开度，确保过程中的压力稳定；另一方面，使用足量的添加剂保证土体的流塑性，也是保证土压力稳定的关键。

2）土仓压力（土仓顶部压力）理论计算

根据里程 K47+239.5 为例计算土仓压力 P，与地层土压力和静水压力相平衡，设刀盘中心地层静水压力、土压力之和为 P_0，$P_0=\gamma h$（γ 为土体的平均重度；h 为刀盘顶部至地表的垂直距离），则 $P=KP_0$，K 为土的侧向静止土压力系数。土仓压力计算如下：

$$P_{max}=地下水压力+静止土压力+预备压力$$
$$P_{min}=地下水压力+（主动土压力或松动土压力）+预备压力$$

（1）地下水压力：

因为此里程地下水位低于隧道结构顶，故计算土仓上部压力时水压力忽略不计。

（2）静止土压力：

$$\sigma_z=K_0\gamma Z；$$

式中，K_0 为土的侧向静止平衡压力系数，隧道顶部为⑦卵石，根据勘察报告为 0.28；γ 为上层覆土的平均重度，为 19.9kN/m³；Z 为计算点深度，为 26.6m。

本工程中 $\sigma_z=0.28\times19.9$kN/m³$\times26.6$m$=0.143$MPa。

（3）主动土压力系数：

$$\sigma_a=\sigma_z\tan2(45°-\varphi/2)-2c\tan(45°-\varphi/2)=\gamma ZK_a-2cK_a/2$$

式中，K_a 为主动土压力系数，$K_a=\tan2(45°-\varphi/2)$；φ 为内摩擦角，⑦卵石取 40°；c 为土的黏聚力，卵石为 0kPa。

查询相关资料计算可得：$\sigma_a=19.9$kN/m³$\times26.6$m$\times0.217=0.110$MPa。

（4）预备压力一般取 0.01~0.02MPa。

（5）经计算上部土仓压力为 0.120~0.130MPa，即 2.20~2.30bar。

根据以上理论计算且考虑地表存在建（构）筑物等风险源，盾构此处土仓上部压力设定理论值为 0.120MPa（2.20bar）左右。掘进过程中，根据监测数据、地质条件等综合考虑调整土仓压力。

根据地面监测情况，结合土仓压力理论计算值，小范围内调整土舱压力设定值。根据相似地层施工经验，取土压力不小于 2.20bar。

土压力设定不得低于主动土压力，在穿越重要风险源时应适当提高土压力，确保开挖面和地层的稳定，有效控制地表沉降和风险工程的变形，结合以往北京地铁盾构施工经验确定各组段盾构上部土压力控制范围，见表2.3。

盾构区间下穿既有线各组段上部土仓压力　　　　　表2.3

分段序号	试验段	下穿既有线段1	下穿既有线段2
组段级别	CⅡ	CⅠ	EⅠ
里程	ZK47＋348.561 ～ ZK47＋288.561	ZK47＋288.561 ～ ZK47＋239.361	ZK47＋239.361 ～ ZK47＋148.988
覆土厚度(m)	28.1～26.9	26.9～26.6	26.6～24.1
主动土压力(kPa)	109～110	110～109	133～140
土仓上部压力控制范围(bar)	0.8～2.2	0.8～2.2	2.2～2.5

2. 盾构机推力计算

1) 盾构机所受压力计算

由于隧道水位较低，所以水压力的计算按水土合算考虑。选取可能出现的最不利受力情况埋深断面进行计算。根据线路的纵剖面图，在确定盾构机拱顶处的均布覆土竖向压力 P_e 时，可直接取全部上覆土体自重作为上覆土地层压力。现以里程 K47＋288.997 为例，列出计算过程如下：

$$P_e＝\gamma h＋P_0$$
$$P_{01}＝P_e＋G/DL$$
$$P_1＝P_e\lambda$$
$$P_2＝(P_e＋\gamma D)\lambda$$

式中，λ 为水平侧压力系数，为 0.27；h 为上覆土的厚度，为 29.1m；γ 为上覆土的重度，为 1.99t/m³。P_0 为地面上置荷载，为 2t/m²；P_{01} 为盾构机底部的均布压力；P_1 为盾构机拱顶处的侧向水土压力；P_2 为盾构机底部的侧向水土压力。

已知 G 为盾构机重，$G＝310t$；D 为盾构机外径，$D＝7.64m$；L 为盾构机长度，$L＝8.7m$，所以得出：

$$P_e＝1.99\times29.1＋2＝60.09t/m^2$$
$$P_{01}＝60.09＋310/(7.64\times8.7)＝66.28t/m^2$$
$$P_1＝60.09\times0.27＝17.32t/m^2$$
$$P_2＝(60.09＋1.99\times7.64)\times0.27＝19.79t/m^2$$

2) 盾构机总推力计算

盾构机总推力 F 主要由五部分组成：$F＝F_1＋F_2＋F_3＋F_4＋F_5$

其中，F_1 为盾构外壳与土体之间的摩擦力；F_2 为刀盘上的水平推力引起的推力；F_3 为切土所需要的推力；F_4 为盾尾与管片之间的摩阻力；F_5 为后方台车的阻力。

$$F_1＝1/4(P_e＋P_{01}＋P_1＋P_2)\times D\times L\times\mu\times\pi$$

式中，μ 为土体与钢的摩擦系数，取 0.3。本工程中 $F_1＝2197t$。

$$F_2＝\pi D^2/4\times P_d$$

式中，P_d 为土压力值，$P_d＝\lambda\gamma(h＋D/2)＝18.47t/m^2$。本工程中 $F_2＝605t$。

$$F_3＝\pi D^2/4c$$

式中，c 为土的黏聚力，$c＝0$；本工程中 $F_3＝0$。

$$F_4＝W_c\mu_c$$

式中，W_c 为两环管片的重量，$W_c＝35.5t$；$\mu_c＝0.3$。本工程中 $F_4＝35.5\times0.3＝10.35t$。

$$F_5 = G_h \sin\theta + \mu_g G_h \cos\theta$$

式中，G_h 为台车的重量，取 $200t$；θ 为坡度，$\tan\theta = 0.005112$；μ_g 为滚动摩阻，取 0.05。本工程中 $F_5 = 17.53t$。

因此，盾构机在该节点处的总推力为：$F = 2197 + 605 + 0 + 10.35 + 17.53 = 2828.88t$。

同理，通过上述计算公式及方法算出其余节点的总推力，详见表2.4。

盾构不同节点处总推力 表2.4

里程	ZK47+348.56	ZK47+230	ZK47+148.988
坡度(‰)	6.112		26.1
覆土厚度(m)	28.28	26.65	24.15
穿越地层	⑦卵石、⑨卵石	⑦卵石、⑨卵石	⑦卵石、⑦₁中粗砂、⑥粉质黏土、⑤卵石
侧压力系数	0.27	0.27	0.34
黏聚力(t/m²)	0	0	0
总推力(t)	2828	2524	2336

3. 出土量控制

出土量的大小是判断盾构是否出现超或欠挖的最直观依据。通过试验段结合沉降监测数据、注浆参数等验证出土量理论控制值，做好分析总结，指导后续施工。施工中，应严格控制每环出土量偏差不超过理论值的 5%，且不允许出现欠挖。

$$V_{理论} = \pi(D/2) \times 2 \times L \times S = \pi(7.68/2) \times 2 \times 2.2 \times 2.15 = 48.34 \text{m}^3/\text{环}$$

式中，D 为刀盘直径；L 为管片宽度；S 为松散系数（砂卵石2.15）。

此外，应根据盾构的推进速度，合理选择螺旋输送机的转速、闸门开口率和出土量等参数，确保过程中出土与开挖保持同步。施工过程中，需要添加大量的添加剂改良土体，因此出土量的理论值应为设计值乘一定的松散系数加膨润土添加剂数量。

4. 渣土改良

1）渣土改良概述

渣土改良就是通过盾构机配置的专用装置向刀盘面或土仓内注入添加剂，利用刀盘的旋转搅拌或土仓搅拌装置搅拌使添加剂与渣土混合，将开挖面开挖下来的土体在压力舱内调整成一种"塑性流动状态"。从而最大程度上增加开挖土体的流塑性，将盾构掘进中因为土体性质不良导致的喷涌、结泥饼、开挖面失稳、排土不畅等施工故障发生的可能性降到最低。

渣土改良选择泡沫、膨润土作为主要添加剂，根据不同地层选择添加合适数量的添加剂以及合理的注入工艺。

2）渣土改良的目的

（1）使渣土具有较好的土压平衡效果，利于稳定开挖面，控制地表沉降；

（2）使渣土具有较好的止水性，以控制地下水流失；

（3）使切削下来的渣土顺利、快速地进入土仓，并利于螺旋输送机顺利排土；

（4）可有效防止渣土粘结刀盘而产生泥饼；

（5）可防止或减轻螺旋输送机排土时的喷涌现象；

（6）可有效降低刀盘扭矩及螺旋输送机扭矩，降低对刀具和螺旋输送机的磨损，提高盾构机掘进效率。

3）渣土改良的主要技术措施

隧道所穿越的地层为砂卵石层。在砂卵石层中掘进时，可能会引起刀具的严重磨损，采取如下技术措施：①在掘进砂卵石地层过程中，向土仓中加入充分膨化后的膨润土以及发泡效果良好的泡沫等添加剂，尽量选用知名厂家的合格产品，从而减小砂卵石对刀具的磨损，尽量避免刀具频繁更换；②为了使开挖土具有良好的流动性和止水性，渣土中须有30%左右的微细颗粒。如开挖土中微细颗粒不足，则需注入膨润土、黏土等制泥材料，以补充微细颗粒的不足。在砂卵层施工时，要在土仓内的土砂中添加高浓度、高黏性的膨润土浆液和泡沫并加以搅拌，使土仓内的砂、石获得流动性和不透水性，并通过泥土压力与开挖面土压力平衡以及膨润土浆液在开挖面上形成的泥皮来防止开挖面坍塌。在卵石层施工，地层对切削刀头的磨损较大，推进过程中应密切注意刀具的磨损情况，及时发现问题并分析解决；③在停止运转盾构时，同样必须在切削密封舱和螺旋输送机内充满掘削土，并在密封舱内注入一定量的泡沫或黏土，通过充分搅拌把密封舱内的土体强制改良成具有可塑性、止水性及一定润滑性的土体，以便维持开挖面的稳定及提高土体的可排性。在螺旋输送机内可注入一定量的水，必要时为提高润滑效果可注入泡沫。

4）膨润土、泡沫注入装置

刀盘面板布设有 6 个注入口，在刀盘中部及外周设置 5 个，在刀盘中心附近位置设置 1 个，通过泡沫发生器将泡沫注入开挖面，或者把存储在后配套台车膨润土箱中的膨润土注入开挖面，通过刀盘的搅拌作用与渣土均匀混合，从而改善渣土的流塑性，注入部位的选择可各自独立进行。本装置由泡沫发生器、膨润土箱、泵、压力表、流量仪、注入管路、手动球阀等构成。

膨润土浆液在地面完成拌制流至负三层膨润土罐，充分膨化后，使用膨润土管泵送至台车上 8m^3 膨润土罐内。

5）膨润土、泡沫注入工艺

根据不同添加剂的改良机理及实际工况，合理选择适合各个注入孔的添加剂类型。对于刀盘中心注入孔，应选择注入泡沫；对于螺旋机筒体上的注入孔，如有必要，应优先选择加入膨润土浆液；此外，其他孔应根据注入量的大小进行选择，确保每种浆液均能够均匀注入土仓及开挖面内。

对于单一地层，施工过程中，同一注浆孔应避免频繁更换添加剂种类。如果确实需要更换，则应利用清水将管路完全清洗干净后，方可进行更换。

6）膨润土、泡沫注入量

对于粉细砂、砂卵石地层，暂定使用浓度 3% 的泡沫原液，发泡体积膨胀率为 10～12 倍，泡沫注入率为 45%（即切削 1m^3 渣土需注入泡沫 450L）。则每环泡沫剂的用量为：$V_1 = 2.2 \times 4.14 \times 4.34^2 \times 0.45 \times 3\% / (10\sim12) = 0.056\sim0.047m^3$。同时加入 1:8 的膨润土浆液。膨润土浆液掺量以满足底层内细颗粒含量不小于 30% 为宜。考虑到地层的渗漏损失，对于卵石地层，暂定掺入量为 10%～15%。每环膨润土浆液用量：$V_2 = 2.2 \times 4.14 \times 4.34^2 \times (0.10\sim0.15) = 5.2\sim7.3m^3$。

膨润土和泡沫的流量根据每环设计加量和掘进速度确定：理论流量＝每环设计加量×掘进速度/2.2。在加入过程中，由于土仓的土压会平衡一部分管道的压力，所以操作时泥浆和泡沫流量参数设定应略高于理论值，并根据土压力变化和螺旋机的出渣状况及时调整。

5. 同步注浆

1）注浆材料及配比设计

（1）注浆材料

采用预拌成品砂浆作为同步注浆材料，该浆材具有结石率高、结石体强度高、耐久性好和能防止地下水侵蚀的特点。

（2）浆液配比及主要物理力学指标

根据相关施工经验，在施工中，根据地层条件、地下水情况及周边条件等，通过现场试验优化选择混合砂浆与水的配比，详见表2.5。

预拌砂浆各材料含量　　　　　　　　　　　　　　　表2.5

材料	水泥 P・O 43.5	粉煤灰 Ⅱ级	膨润土钠基	细砂	水
掺量(kg)	220	350	180	250	500

① 胶凝时间：一般小于6h，根据地层条件和掘进速度，通过现场试验加入速凝剂及变更配比来调整胶凝时间；

② 固结体强度：1d不小于0.2MPa，28d不小于3.5MPa；

③ 浆液结石率：>90%；

④ 浆液稳定性：倾析率（静置沉淀后上浮水体积与总体积之比）小于5%。

2）同步注浆主要技术参数

为保证达到对环向空隙的有效充填，确保管片结构不因注浆产生变形和损坏，根据《盾构施工关键工序管理规定（试行）》相关内容，具体要求见表2.6。

同步注浆及二次补浆控制标准　　　　　　　　　　　表2.6

同步注浆浆液质量	初凝时间	单液浆小于6h，双液浆小于15s		
	结石率	大于95%		
同步注浆压力	上部压力	土仓上土压力+（0.05~0.10MPa）		
	下部压力	土仓下土压力+（0.1~0.15MPa）		
二次补浆	压力	0.35~0.45MPa，不高于0.5MPa		
	补浆量	以压力控制为准		
同步注浆量及二次补浆频率	地层	风险工程	同步注浆量	二次补浆频率
	卵石、圆砾层	特级	不小于2V	管片脱出盾尾3~5环，隔1环补
		一级	不小于1.8V	管片脱出盾尾3~5环，隔1环补
		二级	不小于2.6V	管片脱出盾尾3~5环，3~5环一组
		三级及以下	不小于2.5V	管片脱出盾尾60环，10环一组
	砂层	特级	不小于1.8~2.0V	管片脱出盾尾3~5环，隔1环补
		一级	不小于2.6~1.8V	管片脱出盾尾3~5环，隔1环补
		二级	不小于2.5V	管片脱出盾尾3~5环，3~5环一组
		三级及以下	不小于2.2V	管片脱出盾尾60环，10环一组
	黏土、粉质黏土层	特级	不小于2.6V	管片脱出盾尾3~5环，隔1环补
		一级	不小于2.5V	管片脱出盾尾3~5环，隔1环补
		二级	不小于2.4V	管片脱出盾尾3~5环，3~5环一组
		三级及以下	不小于2.2V	管片脱出盾尾60环，10环一组

注：V 为盾构开挖直径与管片外径之间空隙的体积，$V=\frac{1}{4}\pi(D^2-d^2)L$，其中 D 为盾构开挖直径，d 为管片外径，L 为管片环宽，本工程计算得 $V=4.45\text{m}^3$。

按照轨道监控字［2016］498 号关于印发《北京轨道交通工程建设安全风险技术管理体系盾构施工关键工序管理规定》同步注浆及二次补浆控制标准，控制同步注浆量，穿越地层主要为卵石圆砾层。穿越特级风险源注浆量不小于环形间隙理论体积的 $2.0V$，为 $6.9m^3$。

3）注浆速度

同步注浆速度应与掘进速度相匹配，按盾构完成一环 2.2m 掘进的时间内完成当环注浆量来确定其平均注浆速度。

4）同步注浆方法与工艺

同步注浆（图 2.5）与盾构掘进同时进行，通过同步注浆系统及盾尾的外置注浆管，在盾构机向前推进，盾尾空隙形成的同时进行，采用双泵四管路对称同时注浆。注浆可根据需要采用自动控制或手动控制方式。为了防止施工中注浆管路被堵塞后在清通时影响进度，注浆管路预留了备用注浆管。

5）设备配置

（1）同步注浆系统：配备液压注浆泵 2 台，注浆能力 $2×10m^3/h$，及其配套管路。

（2）运输系统：浆液箱有效容积 $8.0m^3$，有自搅拌功能和砂浆输送泵，随编组列车一起运输。

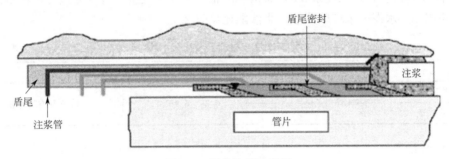

图 2.5　同步注浆示意图

6）注浆结束标准和注浆效果检查

注浆结束标准，即注浆压力达到设计压力时可认为注浆达到设计要求，该位置可停止注入。注浆量作为参考。

注浆效果检查主要采用分析法，即根据 P-Q-T 曲线，结合掘进速度及衬砌、地表与周围建筑物变形量测结果进行综合分析判断。

6. 二次注浆

同步注浆系统有一定的合理使用范围，在某些敏感区域有一定的局限性，如在渗透系数（砂卵石地层）较大的地层中，由于在此地层中盾构的推进速度相对较快，而自动注浆出口均分布在上部，浆液注入后很难形成单独固化体，尤其是在中下部，形成局部注入盲点。依据《盾构施工关键工序管理规定（试行）》需对脱出盾尾的管片及时进行二次、多次注浆，隧道处于砂卵石地层特级风险源二次注浆在管片脱出盾尾 3～5 环，隔 1 环进行补浆，通过增设注浆孔管片进行补浆。

1）注浆方式与工艺流程

二次注浆的注入方式及工艺流程见图 2.6。

2）注浆材料、配合比

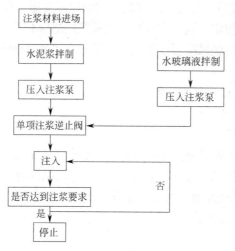

图 2.6　同步注浆示意图

注浆材料采用双液浆，即水玻璃＋水泥砂浆。穿越特级风险源衬砌环采用增设注浆孔管片（即 1 环环向有 16 个注浆孔），盾构机配备二次注浆设备，可以通过管片预留注浆孔向管片外侧注入水泥＋水玻璃浆液，浆液配比见表 2.7。

二次注浆材料及配比表　　　　　　　　　表 2.7

注浆材料	配比	注浆压力	注浆量
水泥浆液	水灰比＝0.5：1	0.35～0.45MPa	以压力控制为准
水玻璃	3：1		

3）注浆设备

双液注浆泵 1 台（一个压力泵站、两个浆液桶和一个注浆机），小型浆液拌合筒 1 个，注浆阀 6 个，50m 长 ϕ32 注浆软管 3 条，三通 1 个。

4）注浆施工

（1）二次注浆工艺

在注浆前先选择合适的注浆孔位，安装注浆单向逆止阀后，用电锤钻穿该孔位厚 40mm 保护层，安装三通及水泥浆管和水玻璃管。

注双液浆时，先注纯水泥浆液 1min 后，打开水玻璃阀进行混合注入，终孔时应加大水玻璃的浓度。在一个孔注浆完结后应等待 5～10min 后，将该注浆头打开疏通查看注入效果，如果水较多应再次注入，至有较少水流出时可终孔，拆除注浆头并用双快水泥砂浆对注浆孔进行封堵，并进行下一个孔位注浆。

注浆过程中应有排气孔，排气孔原则上设在预注浆孔上，并安装注浆单向止逆阀，同时打开球阀，直至出现冒浆时关闭球阀，10min 后检查注浆效果，如有水溢出，应对该孔进行注浆。

（2）二次注浆注意事项

① 在注浆前应查看管片情况并在注浆过程中跟踪观察，如有异常情况应立即停止注浆，并及时向主管部门汇报。

② 在注入过程中应严密监视压力情况，在注入过程中出现压力过高，但注入效果不

明显的情况时，应检查注浆泵及注浆管路是否有堵管现象，并立即清理。

③ 在注浆过程中出现任何的停机现象时均应对注浆泵及注浆管路进行清洗，在注浆完结后应做到"工完料净场地清"，对所有的机具均应清理干净并归于原处。

④ 在注浆前应将同步注浆管路的所有球阀关闭，查看盾尾油脂腔的压力，如果压力偏低，应适当注入盾尾油脂，以保证在注浆过程中有足够的压力，避免盾尾漏浆。如果注入过程中盾尾出现漏浆现象，应停止注入，5~10min 后再重新注入。

⑤ 在注浆前应查看管片情况及土仓压力情况，并在注浆过程中跟踪观察，如有异常情况应立即停止注浆并上报。

⑥ 在注浆前应将注浆孔全部打开并安装注浆头，在注浆时可将注浆头全部打开放水直至浓浆流出再关闭注浆头。

⑦ 在注浆过程中如果土仓压力有明显变化，在注浆过程中可适当将盾构机向前推进 150mm 以内，避免盾构机被浆液包结。

⑧ 在小曲线转弯段及地面对沉降控制要求较高的地段，加强注浆管理，根据地面监测情况进行补注浆。根据注浆计划加注水泥＋水玻璃浆液，以达到控制管片变形及地面沉降的目的。

2.4 试验段设置方案及效果

根据平—积区间盾构隧道水文与工程地质条件、环境条件以及隧道埋深等因素综合考虑在盾构穿越既有线前设 60m 的试验段，试验段的设置考虑穿越风险前类似的水文地质条件，试验段穿越过程中根据掘进及监测情况进行调整，并以此确定下穿既有线区段各项掘进参数（表 2.8、图 2.7）。具体现场试验得到的盾构掘进参数用于 M19 区间穿越既有区间机车站过程中，得到了较好的变形控制效果，详细参数见 2.3.2 节。

盾构区间下穿既有线组段划分 　　　　　　　　　　　　表 2.8

序号	1	2	3
里程	试验段 ZK47＋348.561~ ZK47＋288.561	下穿既有线段 ZK47＋288.561~ ZK47＋239.361	下穿既有线段 ZK47＋239.361~ ZK47＋148.988
长度(m)	60	49.2	90
环号	433~482	483~523	524~598
隧道穿越土层	⑦卵石、⑨卵石	⑦卵石、⑨卵石	⑨卵石、⑦卵石、⑦₁中粗砂、⑦₄粉质黏土
隧道埋深 h(m)	26.97~28.28	26.65~26.97	24.15~26.65
隧道上覆土层	①₁杂填土、①₂杂填土、③粉土、③₁粉质黏土、③₃粉细砂、⑤卵石、⑥粉质黏土、⑦₁中粗砂、⑦₄粉质黏土、⑦卵石	①₁杂填土、①₂杂填土、③粉土、③₁粉质黏土、③₃粉细砂、⑤卵石、⑥粉质黏土、⑦₁中粗砂、⑦₄粉质黏土、⑦卵石	①₁杂填土、①₂杂填土、③粉土、③₁粉质黏土、③₃粉细砂、⑤卵石、⑥粉质黏土、⑦₁中粗砂、⑦₄粉质黏土
特殊地质情况	无	无	无
地下水位情况	入水 3.98~5.16m	入水 4.71~3.98m	入水 2.7~4.71m
施工环境	下穿西直门内大街及市政管线	下穿既有地铁 4 号线新街口站东北出入口	下穿既有地铁 4 号线区间正线、风道及东南出入口
区段	CⅡ	CⅠ	EⅠ

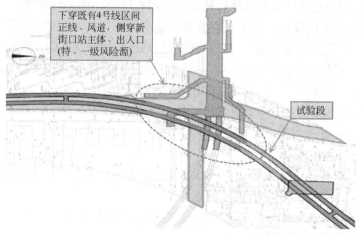

图 2.7　试验段平面位置示意

2.5　盾构穿越既有线变形控制措施

2.5.1　盾构掘进造成沉降主要原因

盾构机掘进时引起土体的自由位移和附加荷载，表现为土层沉降和侧向变形，其中土层沉降由以下五部分组成：

（1）盾构到达前土层沉降，由盾构机掘进引起土体应力状态改变造成，主要原因在于超孔隙水压产生，有效压力降低，一般表现为土层隆起，此时盾构机到被测面距离约为 15m。

（2）盾构到达时的土层沉降，由开挖面上的平衡土压力引起，此时盾构机到被测面距离为 0～15m。

（3）盾构通过时的土层沉降，由盾构与土层之间的摩擦剪切力，以及盾构"抬头"和"叩头"引起，此时盾构机到被测面距离为－15～0m。

（4）盾构通过后脱出盾尾时的土层沉降，由"建筑空隙"和应力释放引起。

（5）盾构通过后长期固结沉降，由土体受盾构掘进扰动，土体再固结引起。

通常将前四项称为瞬时土层沉降，反映了盾构机掘进时对周围土体的影响。盾构通过后的长期固结沉降是由于盾构掘进对土体扰动引起的，盾构掘进对土体扰动越大，盾构通过后长期固结沉降越大。

2.5.2　盾构掘进造成沉降变形控制措施

通过分析盾构掘进造成土层沉降的原因，针对本工程，主要从以下几方面进行变形控制：

（1）盾构机掘进至既有线影响范围前设置试验段，通过获取试验段的盾构掘进参数，保证穿越既有线时盾构机参数的合理性，避免在穿越时产生蛇形、俯仰、停机等突发状况。

（2）为了加强控制盾构穿越时的土层沉降，在穿越段采取加强管片，即提高盾构管片主筋型号，以更强的管片刚度减小抵抗土体的变形。

（3）穿越段增设注浆孔，加强盾构管片的二次注浆效果，增大盾构管片周边土体的刚度，进而控制盾构掘进过程中的沉降及盾构穿越后的固结沉降。

（4）穿越过程中，实时进行既有线的监测。根据监测数据，实时调整盾构机掘进参数及二次注浆等措施的频率和范围。

2.6 监控量测布置方案

2.6.1 监控量测目的

由于岩土参数的复杂多变性，穿越施工将引起邻近地层及既有地铁结构的变形，地铁及轨道结构变形过大将会影响列车运行安全。因此为保证在穿越施工期间地铁及轨道结构的安全，必须对既有地铁及轨道结构的变形进行监测，以便及时掌握穿越施工中既有线地铁结构及道床、轨道的变形状况，为判断既有线结构和运营安全提供依据，确保新建地下工程施工安全和既有线的正常运营。同时，对可能发生的安全事故提供及时、准确的预报，使有关各方能及时作出反应。

（1）促进本工程监测工程建设安全风险技术管理工作的系统化、规范化，最大限度地规避风险，避免人员伤亡和环境损害，降低工程经济和工期损失，为工程建设提供安全保障服务，确保在施工过程中安全风险可控。

（2）开展施工期间的既有地铁安全风险监测，及时向建设单位、地铁运营公司、设计单位和施工单位提供监测信息，保证安全、有效、可持续地开展各项施工工作。

（3）在施工期间，对施工影响范围内的既有地铁线路实施监测，为业主单位及时提供可靠的数据信息以评定工程施工对上述监测对象的影响程度，并使有关各方面有时间对紧急情况作出反应，最大限度地规避风险，避免人员伤亡和环境损害，降低工程经济和工期损失，为既有轨道交通运营提供安全保障服务。

（4）为建设单位对轨道交通工程建设风险管理提供数据支持，通过安全监测、安全巡查和安全风险管理服务工作，较全面地掌握既有地铁线路安全控制程度，对施工过程实施全面监控和有效控制管理。

（5）根据监测信息的变化及时有效监控各施工工艺、工序的有效性，为及时修改施工组织提供技术指导。动态设计和信息化施工。

（6）作为第三方监测，其监测数据和相关分析资料可成为处理风险事件和工程安全事故的重要依据。

（7）积累资料和经验，为今后的同类工程设计提供类比依据。

2.6.2 本工程监测项目

既有线为运营线路，运营期的安全监测关系重大，在监测范围、监测项目、测点布置、仪器设备的选用、数据采集处理和信息反馈等多方面进行考虑，针对轨道形位变化、隧道结构变化等方面提出全面的监控量测，主要的监测项目测点及数量见表 2.9。

项目监测统计　　　　　　　　　　　　　　　　　表 2.9

序号	类别	监测对象	监测项目		测点数量	单点测次
1	周边环境	下穿既有区间左、右线;侧穿既有车站	远程自动化监测	轨道结构沉降、差异沉降	13 个	约 150 组/日
			人工静态监测	结构沉降、差异沉降	40 个	约 60 次
				轨道几何形位检查	23 个	
				无缝线路钢轨位移	8 个	
				结构横向变形	17 个	
				管片错台	15 个	
				盾构收敛	15 个	
2		附属 1 号风亭风道、B 出入口,C 出入口	人工静态监测	附属结构沉降、差异沉降	22 个	
				附属结构水平位移	8 个	

2.6.3　既有地铁自动化监测原理

　　整个自动化监测系统由传感器、数据采集装置、数据通信系统、中心信号接收及处理装置、服务器及计算机软件系统组成。系统建立开放的数据接口,GPRS 及宽带通过公用互联网接入来实现远程实时查看。系统通过有线电缆进行数据收集,然后通过无线 GPRS 发射装置发送到监测中心服务器上,经处理后,直接输出监测物理量,并利用网络进行数据传输。自动化系统前端数据采集的主要元件为静力水准仪,其工作原理为:该系统主要由储液罐、基点、测点、采集设备、数据传输设备组成,静力水准仪包括主体容器、连通管、传感器等部件。静力水准仪是利用连通液的原理进行沉降观测,多支连通管连接在一起的储液面总是在同一水平面上,通过测量不同储液罐的液面高度,经过计算可以得出各个静力水准仪的相对差异高度,具体见图 2.8。

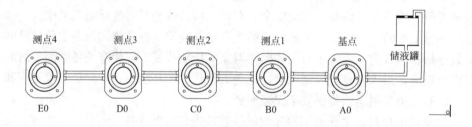

初始状态

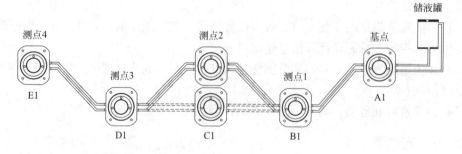

沉降状态

图 2.8　静力水准仪工作原理

本项目采用压差式静力水准仪，由储液器、高精度感应器、处理模块、保护罩等部件组成。静力水准仪样式如图 2.9 所示。

图 2.9　静力水准仪

2.6.4　自动化监测测点布置

对于轨道交通工程的项目监测，通常分为人工监测和自动化监测。对于既有运营线路，一般的人工监测无法做到实时不间断地监测，为了保证穿越前后及穿越过程中的监测数据及时准确，需要在地铁洞内布置自动化监测测点。具体自动化监测平面布置及剖面布置如图 2.10 和图 2.11 所示。

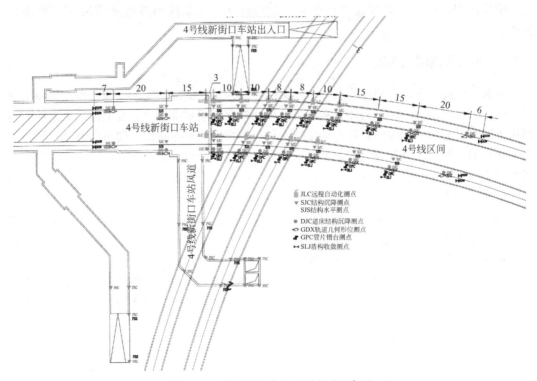

图 2.10　穿越既有线段监测点平面布置

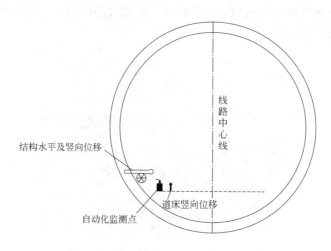

图 2.11　穿越既有线段监测点剖面布置

　　既有地铁轨道结构测点采用静力水准点，变形缝为监测重点，如遇变形缝位置，应在变形缝两侧各布设一个静力水准点。道床沉降监测的静力水准点安装在轨道外侧，且位于无三轨一侧。

　　点位布设安装时，应注意避开既有线路车站内的各种设施，不能影响正常线路运营，将测点固定于轨道结构上，同时静力水准仪在道床上的安装要保证不侵入列车行车限界。布点前应使用水准仪进行抄平，保证布设的静力水准点基本在同一水平面上。对监测点应进行明显标识，以提醒既有线内管理人员注意保护，通信线路及连通管采用管路进行保护。

2.6.5　人工监测测点布置

　　既有线内除了布设自动化测点外，人工测点作为重要的辅助监测手段，也是保障工程安全施工不可缺少的一环。具体方案为：使用高精度电子水准仪及配套铟钢尺对地铁隧道结构沉降进行监测，同时作为对自动化监测进行复核，测点在断面上的布设与轨道结构沉降监测断面一致，直至两端监测范围里程。穿越既有线测点以穿越既有隧道结构的中心位置为中心由密到疏布置，穿越中心区域以及变形缝部位适当加密。测点布设在地铁隧道侧墙上。如遇变形缝，在变形缝两侧加设测点。

　　同时，在施工影响范围之外较稳定的区域应布设监测基准点，基准点距离监测区域 $50\sim100$ m，根据现场情况自行布设。沉降基准点构成沉降监测控制网，控制网可布设成闭合环形式，共布设 3 个沉降监测基准点。在使用前复测水准基点间的高差，在允许范围内方可使用。水平位移监测基准点布置原则与沉降基准点类似，采用固定棱镜作为后视监测基准，共布设 3 个位移监测基准点。每 2 个月对基准点进行一次联网复测，保证监测基准可靠性。

1. 道床沉降人工监测

　　使用高精度电子水准仪及配套铟钢尺对隧道道床进行沉降监测及差异沉降监测，监测断面位置与车站结构的沉降一致，测点布置在轨道两侧道床上，在变形缝的两侧增设测点。监测点布设普通沉降测量标志，测点采用测钉的形式，如图 2.12 所示。

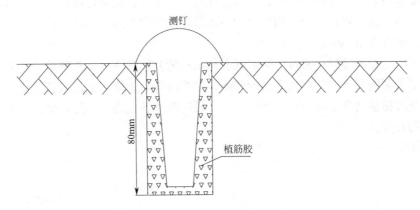

图 2.12　道床变形的测钉布设示意

2. 既有地铁结构横向变形

使用全站仪对车站结构的水平变形进行人工监测，在既有线车站内布设水平变形测点，测点采用反射棱镜固定在结构侧墙上，反射棱镜布设应背对列车司机视线。结构水平位移测点布设原则与车站结构沉降测点相同。若同一位置同时有沉降和水平位移测项时，沉降测点与水平位移测点共用。其测点的布设大样如图 2.13 所示。

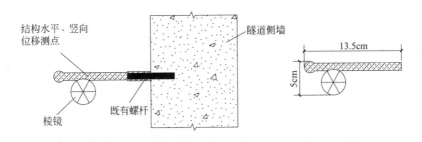

图 2.13　地铁结构水平位移监测点布设示意

2.7　本章小结

（1）针对既有北京地铁 4 号线新街口站及站前盾构区间的结构特点及荷载、地层情况、覆土厚度、空间位置关系、风险保护措施等条件，建立有限元模型，模拟盾构下穿过程，分析盾构施工可能引起的既有线变形是否超限，是否满足规范要求。

（2）盾构从既有车站及区间下方的一侧穿越到另一侧的过程中将产生一个沉降差，这个沉降差如果超限，将造成车站及区间结构发生沉降、结构弯曲和扭曲变形、已有裂缝的扩展和错动，并由此引发轨道几何形位的改变。这些变化不仅会引起既有结构应力的重分布，而且有可能导致钢轨顶面水平超差、轨向平顺超差或前后高低超差；另外，考虑到既有线的道床和基层的整体刚度不一，受变形过大的影响，道床及其基层之间将会产生脱离现象，对既有线运营产生危害。

（3）在盾构下穿掘进过程中，提前设定试验段，合理设定土压力，调节盾构推进速度与排土速度关系，保持开挖面稳定，使盾构保持均衡施工，同时控制同步注浆的压力和速度，及时实施二次补浆，结合盾构穿越的环境情况和竖向净距等条件，施工引起的既有线结构沉降控制在 3mm 内是可以实现的。

（4）在盾构穿越过程中通过加强对既有线结构的监控量测，对轨顶差异沉降、中心线平顺性、道床裂缝监测、轨道水平间距监测、结构沉降、土体水平及垂直位移等进行了布点监测，及时提供动态监测数据来指导施工，及时调整各项施工参数，保证了盾构穿越既有线施工的安全。

第3章
长条形明挖深基坑超长距离顺行上跨既有盾构区间

3.1 工程概况及难点

3.1.1 工程概况

南宁轨道交通5号线某区间地下空间工程项目位于明秀西路广西大学至财经学院段道路下方，沿明秀西路下方成"一字形"单层布置。周边主要为高校、待改造老旧小区及部分新建住宅小区。道路下方存在较多地下管线，施工期间进行管线改移，满足明挖法施工场地条件。

项目西侧起点与5号线某站站厅相连接，东侧终点设置于财经学院大门处，下方为地铁5号线区间隧道，具体位置见图3.1和图3.2。

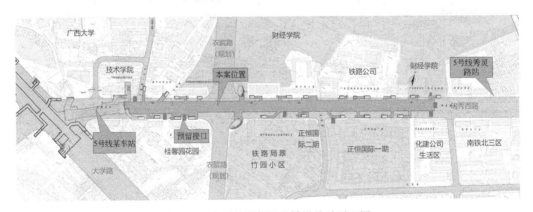

图 3.1 本项目及邻近地铁设施总平面图

项目主体基坑深8.91~10.35m，宽25.7~30.9m，围护结构采用800钻孔灌注桩＋内支撑的支护形式，桩间采用600双管旋喷桩止水。基坑支撑系统采用2道支撑（局部设置1道支撑），第1道支撑采用800mm×800mm混凝土米字撑，对撑水平间距9m，第2道支撑采用直径609mm，$t=16$mm，水平间距5.5m。基坑跨中设临时立柱，中立柱基础采用1200mm钻孔灌注桩兼作抗拔桩。具体剖面关系如图3.3和图3.4所示。

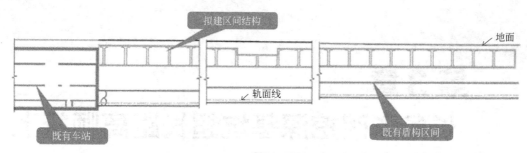

图 3.2 新建广财区间、既有地铁车站及盾构区间纵段图

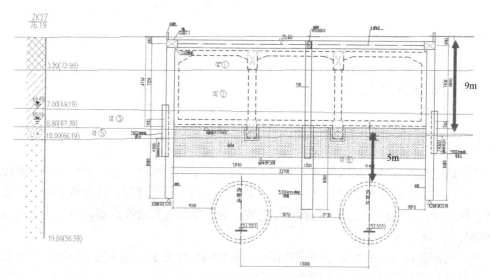

图 3.3 基坑东端剖面图（净距最小）

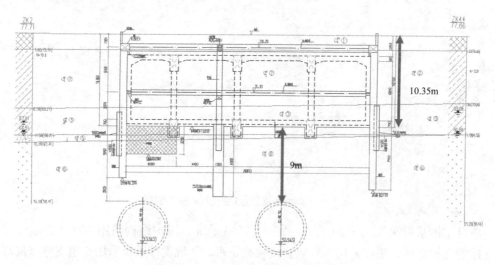

图 3.4 基坑西端剖面图（净距最大）

3.1.2　地质条件

依据项目地块勘察（最大控制深度 22.20m 范围内）报告，场地内地层主要由第四系（Q_4^{ml}）①人工素填土、第四系冲洪积（Q_3^{al}）②硬塑粉质黏土、③可塑粉质黏土、④软塑粉质黏土、⑤细砂、⑥圆砾组成，自上而下各工程地质层特征描述如下：

① 素填土：褐色、灰色，稍密，稍湿，主要由黏性土组成，局部含较多碎石、块石、砖块，上部 0~0.5m 为路面混凝土、地砖。该层场地内钻孔均有揭露，层厚 0.3~7.1m，层底标高 70.34~78.42m。ZK37~ZK45 钻孔路段素填土含较多碎石、块石回填。于层中做标准贯入试验 7 次，实测锤击数 $N=5.0~12.0$ 击，锤击数平均值 $N=8.3$ 击，标准值 $N=7.3$ 击，标准差 $\sigma=3.520$，变异系数 $\delta=0.295$。堆积年限超过 10 年。属高压缩性土。

② 粉质黏土：棕色、黄色，硬塑状，黏性稍好，干强度中等，韧性中等，无摇震反应，手按有砂感，该层面底部局部相变为粉土。该层场地内在所有钻孔均见有揭露，揭示层厚 2.00~9.30m，层底标高 66.06~70.80m。于层中做标准贯入试验 13 次，实测锤击数 $N=8.0~15.0$ 击，锤击数平均值 $N=10.5$ 击，标准值 $N=9.1$ 击，标准差 $\sigma=2.787$，变异系数 $\delta=0.264$。属中等压缩性土。

③ 粉质黏土：黄色、褐黄色，可塑状，黏性一般，干强度中等，韧性中等，无摇震反应。含较多细砂，局部相变为粉土。该层于场地内约 60% 的钻孔有揭示，分布不均匀，揭示层厚 0.70~4.70m，层底标高 65.38~69.32m。于层中做标准贯入试验 7 次，锤击数 $N=4.0~7.0$ 击，平均锤击数 $N=6.1$ 击，标准值 $N=4.6$ 击，标准差 $\sigma=2.272$，变异系数 $\delta=0.228$。属中等压缩性土。

④ 粉质黏土：灰色、深灰色，软塑状，黏性弱，手捏有砂感，含较多细砂，干强度中等，韧性中等，无摇震反应。该层于场地内约 40% 的钻孔有揭示，揭示厚度 2.20~7.30m，层底标高 60.95~66.82m。于层中做标准贯入试验 10 次，锤击数 $N=2.0~4.0$ 击，平均锤击数 $N=3.6$ 击，标准值 $N=3.1$ 击，标准差 $\sigma=0.699$，变异系数 $\delta=0.268$。属高压缩性土。

⑤ 细砂：灰黄色、灰色，湿，结构松散，粒径多在 0.1~0.25mm，成分为砂岩、石英等，含少量圆砾。该层于场地内约 40% 的钻孔有揭示，揭示厚度 0.8~4.90m，层底标高 62.85~67.19m。于层中做标准贯入试验 9 次，锤击数 $N=4.0~8.0$ 击，平均锤击数 $N=7.4$ 击，标准值 $N=6.3$ 击，标准差 $\sigma=2.740$，变异系数 $\delta=0.270$。属高等压缩性土。

⑥ 圆砾：黄色、灰白色，以中密状态为主，顶部 0.5~1.0m 为稍密状态，饱和，成分主要为石英、砂岩、燧石等。2~20mm 粒径颗粒质量占 55%~65%，最大粒径可达 35mm，亚圆形，分选性较好，级配较差，间隙为较多的粗砾砂充填。场地内所有钻孔均见有分布，钻探深度内未揭穿该层，最大揭露厚度为 10.1m，层顶标高 60.95~66.95m。于层中做重型圆锥动力触探试验 5.0m/50 次，实测锤击数 $N_{64.5}=8.0~28.0$ 击，平均锤击数 $N=16.9$ 击，杆长修正后锤击数 $N_{64.5}=6.0~15.2$ 击，平均锤击数 $N_{64.5}=10.4$ 击，标准差 $\sigma=2.586$，变异系数 $\delta=0.152$。属中等压缩性土。

项目基坑底部位于③粉质黏土层，工程地质参数见表 3.1。

主要地层参数表 表 3.1

项目 地层	天然重度 (kN/m^3)	压缩模量 E_s (MPa)	黏聚力 c_k (kPa)		内摩擦角 φ (°)		地基承载力特征值 f_{ak}(kPa)	抗拔系数	与锚固体摩阻力标准值 q_{sik} (kPa)
			直剪快剪	三轴	直剪快剪	三轴			
①素填土	18.7	4.5	13	—	7		90		
②粉质黏土	19.6	9	50	45	12	11	210	0.7	60
③粉质黏土	19.2	6	30		11		150	0.7	45
④粉质黏土	18.0	3	5		3		80	0.7	25
⑤细砂	19.0	$E_0=4$	3	—	25	—	125	0.5	40
⑥圆砾	22.0	$E_0=22$	0	—	33	—	350	0.5	130

注：1. E_0 为变形模量；

2. 表中的地基承载力特征值系指岩土层在非扰动状态下采用。

3.1.3 水文条件

场地地下水主要为上层滞水和孔隙潜水。

1. 上层滞水

上层滞水主要赋存于①素填土中，由大气降水渗透补给，水量较小，初见水位在 75.24～74.86mm（埋深 2.70～3.20m），稳定水位在 69.76～74.64m（埋深 2.60～1.80m），分布无规律，无统一稳定水位。上层滞水在接受补给后，以松散土类孔隙为通道径流，以垂直向下渗流至基岩裂隙或以补给地表水的方式排泄，地下水位、水量随季节变化，年变化幅度在 0.5～1m。

2. 孔隙潜水

孔隙潜水主要赋存于⑥圆砾中，具有一定承压性，水量较大，主要由降雨及邕江河水补给，在接受补给后，地下水以土层孔（裂）隙为通道径流，以侧向、垂直向下渗流方式排泄。勘察期间测得初见水位在 65.05～70.0m（埋深 6.90～13.30m），稳定水位在 67.61～70.44m（埋深 7.50～12.20m）。受邕江水水力影响，该类水量动态不稳定。地下水位受邕江的丰水、枯水期影响较大，其年变化幅度为 2.0～3.0m。

依据勘察报告，场地各土层的渗透系数见表 3.2。

各土层的渗透系数建议值 表 3.2

岩土层名称	渗透系数 k(m/d)	透水性
①素填土	2.0	中等透水
②粉质黏土	0.05	弱透水
③粉质黏土	0.08	弱透水
④粉质黏土	0.15	弱透水
⑤细砂	3.0	中等透水
⑥圆砾	35.0	强透水

3.1.4 工程重难点

通过调研和论证认为，本段工程存在以下施工重难点：

（1）本工程下方为处于运营状态下的既有盾构区间隧道，且基坑为长条形，顺行上跨既有盾构隧道，长度达 818m。基坑施工导致下方隧道上浮的累积风险很大，对下方隧道的变形控制措施要求很高，动态施工控制精度及难度较大。

（2）本工程基坑同时采用分坑分块施工、坑底加固等风险控制措施，如何在超长基坑范围内合理地组织基坑开挖和工期匹配调度，合理顺畅地衔接不同的施工工序，按照设计图纸，保质保量地实现风险措施预期效果，是保证工程施工风险最小化的重点。

（3）本工程的主要风险源为处于运营状态下的地铁车站及区间，工程施工不可避免地会对其造成一定的影响，因此，对既有地铁结构的监测为本工程的一项重点工作。只有合理的测点布置、及时准确的监测数据反馈，才能保证信息化施工的有效实施，也是应急预案启动与否的重要依据。

3.2　上跨既有线有限元分析

考虑到本工程施工风险较大，为了在施工前了解基坑开挖过程中所可能产生的地层变位和应力变化，明确这种影响的大小量级和范围，明确危险可能发生的部位、方式及拟采取措施的有效性，同时为现场监控量测提供管理基准和依据，对基坑开挖全过程进行了动态分析，主要计算施工过程中，既有地铁车站及隧道的变形，用以研究明挖基坑上跨既有地铁结构施工关键技术。

3.2.1　三维有限元模型

为准确分析并预测基坑施工自身及其对相接地铁结构设施产生的影响，本节采用有限元分析软件 MIDAS 进行三维数值模拟，主要分析基坑开挖过程对涉铁设施结构的影响。

本项目区间基坑纵向较长，为满足仿真计算的合理性，减小模型的复杂性和模型计算的时间，考虑对基坑模型进行合理拆分。基坑东侧与既有区间隧道的竖向净距约 5m，往西逐渐增大至 9m，且西侧与既有车站及附属相连。具体模型拆分示意见图 3.5。

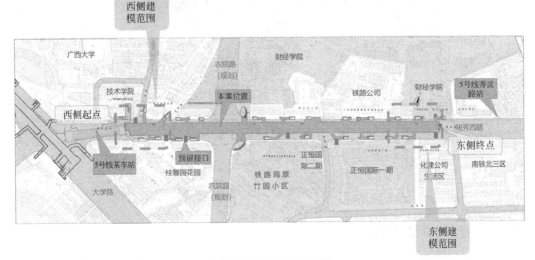

图 3.5　模型拆分示意

考虑从基坑东端往西纵向取 100m 作为一个三维模型，主要模拟基坑施工对既有区间隧道的不利影响。根据设计分坑方案，基坑纵向分 6 个区域分块开挖，每个区域纵向长度约 20m，为减小坑底回弹，每个区域内再进行横向分步开挖。具体平面分块示意见图 3.6。

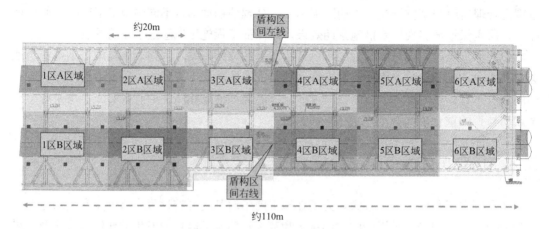

图 3.6　东侧明挖基坑分块开挖示意

邻近车站一侧分别取车站主体纵向 50m（含附属）及明挖基坑 70m（含下方区间隧道）进行三维建模计算，主要模拟基坑施工对既有车站及附属结构的不利影响，并验证基坑与区间隧道竖向净距超过 7m（大于 1 倍洞径）条件下，取消坑底加固措施的安全性。为减小基坑开挖对车站结构及下方区间隧道的影响，基坑纵向分 4 个区域分块开挖。具体平面分块示意见图 3.7。

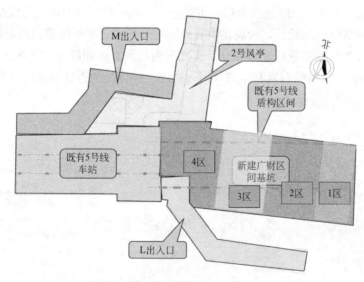

图 3.7　西侧明挖基坑分块开挖示意

3.2.2　二维模型断面选取

实际建模过程中，为进一步模拟基坑施工对既有隧道的影响，同时考虑到基坑中部处于既有区间联络通道上方，属于结构薄弱区域。因此实际建模分析过程中，增加了三个含盖附属结构施工（模拟主体与附属处于不同工期）的二维分析模型。本书中仅对重点的两个三维模型计算过程及结果分析进行介绍，二维断面的计算可参考三维模型的思路进行试算，在此仅给出二维断面选取的思路及原则，以供参考。

本项目共有 33 个附属，根据附属结构基坑与既有隧道区间的空间位置关系即基坑平面尺寸的大小，对基坑统一分类，并选取其中 3 个较为典型的断面进行二维建模分析（表 3.3）。考虑到主体基坑与附属基坑为分期建设，即施工附属基坑时，主体基坑视为既有结构（图 3.8）。

二维断面选取原则：

（1）基坑与既有盾构区间的平面位置的不同，即上跨、侧穿；

（2）基坑位于左右线的位置不同，即邻近左线、邻近右线；

（3）基坑与既有区间竖向净距的不同，考虑竖向净距沿区间隧道由东向西逐渐变小，分别取三处位置作为典型断面，即基坑西端、中间位置（联络通道处）及东端；

（4）加固措施的不同。

二维数值模拟代表性断面信息 　　　　　　　　　　　　　　表 3.3

断面	建模范围	主要影响对象	主要变形指标	断面选取原因
1-1	附属基坑（底标高−9.2m）、区间主体围护及二衬结构、附属二衬结构、5号线区间盾构隧道	5号线区间盾构隧道	区间隧道水平及竖向位移	上跨、邻近左线、基坑西端、无坑底加固措施
2-2	附属基坑（底标高−9.2m）、区间主体围护及二衬结构、附属二衬结构、5号线区间盾构隧道	5号线区间盾构隧道	区间隧道水平及竖向位移	侧穿、邻近左线、基坑东端、有坑底加固措施
3-3	附属基坑（底标高−9.2m）、区间主体围护及二衬结构、附属二衬结构、5号线区间盾构隧道	5号线区间盾构隧道	区间隧道水平及竖向位移	侧穿、邻近右线、基坑中间、处于既有联络通道位置、无坑底加固措施

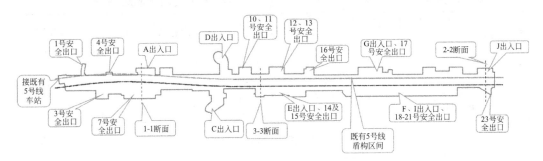

图 3.8　附属基坑及二维断面选择平面示意

3.2.3 计算参数及模型

根据模型拆分思路，分别建立两个三维模型（图 3.9、图 3.10），常规地层参数见 3.2.2 节地质条件。对于坑底搅拌桩加固地层，采用增大地层参数来模拟，弹性模量 E 取

80MPa，泊松比取0.22，重度取23kN/m³，黏聚力取30kPa，内摩擦角取40°。为了保证网格划分质量，整个土体模型网格划分采用三维实体单元；围护结构和隧道管片采用板单元；柱、混凝土支撑采用梁单元，板、墙采用板单元。结构截断处采用固定约束，对侧约束水平X向位移；两侧约束Y向位移，底部采用固定约束。

本工程中，分层分块措施为一项重要的风险保护措施，为更真实地模拟分层分块施工的效果，按照实际的施工时序进行了全过程的仿真模拟。具体施工模拟步序如表3.4和表3.5所示。

东侧基坑施工模拟步序　　　　　　　　　　　　　　　　　　表3.4

序号	步序名称	备注	序号	步序名称	备注
1	初始地应力平衡		12	2区A区域分块开挖至基底	
2	生成既有区间隧道		13	施作2区A区域二衬结构	
3	施作围护桩及坑底加固		14	2区B区域分块开挖至基底	
4	1区基坑开挖并假设支撑	混凝土支撑	15	施作2区B区域二衬结构	
5	1区分层开挖至5.5m		……	……	
6	1区A区域分块开挖至基底		34	6区基坑开挖并假设支撑	混凝土支撑
7	施作1区A区域二衬结构		35	6区分层开挖至5.5m	
8	1区B区域分块开挖至基底		36	6区A区域分块开挖至基底	
9	施作1区B区域二衬结构		37	施作6区A区域二衬结构	
10	2区基坑开挖并假设支撑	混凝土支撑	38	6区B区域分块开挖至基底	
11	2区分层开挖至5.5m		39	施作6区B区域二衬结构	

西侧基坑施工模拟步序　　　　　　　　　　　　　　　　　　表3.5

序号	步序名称	备注	序号	步序名称	备注
1	初始地应力平衡		11	2区施作二衬并拆除第二道支撑	
2	生成既有车站主体结构、附属结构及盾构区间		12	3区基坑开挖2.5m并加撑	混凝土支撑
3	施作围护桩		13	3区基坑开挖8m	
4	1区基坑开挖2.5m并加撑	混凝土支撑	14	3区基坑开挖至基底并加撑	钢支撑
5	1区基坑开挖8m		15	3区施作二衬并拆除第二道支撑	
6	1区基坑开挖至基底并加撑	钢支撑	16	4区基坑开挖2.5m并加撑	混凝土支撑＋钢斜撑
7	1区施作二衬并拆除第二道支撑		17	4区基坑开挖8m	
8	2区基坑开挖2.5m并加撑	混凝土支撑	18	4区基坑开挖至基底并加撑	钢支撑
9	2区基坑开挖8m		19	4区施作二衬并拆除第二道支撑	
10	2区基坑开挖至基底并加撑	钢支撑			

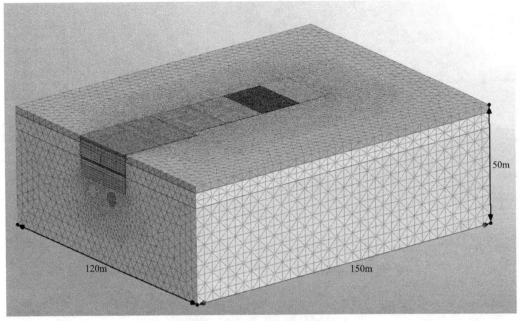

图 3.9　东侧基坑模型网格及尺寸

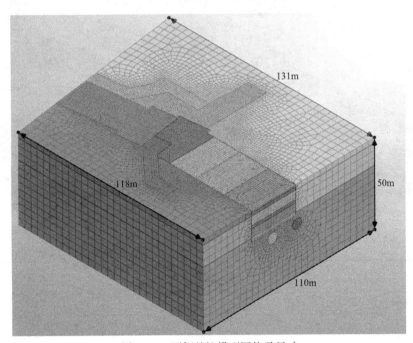

图 3.10　西侧基坑模型网格及尺寸

3.2.4　计算结果分析

1. 东侧基坑

1）既有隧道变形结果

开挖完成后既有隧道计算结果如图 3.11 和图 3.12 所示。

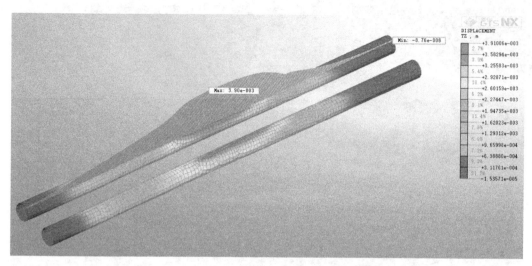

图 3.11　既有隧道竖向位移云图（考虑坑底加固）

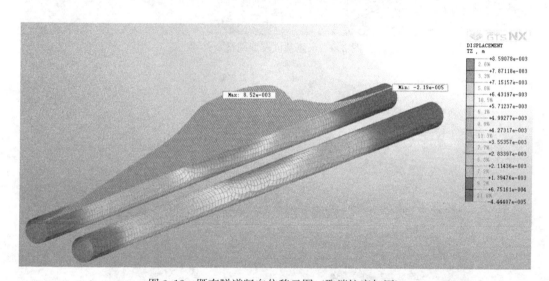

图 3.12　既有隧道竖向位移云图（取消坑底加固）

加固措施效果对比　　　　　　　　　　　　　　　　　　　表 3.6

分析步	采取加固措施区间 竖向位移（mm）	无加固措施区间 竖向位移（mm）	加固效果（%）
1 区施工完成	0.02	0.394	+122.33
2 区施工完成	0.41	1.04	+258.56
3 区施工完成	0.96	3.21	+130.21
4 区施工完成	3.38	6.45	+129.00
5 区施工完成	4.62	7.88	+117.68
6 区施工完成	3.90	8.52	+118.46

2）模拟计算结论

由计算结果可知，基坑施工过程中，随着基坑的开挖，下方盾构隧道隆起效应越明显，风险累积程度越大。同时由表 3.6 可以看出，坑底加固措施对减小隧道的上浮有比较明显的抑制效果，如无坑底加固措施，隧道上浮隆起值最大为 8.52mm，超过标准规定的变形控制值，对既有隧道造成的不利影响较大。由此可见，坑底加固是本工程中行之有效的风险控制措施。

2. 西侧基坑

1）既有隧道变形结果

开挖完成后既有地铁结构计算结果如图 3.13 和图 3.14 所示。

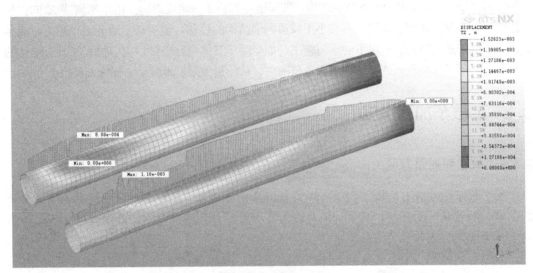

图 3.13　既有隧道竖向位移云图（4 区完成二衬施工）

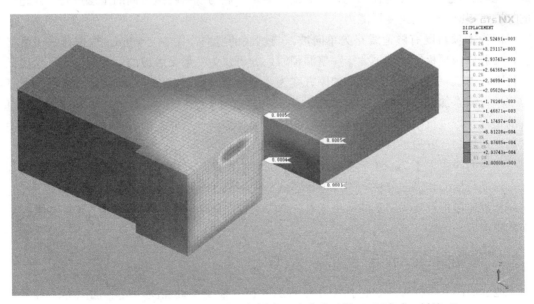

图 3.14　车站端头侧墙及 2 号风亭侧墙 X 向位移云图（4 区完成二衬施工）

2）模拟计算结论

此模型中，基坑底与隧道的竖向净距为 9m，相较于东侧模型（竖向最小净距为 5m）风险稍小。由计算结果也可以看出，在类似水文地质及基坑方案的条件下，当竖向净距较大时，仅采用分层分块开挖，隧道的竖向隆起值为 2.52mm，即下方隧道的隆起可得到有效控制，说明分层分块开挖也是本工程中行之有效的风险控制措施之一。

同时，结合二维断面（3-3）的计算分析，当竖向净距超过 7m（大于 1 倍洞径）时，可不采取基坑加固措施，仅采取分层分块施工，造成的隧道隆起值也在可控的范围内。

由于本基坑坑底位于车站端头地下二层位置附近，车站主体为地下三层，即明挖基坑位于车站底板以上。2 号风道为地下两层结构，即风道底板位于基坑底附近。由车站侧墙 X 向位移可以看出，车站主体侧墙结构的位移小于风道侧墙结构的位移，说明对于地下工程施工，应尽量避免在低于既有结构底板以下的空间施工，如受限于具体设计条件，也应拉大与既有结构的水平距离，尽量避免侵入既有结构破裂角范围内，从而最大限度地减小工程施工风险。

3.3 地层预加固措施

3.3.1 本工程加固方案

本工程基坑在既有盾构区间上方顺行长度达 800 多米，基坑开挖导致隧道上浮为主要的影响，随着基坑的开挖，其累计风险较大。因此，如何解决基坑卸载回弹导致下方隧道的上浮为本工程成败的关键。

基坑底的隆起，主要是原始土体作为固结体，内部存在地应力，当土体开挖卸载后，导致地应力不平衡，坑底土层受到向上的力而隆起，进而导致下方隧道也发生上浮。因此，比较有效的方式即为在基坑开挖之前，对基坑底与既有隧道之间的土层进行一定范围的加固，提高土层的抗变形能力。

因为本项目既有隧道线路为单向坡，与坑底的竖向净距在 5～9m，根据相关工程经验，一般盾构顶板覆土满足大于一倍洞径时，即可认为变形是可控的，考虑一定冗余度的条件下，本工程最终采用的坑底加固方案为：竖向净距小于 7m 时，即采用旋喷桩，对基坑底进行满堂加固，加固深度为基坑底下 3m 范围内的土层。同时为了减小卸载量，对基坑的土方开挖进行限定，进行横向、纵向均分块，竖向分层开挖的方案，尽可能地减小每次基坑开挖的土方量。具体方案如图 3.15 所示。

当竖向净距大于 7m 时，本工程取消了坑底加固措施，减弱了基坑分层分块开挖的程度，仅进行横向和纵向分块，不再进行竖向分层限制。具体方案如图 3.16 所示。

从数值模拟及现场施工的结果来看，此方案控制隧道变形的效果较好，整体变形满足规范要求。

3.3.2 旋喷桩施工工艺

地层加固有多种方式，包括深孔注浆加固、三轴搅拌桩加固、MJS 加固等。对于不同的地层条件，并结合实际工程的结构特点和空间位置关系等因素，选择合理的加固方式。本工程处于软土地层，场地内存在较厚的淤泥质地层，而深孔注浆一般用于砂卵石地层效果较好，对于软土地层，一般推荐采用搅拌桩或旋喷桩进行地层加固。本工程中，坑

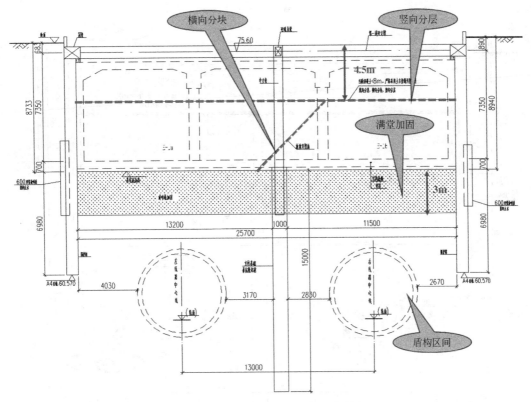

图 3.15　基坑分块剖面示意图（竖向净距小于 7m）

底的旋喷加固为控制既有隧道变形的主要措施，本章将详细介绍旋喷桩的施工工艺及现场的技术措施等内容。

1. 旋喷桩施工方法及技术措施

1）测量定位

采用液压锤破除路面混凝土，再依据控制桩和设计图准确放出旋喷桩孔位。

2）钻孔

根据现场放线移动钻机，使钻杆头对准孔位中心。同时为保证钻机达到设计要求的垂直度，钻机就位后必须水平校正，使其钻杆轴线，垂直对准钻孔中心位置，保证钻孔的垂直度不超过 1%。在校直纠偏检查中，利用垂球（高度不得低于 2m）从垂直两个方向进行检查，若发现偏斜，则在机座下加垫薄木块进行调整。钻机成孔，孔径为 125mm，严格按已定桩位进行成孔，平面位置偏差不得大于 50mm，采用原土造浆护壁。

3）插管、试喷

引孔钻好后，插入旋喷管，进行试喷，确定施工技术参数。注浆材料：普通硅酸盐水泥，水泥浆（单液）水灰比为（0.8～1.0）∶1。

4）高压旋喷注浆

（1）施工前预先准备排浆沟及泥浆池，施工过程中应将废弃的冒浆液导入或排入泥浆池，沉淀凝结后集中运至场外存放或弃置。

（2）旋喷前检查高压设备和管路系统，其压力和流量必须满足设计要求。注浆管及喷

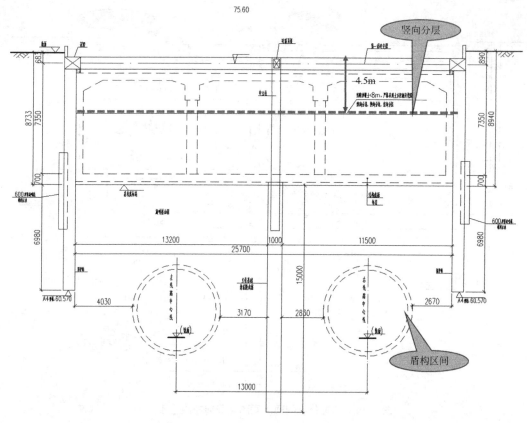

图 3.16　基坑分块剖面示意图（竖向净距大于 7m）

嘴内不得有任何杂物。注浆管接头的密封圈必须良好。

（3）做好每个孔位的记录，记录实际孔位、孔深和每个钻孔内的地下障碍物、注浆量等资料。

（4）当注浆管贯入土中，喷嘴达到设计标高时，即可按确定的施工参数喷射注浆。喷射时应先达到预定的喷射压力，量正常后再逐渐提升注浆管，由下而上旋喷注浆。

（5）每次旋喷时，均应先喷浆后旋转和提升，以防止浆管扭断。

（6）配制水泥浆时，水灰比要求按设计规定，不得随意更改，在喷浆过程中应防止水泥浆沉淀，使浓度降低。每次投料后拌合时间不得少于 3min，待压浆前将浆液倒入集料斗中。水泥浆应随拌随用。

（7）高压喷射注浆过程中出现骤然下降、上升或大量冒浆等异常情况时，应查明原因并及时采取措施。

（8）一旦出现中断供浆、供气，立即将喷管下沉至停供点以下 0.3m，待复供后再提升。

（9）当提升至设计桩顶下 1.0m 深度时，放慢提升速度至设计高程。

（10）喷射作业结束后，用冒出浆液回灌到孔内，直至不下沉为止。

5）废弃浆液处理

喷射注浆施工中，会产生不少废弃浆液。为确保场地整洁和顺利施工，施工前拟在场地内设置泥浆池，施工中抽排泥浆汇入泥浆池中，待泥浆固结后再外运处理。

6）冲洗机具

当高压喷射注浆完毕，应迅速拔出注浆管，彻底清洗注浆管和注浆泵，防止被浆液凝固堵塞（因故停工 3h 以上时，妥善清洗泵体和喷浆管道）。

7）移动机具

移动旋喷机具至下一孔位。

2. 旋喷桩施工质量控制

（1）旋喷施工前，将钻架安放平稳、牢固，定位准确，喷射管倾斜度不大于 2.5%，桩心偏差不大于 5cm。

（2）正式开工前应做试验桩，确定合理的旋喷参数和浆液配合比。旋喷深度、直径、抗压强度符合设计要求。

（3）为使浆液不因延时而致沉淀和离析，及早提高复合固结体的强度，应掺入 3% 的陶土和适量的早强剂。

（4）旋喷过程中，冒浆量小于注浆量 20% 为正常现象。若超过 20% 或完全不冒浆时，应查明原因，调整旋喷参数或改变喷嘴直径。

（5）钻杆旋转和提升必须连续不中断，拆卸接长钻杆或继续旋喷时要保持钻杆有 10～20cm 的搭接长度，以免出现断桩。

（6）在旋喷过程中，如因机械故障中断旋喷时，应重新钻至桩底设计标高并重新旋喷。

（7）制作浆液时，水灰比要按设计进行，严格控制，不得随意改变。在旋喷过程中，应防止泥浆沉淀、浓度降低。不得使用受潮或过期水泥。浆液搅拌完毕后送至吸浆桶时，应有滤网进行过滤，过滤筛孔以小于喷嘴直径的 1/2 为宜。

（8）在旋喷过程中，若遇到孤石或大的漂石，桩位可适当调整（根据受力情况，必要时加桩），避免畸形桩和断桩。

（9）旋喷施工按规定做好记录，并按监理工程师批准的表格填写。

（10）按规定做好质量检验，可采取钻孔取芯、标准贯入、静载试验等方法进行，检查点的数量按有关规范办理。质量检验应在注浆结束 28d 后进行，检验不合格应复喷。

3. 旋喷桩施工应急措施

若因地层中有较大空隙引起不冒浆，则可在浆液中掺加适量的速凝剂，缩短时间，使浆液在一定土层范围内凝固。另外还可在空隙地段增大注浆量，填满空隙后再后继续正常旋喷。

通常冒浆过大的主要原因是：有效喷射范围与注浆不相适应，注浆量大大超过旋喷固结所需的浆量。减少冒浆的措施有三种：①提高旋喷压力；②适当缩小喷嘴孔径；③加快提升旋喷速度。

旋喷时，要做好压力、流量和冒浆量的量测工作，钻杆的旋喷和提升必须连续不断。当拆卸钻杆继续旋喷时，要注意保持钻杆有 0.5m 的搭接长度，不得使喷射固结体脱节。

3.4 基坑施工过程中风险控制措施

3.4.1 明挖基坑上跨既有隧道风险分析

明挖基坑上跨既有隧道的风险来源主要为基坑底的回弹导致下方隧道的上浮问题，长距离的顺行上跨，导致既有隧道的累积上浮风险很大。因此除了本身设计方案中有关分层分块开挖及坑底旋喷桩加固要求外，实际工程中，施工单位的施工质量及对应的施工风险保护措施，也是决定本工程能否安全进行的重要保障。

3.4.2 施工过程中的风险应对措施

1. 围护桩施工质量保证措施

合理、安全的基坑支护方案是保证基坑安全性的基础，如何在保证邻近地铁区间隧道安全运营的前提下，快速、高效地进行围护桩的施工，是本项目的施工重点之一。为确保围护桩的施工质量，结合以往施工经验及本工程实际情况，特制定下列技术保证措施，具体如下：

(1) 钻孔灌注桩排桩应采用跳打法施工，相邻桩混凝土达到一定强度后，方可进行另一根桩施工。

(2) 桩位偏差：平行于基坑边方向为 80mm，垂直于基坑边方向为向坑内 50mm，向坑外 80mm。

(3) 桩径允许偏差±50mm，垂直度允许偏差 0.8%，充盈系数＞2.10，孔底沉渣厚度≤150mm，钢筋笼安装深度允许偏差为＋100mm。

(4) 护筒埋设。根据测量技术要求，以桩位中心点为圆心挖出比设计桩径大 200mm 的护筒，采用十字中心吊锤法将护筒垂直固定于桩位处进行校正，达到要求后，方可埋设。其技术要求：①护筒采用钢板卷制，护筒中心偏差不大于 2cm，倾斜度不大于 1%；②开槽深度一般为 2.10～2.30m，遇障碍物需清除后方能埋设，对于明浜及杂填土较多的区域，适当深挖处理及护筒加长；③校正后用黏土将护筒周围埋实，确保护筒在钻进中不漏失泥浆，不发生位移；④做好记录进行复测。

(5) 钻机安装就位：①钻机安装必须水平、周正、稳固；②保证桩架天车、转盘中心、护筒中心在同一铅垂线上，做到"三点一线"；③用水平尺校正施工平台水平度和转盘的水平度，保证转盘中心与护筒的偏差不大于 2cm；④钻机平台底座必须坐落在较坚实的位置，否则用地板垫平，防止施工中倾斜；⑤对各连接部位进行检查。

(6) 成孔钻进：①根据地层和设计要求，钻孔桩拟选用 GPS-10 型钻机，进行正循环成孔钻进；②钻头选用性能良好的正循环双腰笼式钻头，这种钻头具有强度高、排渣导流性好、切削量大、导向度高等特点；钻头设保径装置，施工中要经常核验钻头尺寸，发现磨损过大应及时修复、更换；③钻进技术参数根据设计和标准要求，本工程拟利用工程桩（承压桩和抗拔桩各 1 根）作为试成孔进行 12h 的孔壁稳定性测试，采用分层钻进技术确保成孔质量，钻压利用钻具自重加压，开钻时轻压慢转以保持钻具的导向性和稳定性，泵量的调整可安装回水装置，进尺后针对不同地层，适时调整各钻进技术参数（第一根桩成桩后确定的钻进参数作为最佳参数），终孔前 0.5～1.0m，采用小参数扫孔钻进至终孔，以减少对孔底的扰动。

2. 土方分块开挖质量保证措施

根据土方开挖进度，遵循"竖向分层，纵向分段""先撑后挖、分层开挖、严禁超挖"的总体原则，同时，应做到以下技术措施要求：

（1）机械化挖土应绘制详细的土方开挖图，规定开挖路线、顺序、范围、底部各层标高，边坡坡度、排水沟、集水井位置及流向，弃土堆放位置等，避免混乱，造成超挖、乱挖，尽可能地使机械多挖，减少机械超挖和人工挖方。

（2）在斜坡地段挖方时，遵循由上而下、分层开挖的顺序，以避免破坏坡脚，引起滑坡。

（3）做好地面排水措施，以拦阻附近地面的地表水，防止流入场地和基坑内，扰动地基。

（4）基坑开挖完成后，应尽快进行下道工序施工，如不能及时进行施工，应预留一层 300mm 以上土层，在进行下道工序前挖去以避免底土遭受扰动，降低承载力。

（5）开挖标高允许偏差－50mm，长度宽度＋200mm。

（6）施工要配备专职测量人员进行质量控制，及时控制开挖标高。

（7）土方开挖过程中，按照设计图纸布置监测点，每天进行监测，若出现围护体变形过大或变形发展速率过快，应立即停止相应范围的土方开挖，必要时采取回填措施或是坑底设一排松木桩，以控制围护体的变形发展。

（8）基坑挖土过程中，支护施工单位要配备足够的人工，随时配合清桩修坡，上部配备足够施工人员将土送到挖土机开挖半径内。这种方法即可一次交成品，确保工程质量，又可节省劳动力，降低工程成本；承台的开挖必须按设计要求人工进行开挖，不能用挖掘机挖走的，用吊机吊走，不得破坏原土。

（9）土方开挖后，及时跟进混凝土垫层，对于超挖部分必须用碎石回填，并要注意成品的保护工作。

（10）为预防边坡塌方，边坡上侧堆土。当在边坡上侧堆置材料及移动施工机械时，应距离边坡边缘 2m 以外，材料堆置高度不得超过 2.5m。

（11）基坑开挖时，两人操作间距应大于 3.5m，多台机械开挖，挖土机间距应大于 10m，在挖机工作范围内，不许进行其他作业，挖掘机应由上而下，逐层进行开挖，严禁先挖坡脚或逆坡挖土，施工机械不得撞击护坡桩、支撑、管井管等。

3.5　应急预案

3.5.1　应急预案的方针和原则

坚持"安全第一，预防为主""保护人员安全优先，保护环境优先"的方针，贯彻"常备不懈、统一指挥、高效协调、持续改进"的原则。更好地适应法律和经济活动的要求；给企业员工的工作和施工场区周围居民提供更好、更安全的环境；保证各种应急资源处于良好的备战状态；指导应急行动按计划有序地进行；防止因应急行动组织不力或现场救援工作的无序和混乱而延误事故的应急救援；有效地避免或降低人员伤亡和财产损失；帮助实现应急行动的快速、有序、高效；充分体现应急救援的"应急精神"。

3.5.2 应急措施

整个施工过程均应严格按规范和设计的要求进行，认真按技术规程操作，防止出现任何险情。并应提前做好抢险预案，防患于未然。需要制定针对性的应急预案，如出现可能影响既有地铁结构安全的情况，采取应对性措施，保证在发生问题时各相关单位及人员能够及时有效地处理，保证既有地铁结构的安全，避免造成较大的损失，并把不良影响降低到最低限度。施工应急预案应至少针对以下紧急情况制定相应的预防/处理预案：

1. 地铁结构变形达到预警/报警值

1）地铁变形至预警值

施工后应密切关注地铁上浮及水平位移变化。当位移变化接近预警值或变化速率过快，应对数据进行分析，查找引发变形的原因，采取相应的措施：加密观测频率，观测变形工作连续进行，监测时间每 6～8h 一次；随时掌握变形情况。

2）地铁变形至报警值

人员安排：立即组织专家会，对基坑变形过大进行诊断，并提出有效的控制措施。

技术措施：根据专家提出的控制措施，采取相应的技术手段；组织人力、物力、资金等，尽快处理，将损失降低到最低程度。

信息措施：加强观测力度，施工观测变形工作连续进行，观测仪器一直安放，不得移动，监测时间每 3～5h 一次，以便反馈信息，供领导决策。

管理措施：由项目总工程师对各种紧急方案、处理措施把关。

3）地铁变形至控制值

人员安排：项目经理、项目总工、设计人、公司职能部门领导全部到现场，安排指挥工作。

技术措施：封锁该区路面，禁止各种车辆及无关人员通行。暂停所有基坑工程，安排挖掘机坡脚堆土，压镇坡脚；待变形略显稳定，不再继续加大的前提下，组织人员采取洞内填沙袋增加配重等措施。

信息措施：加强观测力度，施工观测变形工作连续进行，观测仪器一直安放，不得移动，监测时间每 1～2h 一次。

管理措施：由项目经理调配工程急需的机械设备，如反铲挖掘机、注浆机、千斤顶等，以及抢险材料，如编织袋、麻袋等。

2. 开挖过程中碰见不明地下结构

临近地铁结构范围内，物探绘复核地下管线，并采用人工探查、开挖，避免损毁管线。施工过程中，加强与地铁运营管理单位的合作，出现问题及时上报。严格执行拟定施工安全措施，施工过程如发现不明地下结构，应立即停工并上报，确定后方可继续施工。

3. 施工过程中地铁上方积水甚至地铁内出现渗漏

（1）施工时根据现场情况施作地面排水设施，设置挡水圈或截水沟，做好雨期施工措施，避免出现渗漏与泡槽。

（2）坑边环形施工便道，应筑成坑边高的单向坡道，使施工废水、雨水随坡流入远离坑边施工现场的排水系统。

（3）坑底不允许积水，为及时排除坑内雨水，随挖土在坡底层应设置约 0.6m×0.6m×0.8m 的集水井，各层平台修成 1%～3% 排水坡或挖树枝状水沟。坡顶和坑内禁设横截沟，沿围护边禁设纵向沟。坡顶处应设高 50cm 的挡水土堤。

（4）施工前准备好足够数量的彩条布，以防止在基坑开挖施工中突遇暴雨。

（5）当遇雨期或台风暴雨时，应落实好坑内外的排水措施，并随时保持完善和畅通，严防地面雨水倒流或回流坑内，坑内除进行积极抽排水外，还须使纵向土坡小于 1∶3，并做好必要的坡面保护（如盖上彩条布等）。暂停挖土，待雨停排水完毕后，再继续施工。

3.6　本章小结

（1）针对长条形明挖基坑长距离顺行上跨既有盾构区间的工程背景，建立有限元模型，模拟基坑采取分层分块施工、坑底旋喷桩加固等措施后，对既有盾构区间的影响程度。计算显示，在采取可靠的风险保护措施后，本工程项目既有线的变形值满足控制指标的要求。

（2）基坑的开挖导致下方隧道产生上浮的表现，主要原因在于基坑开挖土卸载导致的土体回弹及基坑支护横向变形趋势对坑底产生的挤压效应。因此，本章通过数值模拟的手段并结合现场施工的效果，说明了坑底加固及分层分块开挖是控制下方隧道隆起变形的有效措施。

（3）基坑施工过程中，在合理可靠的设计方案及施工方案的基础上，针对既有线充分的应急措施准备也是保障既有隧道安全不可或缺的一环。

第4章
暗挖区间隧道近距离上跨既有地铁区间结构

4.1 工程概况及难点

4.1.1 工程概况

本工程背景为北京地铁19号线某区间上跨既有6号线暗挖区间（图4.1）。M19区间全部采用矿山法施工，全长2410.055m，在金融街站北端设置渡线段、停车线暗挖段。区间共设5座施工竖井，其中1座与平安里站共用。在K44+705.962处设活塞风井（兼做施工竖井）和安全出口1座，右K45+260、右K45+814.718各设联络通道1座。初期支护采用双层$\phi7.5$钢筋网+格栅钢架+300mm厚C25喷射混凝土联合支护。二衬为C40P10钢筋混凝土结构。

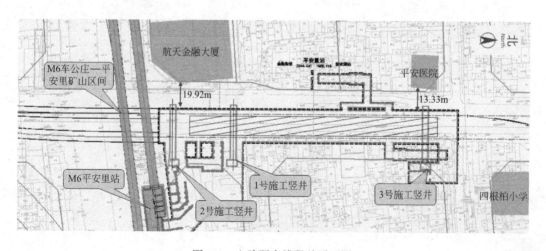

图4.1 上跨既有线段总平面图

4.1.2 地质条件

根据详勘报告本区间主要穿越土层为⑤卵石、⑥粉质黏土、⑦卵石、⑧粉质黏土、⑨卵石地层。其中⑤卵石最大粒径 5～30mm，最大粒径不小于 100mm，粒径大于 20mm 的颗粒含量大于 55％，褐黄色，中粗砂填充；⑦卵石最大粒径不小于 120mm，一般粒径 30～60mm，粒径大于 20mm 颗粒约占总质量的 70％，中粗砂填充；⑨卵石最大粒径不小于 130mm，一般粒径 30～60mm，粒径大于 20mm 颗粒约占总质量的 75％，中粗砂填充（图 4.2）。

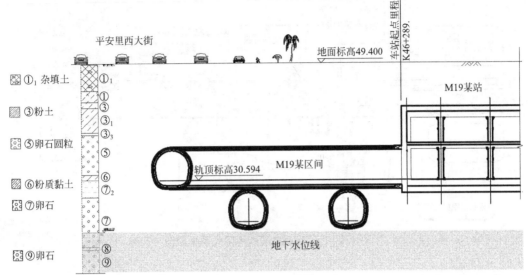

图 4.2　上跨段地质剖面图

4.1.3　水文条件

某区间主要分布三层地下水，地下水类型为上层滞水（一）、层间水（三）和层间水（四）。勘测水位标高为 23.39m，埋深 27.07m，含水层主要为⑦卵石层，为层间水（四）。本区间主要穿越土层为卵石层，渗透系数较大，止水方案难度较大，工程最终采用降水施工的方案。

4.1.4　工程重难点

本段工程存在以下施工重难点：

（1）新建 19 号线区间近垂直上跨既有 6 号线区间，19 号线区间与 6 号线区间左线竖向净距 759mm，与右线竖向净距 421mm，两区间夹⑦₂粉细砂层。在如此近距离的条件下，开挖施工时如何保障施工精度，防止损伤既有区间结构是工程重难点。

（2）邻近既有线区间采用深孔注浆加固措施，优化注浆施工工艺，控制好注浆压力和注浆量，防止浆液串入既有线结构内的前提下保证注浆效果，从而保证既有线的变形满足规范控制标准是工程重难点。

4.2　有限元模拟分析

4.2.1　工程风险概况

平安里西大街道路下方存在地铁 6 号线暗挖区间，埋深约 26.9m，某区间在进入平安里站前上跨既有 6 号线暗挖区间，该段覆土 13.031m，位于 6 号线区间及热力管沟之间穿越，与 6 号线区间竖向最小间距为 421mm。既有 6 号线区间与某区间隧道的位置关系如图 4.3 和图 4.4 所示。

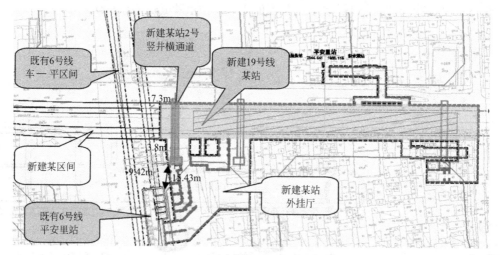

图 4.3　区间穿越既有线风险关系平面图

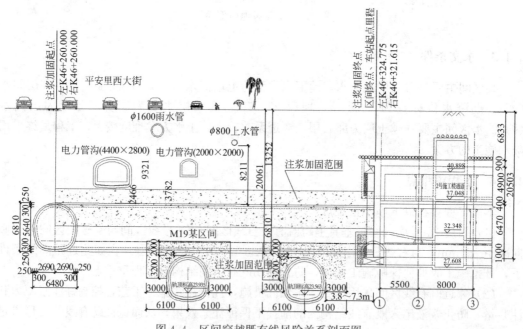

图 4.4　区间穿越既有线风险关系剖面图

4.2.2　三维有限元模拟

考虑到 M19 车站主体及附属结构施工对既有线的叠加影响，建模范围除包括 M19 某站区间及既有 6 号线区间外，还涵盖部分 M19 及 M6 车站主体及附属结构。

考虑工程影响范围，计算模型（图 4.5、图 4.6）尺寸为：长 180m、宽 130m，自地表向下 80m 深（左右边界为 2 倍竖井基坑深度，上边界为实际覆土高度，下边界为 2 倍洞径深度）。本次计算采用 MIDAS 建模、采用 FLAC3D 软件进行计算分析，共计 1602420 个单元，432504 个节点（表 4.1、表 4.2）。

地层材料参数   表 4.1

序号	名称	重度(N/m³)	弹性模量(MPa)	泊松比	内摩擦角 φ(°)	黏聚力 c(kPa)
1	①填土	17000	15	0.36	10	8
2	③黏质粉土	19400	24	0.33	27	15
3	⑤卵石	21000	200	0.23	40	0
4	⑥粉质黏土	19900	50	0.31	16	25
5	⑦卵石	21000	150	0.23	41	0
6	注浆层	20000	200	0.21	50	10

结构材料参数   表 4.2

名称	重度(N/m³)	弹性模量(MPa)	泊松比
C25 喷射混凝土	22000	28000	0.2
C40 钢筋混凝土	25000	32500	0.2
ϕ800 钢管	78500	210000	0.3
I28b 钢支撑	78500	210000	0.3

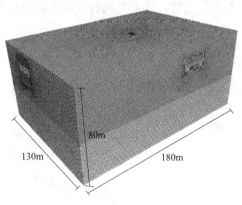

图 4.5　三维模型网格划分图

为考虑不同的施工步序对既有线的叠加影响，计算模拟中考虑了新建结构实际施工的前后关系，具体模拟施工步序如表 4.3 所示。

主要施工步序   表 4.3

施工步序	施工内容
施工阶段一	2 号竖井从井口依次分开开挖至井底
施工阶段二	采用台阶法开挖并施作初支结构
施工阶段三	M19 号线车站利用 PBA 法施工

续表

施工步序	施工内容
施工阶段四	M19 号线区间左线采用上下导洞加临时仰拱法施工
施工阶段五	M19 号线区间右线采用上下导洞加临时仰拱法施工
施工阶段六	M19 号线车站外挂厅采用盖挖逆作法施工

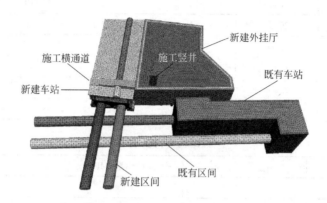

图 4.6　车站及区间结构三维网格划分图

4.2.3　有限元计算结果分析

为更好地体现既有线的变形趋势，选取结构的变形考察路径如图 4.7 所示。

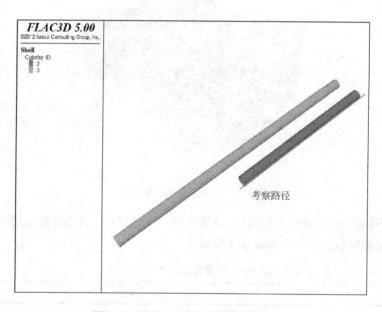

图 4.7　既有区间变形考察路径示意图

沿考察路径剖切，得到各工序下既有区间的变形值曲线如图 4.8 和图 4.9 所示。隧道最大竖向变形值如表 4.4 所示。

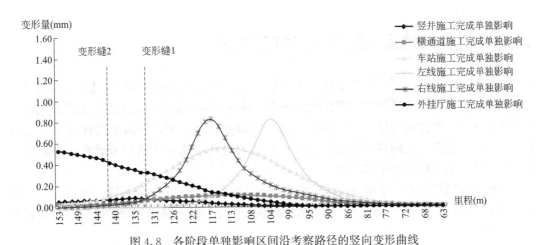

图 4.8 各阶段单独影响区间沿考察路径的竖向变形曲线

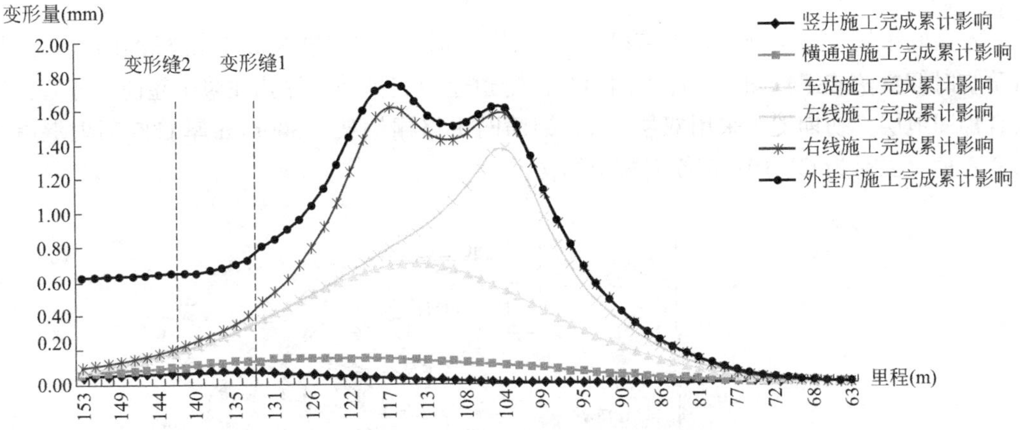

图 4.9 各阶段完成累计影响区间沿考察路径的竖向变形曲线

各工序情况下既有区间隧道的最大竖向变形值 表 4.4

工序	变形类型	最大变形（mm）	位置
工序一	隆起	0.08	K8＋135
工序二	隆起	0.15	K8＋123
工序三	隆起	0.70	K8＋114
工序四	隆起	2.37	K8＋102
工序五	隆起	2.62	K8＋117
工序六	隆起	2.77	K8＋117

　　由上述计算结果可以看出，M19 车站及区间的施工对既有地铁区间隧道存在不利影响，其中 M19 区间左右线施工时，对既有区间的影响最大，造成隧道产生的隆起值在隧道累积变形值中的比例也是最高的。最终既有区间沿纵向的变形趋势呈"双峰"式，计算中考虑了既有区间周边土层进行深孔注浆加固措施的模拟，从累积变形的最终值可以看出，隧道最终上浮量为 2.77mm，满足隧道变形的规范控制要求，也说明了深孔注浆加固措施的有效性及必要性。

4.3 深孔注浆地层预加固措施施工工艺

本工程实施深孔注浆＋超前小导管联合加固地层主要是解决隧道开挖过程中控制暗挖施工对下方既有线的扰动问题，即在隧道开挖前对掌子面前方一定范围内的土层插入超前小导管预注浆。考虑到与既有线的距离较近，为加强注浆效果，同时采用深孔注浆的措施，在开挖前使既有区间周围土层形成注浆壳体，进而对既有线结构形成有效的超前支护，防止隧道出现较大的位移变形。

本施工方案的特点：采用洞内注浆的形式，不占用地面空间，不影响交通及地面设施的正常运行；操作简单，难度小；施工速度较快且对于砂卵石层的加固效果较好，更利于风险控制。

4.3.1 风险加固措施

本区间采用矿山法施工，上跨既有 6 号线段断面开挖跨度为 8.58m 标准断面，采用台阶临时仰拱法施工（图 4.10、图 4.11）。隧道超前支护采用深孔注浆＋超前小导管注浆联合加固地层，初期支护采用双层 $\phi7.5$ 钢筋网＋格栅钢架＋300mm 厚 C25 喷射混凝土联合支护。二衬为 C40P10 钢筋混凝土结构。

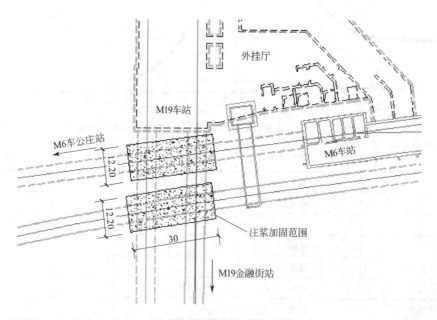

图 4.10 既有 6 号线区间加固平面图

本区间矿山法施工部分超前支护采用 $\phi42$ 超前小导管并注浆加固地层的措施，小导管长 $L=3.4$m，环向间距为 300mm，隔榀打设，纵向搭接不小于 1m，卵石、圆砾地层采用 $\phi25$ 钢管。同时为保证既有 6 号线长期运营安全，避免点接触出现，在洞内对穿越点位置既有线结构轮廓两侧 3m 范围内土体进行注浆加固。

根据相关规范标准及工程经验，为加强注浆效果，本工程深孔注浆浆液采用水泥-水

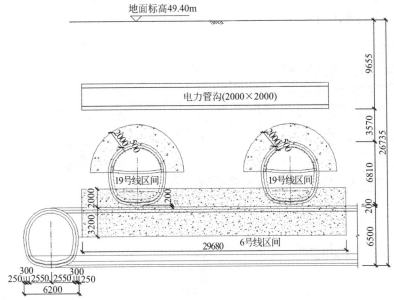

图 4.11　既有 6 号线区间加固剖面图

玻璃双浆液，深孔注浆纵向每一循环注浆长度不大于 10m，具体可根据施工工艺及现场情况调整。具体配比以及注浆压力通过现场试验确定，以保证注浆效果良好。

既有线加固由北向南分四段进行施工，具体步骤（图 4.12）为：

（1）先通过车站下导洞进行①断面注浆加固；开挖 M19 区间初支距 M6 北侧区间中线 3.0m 后，封闭掌子面，同时临时仰拱作为注浆平台，进行②断面注浆加固；

（2）继续开挖 M19 区间，当初支通过 M6 北侧区间中线 6.0m 后，封闭掌子面，同时增设临时仰拱作为注浆平台，进行③断面注浆加固；

（3）继续开挖 M19 区间，当初支距 M6 南侧区间中线 3.0m 后，封闭掌子面，同时增设临时仰拱作为注浆平台，进行④断面注浆加固；

（4）其中②、④断面局部加固区域采取垂直钻孔、二次补注浆工艺施工。

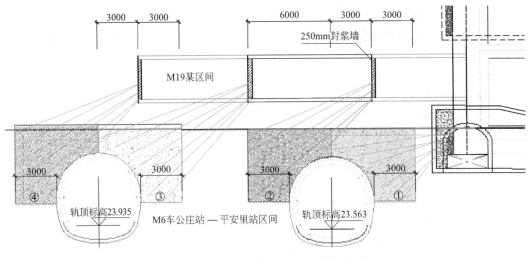

图 4.12　既有 6 号线区间加固剖面步序

4.3.2 深孔注浆施工方法

1. 施工工艺

深孔注浆施工工艺流程见图 4.13。

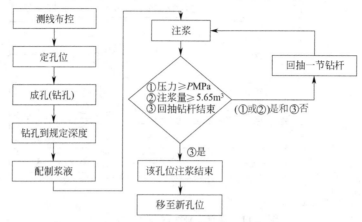

图 4.13 深孔注浆施工工艺流程

2. 施工方法

1) 施工准备

平整掌子面，挖除开挖时的核心土，提供注浆工作面。注浆机、注浆管、泥浆池、水泥-水玻璃双液浆就位。要求上、下台阶掌子面也修整垂直平整。

2) 掌子面注浆孔测量定位

钻机就位之前，先进行测量放线工作，测量出每个孔的具体位置，孔距为 500mm×500mm。并用红油漆标出，并注意保护。

3) 钻机就位

钻机按指定位置就位，调整钻杆的垂直度，对准孔位后，钻机不得移位，也不得随意起降。

4) 预埋定位套管

在已定位的注浆孔的位置预埋 0.5m 长 ϕ80 的钻孔定位套管，埋入土体 0.4m，管口用棉纱封堵。

5) 封闭掌子面

预埋好注浆管后，掌子面 500mm×500mm 梅花形布置打入长 2.5m 的 Φ22 的带肋钢，挂双层 ϕ7.5@150×150mm 网片，喷 300mm 混凝土后封闭掌子面。

6) 钻机钻孔、注浆

深孔注浆参数详见表 4.5。

深孔注浆参数 表 4.5

序号	参数名称	设定参数值	备注
1	浆液扩散半径	0.6m	
2	扩散方式	渗透～劈裂	

续表

序号	参数名称	设定参数值	备注
3	注浆加固范围	既有结构轮廓线外 3m 范围内	
4	注浆孔间距	梅花形布置 0.5m×0.5m	
5	孔深	10m（范围）	
6	注浆速度	20～40L/min	
7	浆液	AB 液：水玻璃＋磷酸＋外加剂 AC 液：水泥＋水玻璃＋外加剂	水泥浆采用普通硅酸盐水泥；水玻璃浓度 40°Be′。具体注浆配比根据现场试验确定
8	钻杆直径	42mm	
9	注浆压力	0.3～0.5MPa	遵循"低压、慢注、反复、密排布孔"原则
10	单孔注浆量	45% 加固体体积	*

* 注：注浆量 $Q = Vn\alpha(1+\beta)$，式中，Q 为总土体加固注浆量；V 为要加固的总土体方量；n 为地层孔隙率；α 为充填系数 0.7～0.9（本方案取 0.8）；β 为浆液损耗量，取 1.0～2.2（本方案取 2.2）。

设计中，$n\alpha(1+\beta)$ 统称为填充率，按北京地区注浆施工经验，填充率的取值情况如表 4.6 所示。本次注浆地层为⑦卵石和⑦$_2$ 粉细砂层，填充率取 45%。

填充率取值情况　　　　　　　　　　　　　　　　表 4.6

序号	地质条件	填充系数（%）
1	杂填土	30～35
2	粉质黏土、砂土	20～25
3	粉细砂、砂层	40～45
4	中砂、中粗砂、卵石层	50～60

各断面钻孔长度及水平夹角如表 4.7 所示。根据相关设计及施工要求定准孔位，不同角度钻进，要求孔位偏差±3cm，入射角度不大于 1°。采用 TXU-150 型钻机钻进成孔：第一个孔施工时，要慢速运转，掌握地层对钻机的影响情况，以确定该地层条件下的钻进参数。每钻进一段，检查一段，及时纠偏。孔底位置偏差小于 100cm。钻孔和注浆从外到内施工，同一圈孔间隔施工。封孔材料选用低黏度环氧砂浆，封孔深度 70cm。

各断面钻孔长度及水平夹角统计　　　　　　　　　　表 4.7

序号	断面名称	孔位	钻孔长度（m）及水平夹角（°）
1	①断面	1	7.6、0
		2	7.6、8
		3	5.8、9
		4	6.1、17
		5	4.7、23
		6	4.9、35
		7	4.9、41
		8	5.1、51

序号	断面名称	孔位	钻孔长度(m)及水平夹角(°)
2	②断面	1	10.1、23
		2	10.6、28
		3	10.9、31
		4	12.6、37
		5	12.0、39
		6	6.6、46
3	③断面	1	11.9、20
		2	12.1、25
		3	9.9、28
		4	9.9、34
		5	9.8、37
		6	10.4、43
		7	9.8、49
4	④断面	1	10.0、21
		2	10.4、26
		3	10.7、30
		4	12.4、35
		5	11.8、38
		6	6.6、46

注浆顺序原则上采取由外圈到内圈约束-发散性方式，从而有效控制浆液扩散区域。先采用 AB 液对既有线周边土体进行注浆封闭，防止后续注浆进入既有线，注浆压力控制在 0.2～0.3MPa；之后采用 AC 液对剩余既有线加固范围进行注浆，注浆压力控制在 0.3～0.5MPa。单孔注浆采取后退式注浆，严格控制钻杆回抽幅度，每步不大于 15～20cm。注浆开孔直径不小于 42mm，严格控制注浆压力，同时密切关注注浆量，当压力突然上升或从孔壁、断面溢浆时，应立即停止注浆，查明原因后采取调整注浆参数或移位等措施重新注浆。

7）注浆过程中异常情况处理

冒浆：注浆过程中要认真观察地表及相邻既有线的变化情况，由于浆液的进入，引起地层变化，封闭强度较低的地方，首先可能会冒出浆液，这就需要在冒浆处加以堵塞，必要时采取间歇注浆方式，以保证浆液有效地注入地层。

注浆压力变化：注浆过程中，压力要在控制范围之中，过大或过小的注浆压力都不能满足施工需要，如果压力过低应该检查是否有漏浆之处，或浆液通过地下某些管道流走，压力过高应检查管路或混合器是否被堵塞。施工时需要观察好注浆终压不能高于规定的注浆压力值。

凝胶时间变化：凝胶时间需要根据被加固土体的性质来调整。地层含水量大时，浆液容易被地下水稀释，影响固结效果，需要缩短凝胶时间；含水量少，为了扩散一定范围，需要延长凝胶时间。凝胶时间由双液浆的混合比例来控制，水泥浆比例高，凝胶时间短。需在现场根据地质情况调控，才能满足施工要求。

注浆量调整：地层的注浆量是否合适是地层加固的效果的体现，采用隔孔注入方式，这样既避免注浆孔互相影响，又使后注孔起到补充先注孔的作用，保证土体浆液扩散均匀。

注浆泵异常：在注浆过程中，由于凝胶时间短，管路在两种浆液混合过程中，不可避免地发生凝固和堵塞现象，此时注浆泵会由于管路故障而提高压力，机器发出异常的声音，压力表指示压力上升，如果不及时处理会产生高压伤人危险事故。此时必须停泵卸下注浆高压软管，冲洗清理管路，或者清理混合器，检查出故障部位，并予以处理，冲洗干净，然后再继续工作。

8）注浆结束标准

单根注浆量结束标准：注浆过程中压力逐渐上升，流量逐渐减少。当压力达到注浆终压，注浆量达到设计注浆量的 80% 以上，可结束该孔注浆；注浆压力未能达到设计终压，注浆量已达到设计注浆量，无漏浆现象，亦可结束该孔注浆。本循环注浆结束标准：所有注浆孔均达到注浆结束标准，无漏注现象，即可结束本循环注浆。

9）注浆管理措施

为有效控制注浆量，防止浆液进入运营隧道，注浆时采用注浆记录仪精确记录单孔注浆量，并与理论值对比。为防止浆液进入既有运营线路中，注浆安排在既有线停运阶段实施。为确保注浆安全，注浆施工期间，每 1h 定期对地下管线、运营隧道进行巡视，发现浆液溢入或隆起、变形等情况时，及时停止注浆作业。

4.3.3　深孔注浆现场试验段设置

为取得最优的既有线加固参数，拟采取在靠近既有线设置加固试验段，具体为车站导洞 5（2 号横通道往南 10m）。施工参数主要包括卵石地层注浆参数、注浆效果、抗压强度、监测变形数据等，并形成总结报告，为区间上跨既有线施工提供参考。施工以 2 号横通道初支为止浆墙，对导洞 5 下断面初支内及初支外 2m 范围内进行注浆加固。具体现场试验得到的深孔注浆参数用于 M19 区间穿越既有区间过程中，得到了较好的加固效果（图 4.14）。

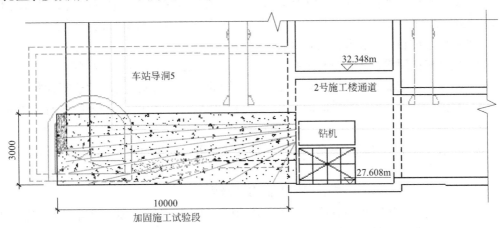

图 4.14　既有 6 号线区间加固试验段总剖面

4.4 施工管理及控制

4.4.1 地层加固变形监测及安全控制

注浆加固过程中被加固地层及地面建（构）筑物的安全控制主要是监控量测和人工巡查，监控量测是最主要的控制被加固地层变形的措施，该方法通过对注浆区域附近地表和洞内的监测，能精确地了解到注浆施工过程中地层微小的变形情况，及时预报险情，防患于未然。人工巡查就是在注浆施工过程中安排人工在地表和洞内进行不间断巡视，当巡视人员发现突然出现的险情，及时通知注浆人员停止注浆，分析原因，采取措施，将险情造成的损失降至最低。这两种措施合理安排、互相补充，构成一个相对比较完整的控制地层变形的安全体系。

1. 监控量测

注浆施工中进行监控量测的目的是掌握注浆施工所产生的压力对周围土体、洞内结构物及地表的影响，通过获取变形的动态信息，以此预报可能存在的险情，通过调整注浆参数（如注浆压力、浆液比例调整及分段长度等）消除危险隐患。

2. 人工巡查法

在注浆施工过程中，一小部分浆脉的走向具有随机性，而所进行的精确的监控量测主要在于地层变化的整体性和可预见性，但该方法在空间和时间上均存在一定的间断，所以人工巡查的意义在于能在局部地点和时间，及时发现已经出现的险情，及时处理，减少损失。具体是在加固注浆施工过程中，分别安排专人在地表和洞内进行不间断、全区域的巡视。

当巡查人员发现险情后，首先要立即通知作业施工的技术人员即刻停止注浆作业，然后技术人员通知相关部门领导，根据险情的具体情况召开相关人员的技术讨论会，分析险情出现的原因，采取措施消除类似险情的重现。

4.4.2 质量保证措施

（1）施工过程要严格控制施工工序，加大施工的技术含量，专业技术人员现场值班，划分作业区域，采取"双控"指标作业，根据施工和地层变化情况，适时调整注浆压力、分段长度和注浆材料的种类及配比，保证注浆效果。

（2）应严格按照设计参数进行钻孔，孔位及垂直度偏差符合相关标准规定。

（3）注浆材料应满足设计要求，严禁使用过期的结块的水泥，必要时进行检验。

（4）浆液应搅拌均匀，搅拌时间为3～5min，但不得超过90min，未搅拌均匀或沉淀的浆液严禁使用。

（5）注浆过程中，时刻注意泵压和流量的变化，若吸浆量很大或压力突然下降，应及时查明原因，采取措施。

（6）一台泵发生故障时，应立即换上备用泵继续注浆。

（7）严格进行注浆效果检查评定，符合要求时才能结束注浆作业。当未达到注浆结束标准时，应进行分区间补充注浆。

4.4.3　注浆效果评价

注浆效果评价是决策注浆加固施工是否达到预期效果的主要依据，注浆施工中目前普遍采取的检查方法为 P-Q-t 曲线分析法和钻孔直接检查法。

1. P-Q-t 曲线分析法

注浆结束后，可结合注浆过程中 P-Q-t 曲线进行分析，通过 3 个相关参数的变化情况判断注浆效果。根据相关的标准规定和工程类比，要求注浆时单孔吻合正常的 P-Q-t 曲线的孔数在 60% 以上，同时还要求注浆整体的 3 个参数完全吻合正常的 P-Q-t 曲线。该评价方法的优点是整体性强、易于操作，从简单的施工记录上升到理论分析，是评价地层加固注浆的常用方法。

2. 钻孔直接检查法

注浆结束以后，每隔 1 横排孔设一个检查孔，要求 70% 以上的检查孔，做到注浆效果明显，地层注浆加固后单轴抗压强度应达到 $0.6 \sim 0.8$MPa，渗透系数不大于 1×10^{-6}cm/s，掌子面注浆加固后单轴抗压强度应达到 $0.4 \sim 0.6$MPa，渗透系数不大于 1×10^{-5}cm/s。该方法的特点使地层改良的效果比较直观，但随机性较大。

为了保证注浆效果检查的可靠性，结合以上两种评价方法的优缺点，两种评价方法同时采用，综合分析，符合评价。

4.4.4　安全保证措施

1. 隧道塌方应急措施

（1）紧急组织所有应急人员到位，快速调集足够的应急物资（方木、型钢、沙袋、水泥等）到场。

（2）采用方木或工字钢立即对初支进行加固。

（3）封堵塌方面，洞内实行喷射混凝土回填或注浆回填。

（4）地表在塌方相应位置打设注浆孔，由地面向塌方处灌注混凝土，保证回填密实。

（5）加强监测地面及管线的沉降和变形情况。

2. 突泥涌水应急措施

（1）立即向有关部门报告，调集专业队伍抢险。

（2）开启所有抽水泵，进行排水，同时寻找涌水源。

（3）立即进行回填土方，在四周堆码土袋墙进行封堵。

（4）对支撑结构进行排查补强，确保围护结构的整体安全。

（5）喷射混凝土封闭掌子面进行全断面超强注浆，加强初支背后回填注浆，保证初支背后密实。

（6）加强对基坑及地面的沉降观测。

3. 停电应急措施

（1）加强对电线线路的检查和保护，对老化的电线线路及时更换，确保不因施工线路问题导致停电。

（2）施工用电的电缆电线尽量埋入地下，对露天的电缆电线采取可靠的固定措施，确保不被强风刮断而导致停电。

（3）施工现场的用电线路、设施的安装和使用必须符合安装规范和安全操作规程；严禁任意拉线接电。

（4）在工地上配置发电机，一旦由于不可抗力原因导致停电，立即启动发电机临时供电。

4. 暗挖施工管线破坏事故应急措施

在地下管线众多、管线积水产生渗漏并形成水囊的地段进行暗挖隧道施工时，施工过程中要注意加强对管线及上层滞水的状态监测，一旦出现问题应及时采取措施或上报，避免使地下管线遭到破坏。具体应做好以下几个方面的工作：

（1）施工前做好管线调查，出现问题时立即分析涌水原因，并根据原因进行处理。

（2）当管线出现异常渗漏时，立即组织人员进行处理并在第一时间上报项目相关领导，同时由项目部通知管线产权部门配合处理。

（3）管线破坏而导致掌子面出水及失稳时，应立即挂网喷射混凝土封闭掌子面，并对暗挖结构设水平及竖向支撑，对渗水处采用网片包裹并浇筑早强混凝土。

（4）当雨污水管渗漏较大时，在管线上源引流，现场做好围堰，接管引流渗水，实行警戒，疏散人员，进行交通导流，同时通知管线单位组织专业队伍进行抢修。

（5）上水管线出现断裂时，立即通知管线单位关闭闸门。

5. 火灾事故应急措施

（1）发生火灾先判明起火部位、燃烧的物质，并迅速报警。

（2）在消防队到达之前，灭火人员可以采取断开电源，撤离周围的易燃易爆物品的办法控制火势蔓延，根据起火物质，使用相关的灭火工具。

（3）灭火现场要专人统一指挥，防止混乱，灭火过程中防止中毒、倒塌、坠落等事故发生。

（4）消防队到达后所有施工人员必须服从和配合消防工作，力争将灾害控制到最低程度。

6. 物体打击及高空坠落事故应急措施

物体打击或高空坠落可能造成的伤害有：颅脑损伤、胸部创伤（如肋骨骨折）、胸腔储器损伤、腹部创伤等。当发生物体打击事件或有人自高处坠落摔伤时，应注意保护摔伤及骨折部位，应避免不正确的抬运使骨折错位造成二次伤害，并及时向工地负责人报告，拨打急救电话"120"或送医院救治，送医院途中不要乱转病人的头部，应该将病人的头部略抬高一些，昏迷病人取昏迷体位，防止呕吐物吸入肺内。抢救过程中尽快将事故情况向项目部应急处理小组汇报，应急事件处理小组到达事故现场指挥抢救，根据事故情况大小向上级主管部门、安检、公安部门报告，并按规定填写安全事故报告书。

7. 触电事故应急措施

（1）有人触电时，抢救者首先要立刻断开近处电源（拉闸、拔插头），如触电距开关太远，用电工绝缘钳或干燥木柄铁锹、斧子等切断电线断开电源，或用绝缘物如木板、木棍等不导电材料拉开触电者或者挑开电线，使之脱离电源，切忌直接用手或金属材料及潮湿物件直接去拉电线和触电的人，以防止解救的人再次触电。

（2）触电人脱离电源后，如果触电人神志清醒，但有些心慌、四肢麻木、全身无力；或者触电人在触电过程中曾一度昏迷，但已清醒过来，应使触电人安静休息，不要走动，严密观察，必要时送医院诊治。

（3）触电人已失去知觉，但心脏还在跳动，还有呼吸，应使触电人在空气清新的地方舒适、安静地平躺，解开妨碍呼吸的衣扣、腰带，若天气寒冷要注意保持体温，并迅速请医生（或拨打急救电话"120"）到现场诊治。

（4）如果触电人已失去知觉、呼吸停止，但心脏还在跳动，尽快仰面放平进行人工呼吸。

（5）如果触电人呼吸和心脏跳动完全停止，应立即进行人工呼吸和心脏胸外按压急救。

（6）抢救过程中尽快将事故情况向项目部应急处理小组汇报，应急事件处理小组到达事故现场指挥抢救，根据事故情况大小向上级主管部门、安检、公安部门报告并按规定填写安全事故报告书。

8. 周边建筑物及管线破坏预防及治理措施

（1）成立以项目经理为负责人、项目安全负责人和工区主任参加的建筑物、管线保护小组，熟悉各种建筑物，管线所处位置、管材及联结方式，学习管线保护的基本知识。

（2）建立与各管线管理单位的联系卡片，遇到突发事件能及时联系。

（3）根据管线的重要程度，建立安全区域，挂牌明确标识并严禁施工机械设备碰撞。

（4）施工时加强对各种管线路的监测工作，制订正确的保护措施和控制位移值。

（5）对各类管线都应结合现场环境及工程施工特点分别制定相应的应急处理措施，并取得相应管理单位的认可。

4.5　近距离上跨既有线变形控制措施

4.5.1　控制变形原理简述

隧道上方的开挖较复杂，涉及隧道上方结构、隧道本体结构和隧道与上方结构间土体三种性质各不相同的事物。既有隧道的变形主要以隆起变形为主，上方隧道的开挖卸载，一方面导致底部隧道土体回弹，进而引起下方隧道隆起变形；另一方面新建隧道本身抵抗周边土体变形的能力强弱也是影响土体变形值的主要因素之一，新建隧道刚度越强，抵抗变形的能力越高，周边土体发生变形的数值就越小，进而对下方隧道造成的隆起值就越小；同时实际的施工步序也是影响土体变形的重要因素，暗挖初支结构的及时施作和封闭成环、初支背后及时注浆填充结构与土层之间的空隙、既有线周边土体加固良好等都是控制既有隧道变形的有效手段。

综合来看，控制隧道结构的变形应主要从控制隧道上方结构变形、周边土体隆起变形两方面着手，同时应综合考虑加强暗挖施工措施，并应根据实际情况对隧道本体采取一定的保护措施。

4.5.2　控制变形工程措施

（1）为保证既有 6 号线运营安全，避免点接触出现，在洞内对穿越点位置既有线结构轮廓两侧 3m、拱顶 2m 范围内土体进行注浆加固。

（2）深孔注浆施工遵循"低压、慢注、反复、跳孔、由内到外"的原则。注浆终压控制在 0.3～0.5MPa，布孔间距 500mm×500mm，流量控制在 20～30L/min。首先注双液浆封闭既有线周边土体，然后反复、跳孔注浆再加固外围土体。

（3）采用 RPD150C 多功能钻注一体机进行钻孔及注浆施工，成孔一处，注浆一处。

（4）浆液选用水泥-水玻璃双液浆，根据试验段注浆参数控制凝胶时间，及时固化地层。

（5）在既有线停运期间进行深孔注浆作业，避免浆液串入运营区间内造成事故。

（6）沟通既有线运营单位，注浆期间派人定时巡视既有线区间内情况，发现有浆液串入或其他异常时立即停止注浆作业，及时处理，确保运营畅通。

（7）新建隧道开挖时，遇既有结构超前小导管时，工人采用手持切割机小心割除后，用聚合物砂浆抹平。

（8）隧道分台阶采用人工开挖，形成初支封闭结构，避免使用机械开挖，减少对既有结构的扰动。

（9）施工中加强管理，严格按照设计图及现行标准、规程操作。掌子面的开挖连续作业，严格遵守"管超前、严注浆、短开挖、强支护、快封闭、勤测量"的原则，切实做到信息化施工，防患于未然；如果出现停工，及时将掌子面喷混凝土封堵。

4.5.3 专项应急防护措施

在既有线结构沉降变形预警、报警后立即向相关部门领导汇报并立即到达现场处理，组织应急小组成员采取应急措施确定处理方案。处理措施如下：

1. 沉降变形预警

实测位移（或沉降）的绝对值和速率值双控指标均达到极限值 70%～80% 时或双控指标之一达到极限值 85%～100% 而另一指标未达到该值时：①可正常施工，及时进行初支背后回填注浆，或补偿注浆；②加密该部位的监控量测频率至 2 次/d。

2. 沉降变形报警

实测位移（或沉降）的绝对值和速率值双控指标均达到极限值 80%～100% 时，或双控指标之一达到极限值而另一指标未达到该值时，或者双控指标均达到极限值而整体工程尚未出现不稳定迹象时：①加强对超前注浆质量效果验证，及初支背后回填注浆；②监控量测频率增加值 3 次/d；③立即和相关产权取得联系，加强巡视及监测，加大对既有线隧道结构及线路轨道静态几何尺寸的测量，必要时由地铁运营单位整修线路至满足运行条件。

3. 沉降变形超控制值

实测位移（或沉降）的绝对值和速率值双控指标均达到极限值。出现下列情况之一，实测位移（或沉降）速率出现急剧增长或隧道或基坑支护混凝土表面已出现裂缝，同时裂缝处已开始流水：①立即停止施工，封闭所有掌子面，加强结构、周围建（构）筑物及地下管线监控量测工作；②通知地下管线产权单位，对其采取有效的控制措施：切断水源补给或关闭阀门，对管线周围进行注浆或在洞内进行二次注浆、导流或对管线进行修补；③组织专家分析发生险情原因并采取合理有效控制措施；④根据确定的控制措施或调整对环境风险工程的保护方案、施工方案等，严格落实各项措施后方可进行施工；⑤加强监控量测频率、强化监测措施和要求，根据监测情况及时调整注浆压力、注浆材料、注浆量和注浆部位以及开挖步序、开挖进尺等施工参数。

4.6　结构沉降监测数据分析

4.6.1　既有线上方测点布置

为确保施工期间暗挖支护结构既有轨道交通结构、地下管线、道路和其他设施的安全及正常使用，施工期间加强监控量测，做到信息化施工。同时通过监控量测掌握围岩、支护结构、周边建（构）筑物、既有线结构的动态，并及时分析、预测和反馈信息，指导施工，确保工期和施工安全。

根据工程影响分区及工程安全等级，监测范围主要包括强烈影响区及显著影响区（周边 $0.6H$ 范围内），不包括一般影响区（周边 $0.6H \sim 1.0H$ 范围内）。施工时监测平面布设详见图 4.15。施工期间若发生异常情况，如严重的涌水、涌砂、漏水、支护结构或邻近建（构）筑物、既有轨道交通结构或地下管线严重变形等，监测范围应适当加大。

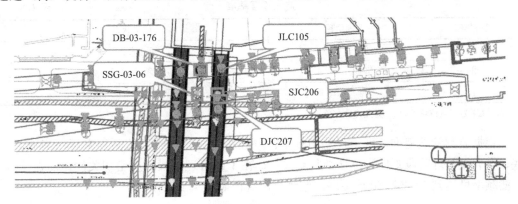

图 4.15　M6 既有线上方测点监测布点图

4.6.2　监测数据统计

在取得监测数据后，要及时进行整理，绘制位移或应力的时态变化曲线图，即时态散点图，如图 4.16 所示。

在取得足够的数据后，还应根据散点图的数据分布状况，选择合适的函数，对监测结果进行回归分析，以预测该测点可能出现的最大位移值或应力值，预测结构和建筑物的安全状况，采用的回归函数有：

$$U = A \lg(1+t) + B;$$
$$U = t/(A + B \times t);$$
$$U = A e - B/t U = A(e - Bt - e - Bt_0);$$
$$U = A \lg[(B+t)/(B+t_0)]$$

式中　U——变形值（或应力值）；

　　A、B——回归系数；

t、t_0——测点的观测时间（d）。

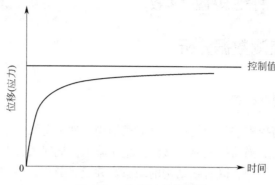

图 4.16　位移时态曲线图

为确保监测结果的质量，全部数据均由计算机管理，及时上报监测报表，并按期向有关单位提交监测月报，对当月的施工进行评价并提出施工建议。监测管理基准如表 4.8 所示。

监测管理基准

表 4.8

管理等级	管理位移	施工状态
Ⅲ	$U_0 < U_n/3$	可正常施工
Ⅱ	$U_n/3 \leqslant U_0 \leqslant U_n 2/3$	应注意，并加强监测
Ⅰ	$U_0 > U_n 2/3$	应采取加强支护等措施

注：U_0 为实测位移值；U_n 为允许位移值。

根据监测管理基准，可选择监测频率：一般在Ⅲ级管理阶段监测频率可适当放大一些；在Ⅱ级管理阶段则应注意加密监测次数；在Ⅰ级管理阶段则应密切关注，加强监测，监测频率可达到 1～2 次/d 或更多。监测反馈流程如图 4.17 所示。

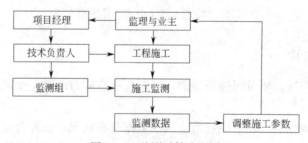

图 4.17　监测反馈流程图

选取 M19 穿越既有区间段正上方测点及预测发生较大位移测点，统计发生的实测变形值如表 4.9 所示。

各监测项目沉降最大测点统计

表 4.9

监测部位	监测类型	测点编号	累计沉降值（mm）	控制值（mm）
M6 既有线	隧道结构沉降	SJC206	0.74	2,−1

监测部位	监测类型	测点编号	累计沉降值(mm)	控制值(mm)
	道床沉降	DJC207	0.88	2，−1
M6 既有线	地表沉降	DB-03-176	−22.57	30
	管线沉降	SSG-03-06	−18.74	10
	静力水准	JLC105	0.75	2，−1

4.6.3　典型测点历时沉降曲线

（1）隧道结构沉降测点（SJS206）历时沉降曲线（图 4.18）

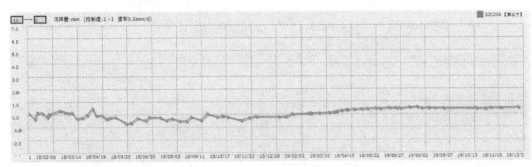

图 4.18　隧道结构沉降测点（SJS206）历时沉降曲线

（2）道床沉降测点（DJC207）历时沉降曲线（图 4.19）

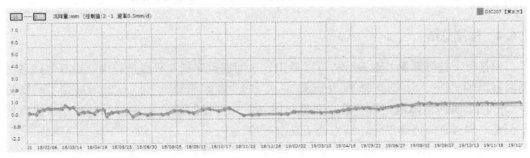

图 4.19　道床沉降测点（DJC207）历时沉降曲线

（3）地表沉降测点（DB-03-176）历时沉降曲线（图 4.20）

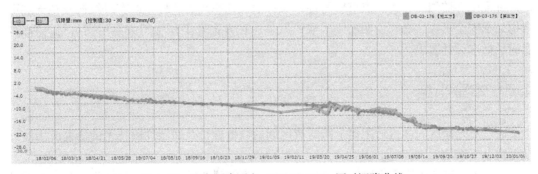

图 4.20　地表沉降测点（DB-03-176）历时沉降曲线

（4）管线沉降测点（SSG-03-06）历时沉降曲线（图 4.21）

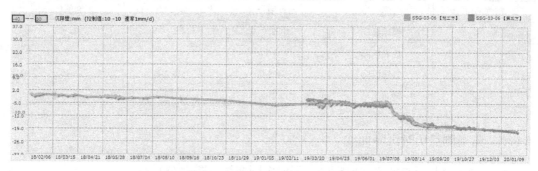

图 4.21　管线沉降测点（SSG-03-06）历时沉降曲线

（5）静力水准沉降测点（JLC105）历时沉降曲线（图 4.22）

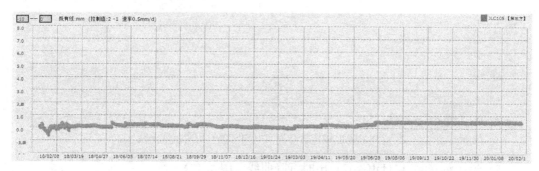

图 4.22　静力水准沉降测点（JLC105）历时沉降曲线

4.6.4　监测总结

根据以上监测数据及图表分析可以看出，区间隧道穿越 6 号线过程中，对 6 号线各监测项目影响较小，常规监测地表沉降最大变形测点累计值为 －22.57mm（控制值 －30mm），管线沉降最大测点累计值为 －18.74mm（控制值 －10mm），过程中未出现速率预警，测点沉降速率平稳，结构处于安全可控状态。

6 号线内自动化监测项目：道床沉降最大变形测点累计值为 0.88mm（＋2mm，－1mm），隧道结构沉降最大变形测点累计值为 0.74mm（＋2mm，－1mm），静力水准沉降最大变形测点累计值为 0.75mm（＋2mm，－1mm）。其余测点沉降值均在 1mm 以内，过程中各监测项目监测点沉降可控，累计值及速率均为超标，既有线结构及初支隧道结构处于安全可控状态。说明实际采取的风险保护方案及工程施工方案切实可行、有效，能满足标准设计要求。

4.7　本章小结

通过对暗挖区间隧道近距离上跨既有区间的数值分析及地层加固技术的研究应用，可以得到以下结论：

（1）暗挖隧道近距离上跨既有隧道施工引起下方隧道的主要变形趋势为隆起，如不采取有效的施工保护措施，对既有隧道造成的影响较大，因此如何有效地控制新建隧道的卸载开挖导致既有隧道的隆起成为此上跨工程成功的关键。通过数值模拟、现场试验等手段，并结合北京以往类似工程经验推荐采取深孔注浆加固及加强暗挖施工初支强度等措施体系，成功地实施了近距离上跨施工。

（2）结合北京某站区间隧道的具体水文地质条件，对洞内超前小导管预注浆及深孔注浆等地层加固措施进行参数和工艺设计，得以合理应用。在近距离、周边环境复杂、施工转换工序较多等不利条件下，实现了安全穿越既有区间隧道，并满足严格的变形控制标准及高标准的施工精度控制要求。

第5章
软土地区明挖深基坑邻近既有地铁车站及区间

5.1 工程概况及难点

5.1.1 工程概况

本工程为杭州近江单元 SC0302-B1/B2-14 地块基坑工程，位于杭州市上城区近江区块，东侧和北侧紧邻婺江家园住宅小区，南侧为银鼓路，西侧为婺江路，项目基坑距离运营中的杭州地铁 1 号线婺江路站风亭约 2m，距离婺江路站—近江站区间约 17.6m（图 5.1）。项目主要建筑类型包括 15 层办公，地上一层和二层则包括配建的菜场以及部分沿街商业，地下室共 3 层，地下一层设置有下沉广场、零售商业以及局部停车库，地下二层及三层则全部为停车库。核心筒结构采用钢框架-混凝土，三层地下车库，采用框架结构。基坑开挖深度约 14m。

近江单元 SC0302-B1/B2-14 地块项目位于婺江路和秋涛路交叉口东侧，邻近地铁婺江路站。该项目总用地面积约 9000m²，总建筑面积约 50000m²。主体基坑坑深约 15.5m，局部坑深约 18m。围护采用地连墙/排桩＋内支撑体系。其中地连墙厚度为 1000mm，主要分布于邻近地铁侧。其余围护结构采用排桩，桩径 1000mm，间距 1300mm，排桩止水采用三轴水泥土搅拌桩。主体基坑设置 3 道内支撑，第一道和第二道采用混凝土支撑，第三道采用型钢组合支撑。与附属连通通道基坑采用排桩支护，两道内支撑均为混凝土内支撑。基坑与既有车站及区间的位置关系如图 5.2 及表 5.1 所示。

项目与 1 号线婺江路站设施影响   表 5.1

拟建 \ 已建	1 号线婺江路站主体（底板埋深 17.6m）	1 号线婺江路站—近江站区间隧道（底板埋深 17m）	1 号线附属结构 E1 出入口及 2 号风亭（底板埋深 15m）
本项目基坑（7.5～14m）	18m	17m	相邻

5.1.2 地质条件

根据区域地质资料，拟建场地上部主要为钱塘江冲海积相沉积的粉土和砂土，中部为

图 5.1　本工程涉及邻近地铁设施平面图

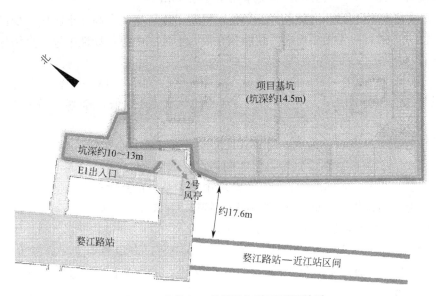

图 5.2　基坑与 1 号线婺江路站平面关系

海相沉积的淤泥质土层和陆相沉积的粉质黏土层，下部为冲洪积相沉积的粉质黏土夹粉砂和圆砾层，下伏基岩为白垩系砂砾岩。场地勘探深度范围内岩土层可划分为 7 个工程地质层，细分为 13 个工程地质亚层，现将各地基岩土层的特征自上而下分述如下：

①杂填土：杂色，以黄灰色、灰褐色为主，湿，松散，主要由黏质粉土、碎石块和建筑垃圾组成，含少量生活垃圾，局部含有 10～30cm 的混凝土块；部分混凝土块直径较大；全场分布，层顶高程 7.94～6.99m，层厚 4.30～2.00m。

②黏质粉土（Q_4^{3al-m}）：灰黄色、灰色，很湿，稍密，含云母片和少量贝壳碎屑；无光泽反应，摇振反应迅速，干强度低，韧性低，全场分布；层顶高程 5.74～3.82m，层厚 3.50～0.80m。

③$_1$ 黏质粉土（Q_4^{2al-m}）：灰黄色、灰色，很湿，稍密～中密，含云母片、铁锰质斑点和少量贝壳碎屑；无光泽反应，摇振反应迅速，干强度低，韧性低，全场分布；层顶高程 4.44～3.63m，层厚 7.10～4.10m。

③$_2$ 黏质粉土（Q_4^{2al-m}）：浅灰色、灰色，很湿，稍密，含云母片及腐殖质；无光泽反应，摇振反应迅速，干强度低，韧性低，全场分布；层顶高 -0.28～-3.03m，层厚 5.00～1.90m。

③$_3$ 砂质粉土（Q_4^{2al-m}）：灰色，湿，中密，含云母片，无光泽反应，摇振反应迅速，干强度低，韧性低，偶夹少量粉砂，全场分布；层顶高程 -3.96～-6.38m，层厚 9.70～3.90m。

③$_4$ 黏质粉土（Q_4^{2al-m}）：灰色，很湿，稍密，含云母片及腐殖质，光泽反应，摇振反应迅速，干强度低，韧性低，大部分位置分布；层顶高程 -8.25～-11.99m，层厚 5.80～1.90m。

④淤泥质粉质黏土（Q_4^{1m}）：灰色，流塑，含腐殖质和未完全分解的植物残骸，局部夹少量薄层状粉土，具水平层理；无摇振反应，切面稍光滑，干强度高，韧性高，全场分布；层顶高程 -13.46～-14.63m，层厚 6.40～4.30m。

⑦$_1$ 粉质黏土（Q_3^{2m}）：灰黄色、青灰色，可塑～硬可塑，含高岭土团块和少量铁锰质氧化物，偶见姜结石；无摇振反应，切面稍光滑，干强度中等，韧性中等，全场分布；层顶高程 -17.66～-19.16m，层厚 9.80～6.40m。

⑦$_2$ 粉砂混粉质黏土（Q_3^{1m}）：灰黄色，局部灰色，很湿，稍密～中密，混可塑状粉质黏土，见少量云母碎片；无光泽反应，干强度低，韧性低，全场分布；层顶高程 -23.98～-28.21m，层厚 4.00～0.70m。

⑨圆砾（Q_3^{1al}）：灰黄色为主，局部呈灰色、浅灰色，中密～密实，粒径大于 2mm 颗粒含量占 50%～70%，磨圆度较好，呈亚圆形，一般粒径 1～3cm，最大超过 10cm，母岩成分为砂岩、石英砂岩和凝灰岩，其间充填中粗砂及少量黏性土，该层在纵向和横向均有所变化，上部颗粒相对较小，下部颗粒相对较粗，上部局部为砾砂，全场分布；层顶高程 -25.98～-29.29m，层厚 19.60～13.00m。

⑨$_夹$ 中砂（Q_3^{1al}）：灰黄色，局部灰色，很湿，中密，以中砂为主，局部为砾砂和粗砂；无光泽反应，干强度低，韧性低，局部位置分布；层顶高程 -39.28～-43.46m，层厚 8.30～0.80m。

⑩$_b$ 强风化砂砾岩（K_1）：紫红色、灰紫色，砂结构，块状构造，原岩结构可见。岩芯呈碎块状和砂砾状，手掰可碎，遇水软化明显，局部夹中等风化岩块；层顶高程 -43.87～-48.58m，层厚 2.70～0.70m。

⑩$_c$ 中等风化砂砾岩（K_1）：紫红色、灰紫色，原岩结构较清晰，砂砾状结构，块状构造，泥质胶结，岩芯呈碎块状，裂隙发育，充填铁质氧化物，遇水软化明显，锤击易碎，根据周边工程经验，岩石饱和抗压强度标准值 7.00MPa 左右，属软岩，岩体质量等级Ⅴ类；层顶高程 −45.33～−49.26m，本次勘察未揭穿该层。

工程地质参数见表 5.2。

工程地质参数　　　　　　　　　　　　　　　表 5.2

土层编号	土层名称	重度 (kN/m³)	黏聚力 (kPa)	内摩擦角 (°)	压缩模量 (MPa)	含水量 (%)	孔隙比	地基承载力特征值 (kPa)	水平渗透系数 (×10⁻⁴cm/s)	竖向渗透系数 (×10⁻⁴cm/s)
①$_1$	杂填土	(18.5)	(14.5)	(15)	—	—	—	—	(500)	
②	黏质粉土	18.51	10.4	27.8	6	30.6	0.857	120	5.39	4.16
③$_1$	黏质粉土	18.51	9.1	28.5	12.5	31	0.88	170	4.61	3.49
③$_2$	黏质粉土	18.73	6.8	28.6	8.5	29.5	0.835	140	5.02	4.52
③$_3$	砂质粉土	18.94	7.2	30.7	8.5	28.3	0.795	180	7.64	5.30
③$_4$	黏质粉土	18.50	8.2	26.6	7	32.3	0.885	130	—	—
④	淤泥质粉质黏土	17.64	16.3	12.8	2.8	39.8	2.115	90	—	—
⑦$_1$	粉质黏土	18.96	40.2	19.1	9.5	28	0.804	200	—	—
⑦$_2$	砂纸混粉质黏土	19.51	8.1	35.9	12.5	25.1	0.674	220	—	—
⑨	圆砾	—	—	—	—	30	—	350	—	—
⑨$_夹$	中砂	19.87	2	42.3	18	22.4	0.604	240	—	—
⑩$_b$	强风化砂砾岩				35			350		
⑩$_c$	中等风化砂砾岩							900		

地块基坑位于③$_3$ 砂质粉土层，10 号线婺江路站底板及盾构主要位于④淤泥质黏土层，1 号线婺江路站底板主要位于③$_3$ 砂质粉土层。剖面图如图 5.3 所示。

5.1.3　水文条件

上层地下水性质属孔隙潜水，下层地下水性质属承压水和基岩裂隙水。

1. 孔隙潜水

存在于本工程场地浅部地层的地下水性质属松散岩类孔隙性潜水，潜水主要分布在填土、粉土中，地下水水位埋深相对较浅。勘察期间在勘探孔内测得地下水位埋深在现地表下 2.10～2.60m，该层地下水主要受大气降水、钱塘江及地下同层侧向径流的补给，以竖向蒸发为主，少量侧向径流方式排泄，其水位随季节性降水变化。根据区域水文地质资料，年均变化幅度值为 1.0～2.0m。另外，该层地下水水位会随场地大面积开挖回填而下降或上升。

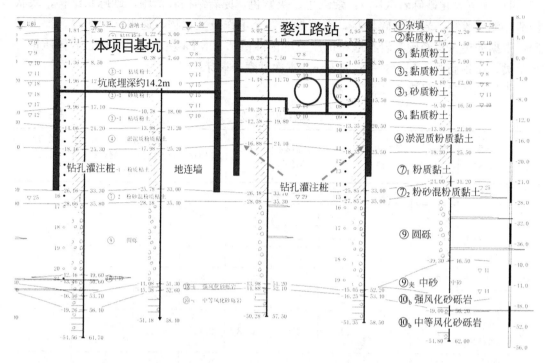

图 5.3　主体基坑与既有线地质剖面图

2. 承压水

孔隙承压水主要赋存于⑨圆砾层中，上部的④淤泥质粉质黏土、⑦₁粉质黏土层是相对隔水层，构成含水层的承压顶板。承压水受侧向径流补给，富水性好，透水性强，具有明显的埋藏深、污染少、水量大、流速极慢、咸～微咸的特点。场地承压水水头埋深10.04m，相当于承压水位高程在−2.81m。

3. 基岩裂隙水

基岩裂隙水埋藏于第四系土层之下，主要赋存于下部风化基岩裂隙中，含水层透水性受岩石的风化程度、裂隙的发育程度和贯通性等控制。裂隙水主要受侧向补给和上部承压含水层下渗补给，径流缓慢，向下游排泄。本工程区以平原为主，总体基岩裂隙水水量微弱，对本工程意义不大。

5.1.4　工程重难点

本段工程存在以下施工重难点：

（1）软土地区明挖基坑支护结构本身变形较难控制，且基坑部分结构近距离邻近既有地铁结构，对既有地铁车站及区间结构的影响较大。如何在基坑合理施工的条件下，保证既有地铁结构的变形在允许范围内，且能确保既有线的运行不受影响是本工程的重难点。

（2）针对既有线的保护，本基坑设计方案考虑多种措施，包括地层加固、分层分块开挖、加强支撑体系整体刚度等。如何确保施工的质量，组织好现场施工，保证各项措施体系完整到位，是本工程的一项重点工作。

5.2　有限元数值分析

5.2.1　明挖基坑分坑概况

基坑开挖过程中，基坑底由于开挖土层的卸载会发生回弹隆起现象，基坑侧壁由于土层的侧向压力，会产生向内变形的趋势。因此，邻近基坑周边的既有盾构区间所产生的附加变形，主要是基坑两种变形组合影响的结果。由于区间隧道与基坑空间位置关系的不同会产生以下变形趋势：

（1）若隧道处于基坑侧边，当距离较近时，变形影响因素中基坑底回弹占主导，即既有隧道会随基坑底回弹，宏观上表现出以上浮变形为主的现象；

（2）若隧道处于基坑侧边，但距离相对较远时，变形影响因素中基坑向内侧的横向变形占主导，即既有隧道会随基坑支护发生横向位移，宏观上表现出以向基坑开挖一侧横向变形为主的现象。

因此，从以上原理分析，我们可采取两方面的措施：

（1）增强基坑支护体系本身的刚度，或者提高夹心土层的刚度等措施，以减小基坑开挖导致的周边土体的横向变形，进而减小既有隧道的横向位移趋势；

（2）采取提高基底土层刚度，或者控制每次开挖土层的卸载量等措施，控制基坑回弹量，进而减小隧道的竖向位移趋势。

本项目主基坑深度约 15.5m，附属连通通道基坑深度为 10～13m。主基坑分为 5 个分坑，分别为分坑 1～分坑 5（图 5.4）。围护结构采用钻孔灌注桩＋地连墙结合内支撑方式，地连墙为 1000mm，主要分布于临近地铁侧。其余部分采用钻孔灌注桩，桩径 1000mm，间距 1300mm。

结合本工程的设计情况，采用分坑（控制卸载量）和注浆加固的组合措施控制基坑的变形。具体措施如下：附属改造部分基坑分为 3 个分坑，分别为分坑 6～分坑 8。其中分坑 6 和分坑 7 边界部分借助既有轨道交通结构，其余部分采用钻孔灌注桩加 MJS 注浆加固。

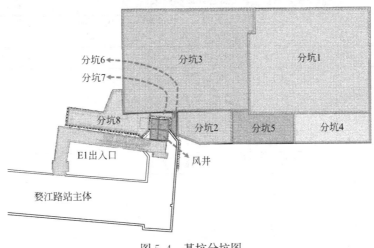

图 5.4　基坑分坑图

5.2.2 三维有限元模拟

为准确分析并预测基坑施工自身及其对相接地铁结构设施产生的影响，本项目采用有限元分析软件 PLAXIS 3D 进行三维数值模拟，综合考虑基坑施工的影响范围和影响对象，计算模型的平面尺寸为 210m（X 方向，或东西向）×200m（Y 方向，或南北向），计算模型中深度（Z 方向，向上为正，负值代表沉降）取 60m（图 5.5）。

地层概化为 9 层土层，采用小应变硬化土 HSS 模型，土层及本构模型参数见表 5.3。为了保证网格划分质量，整个土体模型网格划分采用八结点线性四面体单元；围护结构和隧道管片采用板单元；混凝土支撑采用梁单元，板、柱、墙均采用板单元，其中型钢组合支撑用板单元进行等效模拟。模型采用标准截断边界约束条件，水平方向仅约束其相应的水平位移，底部采用固定约束，约束其竖向及水平向位移。土体和地连墙之间采用界面单元模拟接触，由于基坑施工过程中，地下连续墙与土体两者的刚度差别较大，两者之间在不协调切向位移条件下可能发生一定的相对滑移，为了准确模拟这种相互作用，本模型中在地连墙与土体间设置了接触面。

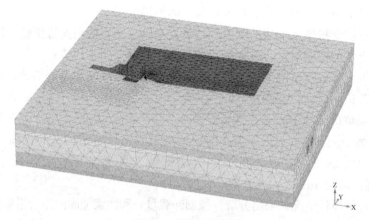

图 5.5　模型网格图

围岩计算参数表　　　　　　　　　　　　　　　　　　　　　　表 5.3

土层编号	土层名称	重度（kN/m³）	黏聚力（kPa）	内摩擦角（°）	压缩模量（MPa）	含水量（%）	孔隙比
①₁	杂填土	(18.5)	(14.5)	(15)	—	—	—
②	黏质粉土	18.51	10.4	27.8	6	30.6	0.857
③₁	黏质粉土	18.51	9.1	28.5	12.5	31	0.88
③₂	黏质粉土	18.73	6.8	28.6	8.5	29.5	0.835
③₃	砂质粉土	18.94	7.2	30.7	8.5	28.3	0.795
③₄	黏质粉土	18.50	8.2	26.9	7	32.3	0.885
④	淤泥质粉质黏土	17.64	16.3	12.8	2.8	39.4	2.115
⑦₁	粉质黏土	18.96	40.2	19.1	9.5	28	0.804
⑦₂	粉砂混粉质黏土	19.51	8.1	35.9	12.5	25.1	0.674
⑨	圆砾	—	—	—	30	—	—

土层编号	土层名称	重度 (kN/m³)	黏聚力 (kPa)	内摩擦角 (°)	压缩模量 (MPa)	含水量 (%)	孔隙比
⑨夹	中砂	19.87	2	42.3	18	22.4	0.604
⑩b	强风化砂砾岩	—	—	—	35	—	—
⑩c	中等风化砂砾岩	—	—	—	—	—	—

为更真实地模拟出基坑开挖对既有车站及隧道的影响，按照设计资料及施工方案，模拟了具体的施工步序如表 5.4 所示。

施工步序模拟 表 5.4

序号	步序名称
1	初始地应力平衡
2	既有附属结构、车站主体结构、区间隧道
3	围护结构及 MJS 加固施作
4	分坑 1、分坑 2 第一道支撑并开挖
5	分坑 1、分坑 2 第二道支撑并开挖
6	分坑 1、分坑 2 第三道支撑并开挖到底
7	分坑 1、分坑 2 回筑
8	分坑 3、分坑 4 第一道支撑并开挖
9	分坑 3、分坑 4 第二道支撑并开挖
10	分坑 3、分坑 4 第三道支撑并开挖到底
11	分坑 3、分坑 4 回筑
12	分坑 5 第一道支撑并开挖
13	分坑 5 第二道支撑并开挖
14	分坑 5 第三道支撑并开挖到底
15	分坑 5 回筑
16	分坑 6 开挖
17	分坑 7 开挖
18	分坑 6、分坑 7 回筑
19	分坑 8 第一道支撑开挖
20	分坑 8 第二道支撑开挖到底
21	分坑 8 回筑

5.2.3 结果分析

以分坑 5 开挖到底工况为例，部分计算结果见图 5.6～图 5.9。主要工况位移值见表 5.5。

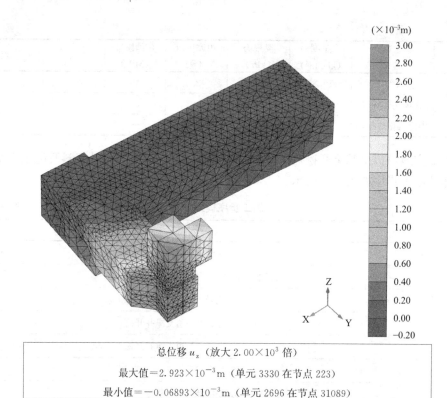

$(\times 10^{-3}\text{m})$

总位移 u_z（放大 2.00×10^3 倍）

最大值 $=2.923\times10^{-3}\text{m}$（单元 3330 在节点 223）

最小值 $=-0.06893\times10^{-3}\text{m}$（单元 2696 在节点 31089）

图 5.6　车站主体及风亭 Z 方向位移云图

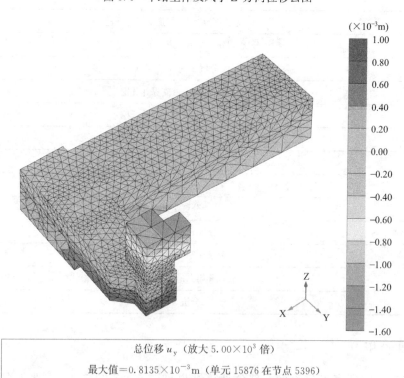

$(\times 10^{-3}\text{m})$

总位移 u_y（放大 5.00×10^3 倍）

最大值 $=0.8135\times10^{-3}\text{m}$（单元 15876 在节点 5396）

最小值 $=-1.427\times10^{-3}\text{m}$（单元 9 在节点 651）

图 5.7　车站主体及风亭 Y 方向位移云图

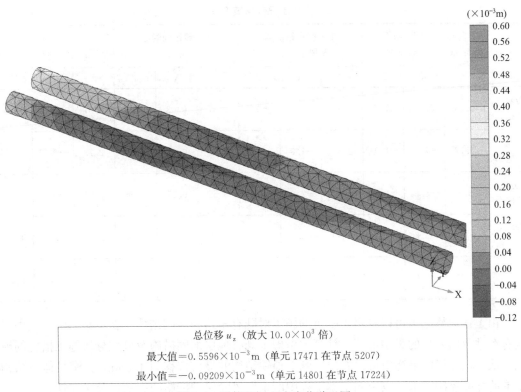

总位移 u_z（放大 $10.0×10^3$ 倍）

最大值 $=0.5596×10^{-3}$ m（单元 17471 在节点 5207）

最小值 $=-0.09209×10^{-3}$ m（单元 14801 在节点 17224）

图 5.8　盾构区间 Z 方向位移云图

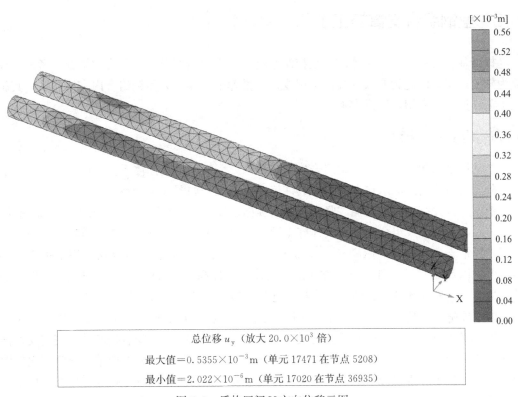

总位移 u_y（放大 $20.0×10^3$ 倍）

最大值 $=0.5355×10^{-3}$ m（单元 17471 在节点 5208）

最小值 $=2.022×10^{-6}$ m（单元 17020 在节点 36935）

图 5.9　盾构区间 Y 方向位移云图

主要工况位移值汇总 表 5.5

工况	地表沉降(mm)	围护结构(mm)		1号线车站主体及风亭(mm)			1号线区间隧道(mm)			1号线附属结构出入口 E1(mm)		
	Z	X	Y	Z	X	Y	Z	X	Y	Z	X	Y
分坑1、2开挖到底	2.38	7.65	7.37	2.21	−2.63	−0.5	0.37	0.03	0.14	0.57	4.94	0.12
分坑3、4开挖到底	2.77	−7.66	−8.18	4.39	−1.84	−3.22	0.46	0.05	0.37	2.73	−0.71	−0.77
分坑5开挖到底	3.6	−6.81	−8.20	2.92	−2.03	−2.43	0.56	0.07	0.54	2.57	−0.66	−0.35
分坑6、7开挖到底	5.07	−6.84	−8.27	2.99	−2.40	−2.34	0.58	0.11	0.64	2.56	0.53	0.19
分坑8开挖到底	5.05	−7.67	−8.28	4.56	2.29	2.5	0.9	0.14	0.78	2.8	0.73	4.76

由上述计算结果可以看出，基坑的施工对既有车站和区间结构存在不利影响，其中对既有车站及出入口的影响最大。计算中考虑了既有地层加固措施及分坑分块施工措施的模拟，从累积变形的最终值可以看出，既有地铁结构的最大位移为 4.56mm，满足地铁结构变形的标准控制要求，也说明了本工程中所采取风险保护措施的有效性及必要性。

5.3 型钢组合支撑施工工艺

提高基坑支护体系的整体刚度是控制基坑及下方隧道变形的一种有效措施，考虑本场地为软土地层，因此为有效地控制地层变形，推荐采用预应力型钢组合内支撑体系，其施工工艺详见后续介绍，以供参考。

5.3.1 施工工艺流程

本基坑采用两层预应力型钢组合内支撑体系。型钢组合支撑体系按分段安装、分段加压、分段交付使用的流水作业方式，具体施工工艺流程如图 5.10 所示。

根据土方开挖进度，遵循"竖向分层，纵向分段""先撑后挖、分层开挖、严禁超挖"的总体原则。装配式组合内支撑具体施工顺序：（1）施工准备→分坑1和分坑3土方开挖至第二道钢支撑围檩施工标高（−8.100m）→测量定位/标高控制/复核（施工钢支撑围檩、牛腿以及 T 形传力件）→土方开挖至支撑施工标高（−7.900m）→安装托座件→安装支撑横梁→安装图纸内预应力钢支撑并施加预应力→分坑1和分坑3土方开挖至第三道钢支撑围檩施工标高（−11.050m）→测量定位/标高控制/复核（施工钢支撑围檩、牛腿以及 T 形传力件）→土方开挖至支撑施工标高（−11.850m）→安装托座件→安装支撑横梁→安装图纸内预应力钢支撑并施加预应力→土方开挖→基坑土方开挖结束→施工浇筑混凝土垫层、底板、传力带→地下室底板和传力带混凝土强度达到设计强度→按照随地下室底板及传力带施工顺序部位进行拆除第三道钢支撑→施工浇筑地下第二层楼板、传力带→

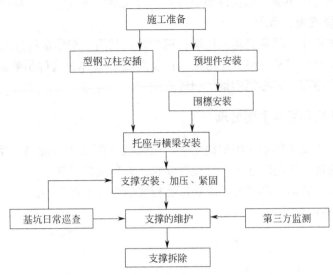

图 5.10 型钢组合支撑施工工艺流程

楼板和传力带混凝土强度达到设计强度→按照随地下室底板及传力带施工顺序部位进行拆除第二道钢支撑→支撑拆除结束；（2）施工准备→分坑2和分坑4和分坑5土方开挖至第三道钢支撑围檩施工标高（−10.650m）→测量定位/标高控制/复核（施工钢支撑围檩、牛腿以及T形传力件）→土方开挖至支撑施工标高（−12.450m）→安装托座件→安装支撑横梁→安装图纸内预应力钢支撑并施加预应力→土方开挖→基坑土方开挖结束→施工浇筑混凝土垫层、底板、传力带→地下室底板和传力带混凝土强度达到设计强度按照随地下室底板及传力带施工顺序部位进行拆除第三道钢支撑→支撑拆除结束。

本工程装配式组合钢构件安装，采用分件吊装的方法，分三个流水段进行吊装，分别吊装围檩、横梁以及支撑部分。待螺栓紧固后，依次进行千斤顶安装及预应力施加，然后进行辅助固定。现场吊装划分区域，吊装采用塔吊、挖机进行现场安装施工。

5.3.2 型钢组合支撑件的供应及进场检查、堆放

1. 型钢组合支撑件的供应

（1）现场钢构件吊装是根据预先制定的安装流水顺序进行的，运输到现场指定位置的编号构件至少提前一天进场，以满足吊装进度要求，进场构件要参照设计方案及吊装区域合理分布。

（2）根据现场吊装进度计划，提前一周通知加工厂，使加工厂随时掌握现场安装届时所需构件的进场时间。计划变更时提前三天通知加工厂，加工厂应严格以现场吊装进度所需的构件进场计划，按时将构件运至现场指定地点。

2. 构件进场验收检查

钢构件进场后，按货运单检查所到构件的数量及编号是否相符，发现问题及时在回单上说明，反馈加工厂，以便更换补齐构件。按设计图纸、规范及加工厂质检报告单，对构件的质量进行验收检查，做好检查记录。为使不合格构件能在厂内及时修改，确保施工进度，也可直接进厂检查。主要检查构件外形尺寸、螺孔大小和间距、焊接拼装质量等。制

作超过规范误差和运输中变形的构件必须在安装前在地面修复完毕，减少高空作业。

3. 钢构件堆场安排、清理

按照安装流水顺序将配套好运入现场的钢构件，利用吊车尽量将其就位到吊车的回转半径内。钢构件堆放应安全、整齐、防止构件受压变形损坏。构件吊装前必须清理干净，特别在接触面、摩擦面上，必须用钢丝刷清除铁锈、污物等。

5.3.3 型钢立柱的安插与主要要求

（1）型钢组合内支撑体系所用型钢立柱，应按设计图纸进行配料，型钢立柱进场时，所用材料需有合格证，进场时必须进行逐根验收、办理交验手续。

（2）型钢立柱需要对接焊接的，应确保底板底标高以上部位不出现焊接接头，且焊接接头需按图 5.11 所示标准进行焊接。

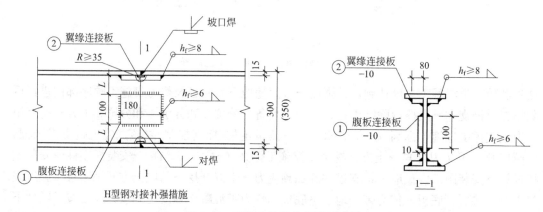

图 5.11 型钢立柱接头焊接示意图

（3）型钢立柱采用机械手直接插入，施工过程严格控制型钢插入深度及角度、垂直度等，以便于后续的托座及横梁的连接。

（4）型钢立柱插入前的现场放样及复核：样桩的施工放样严格按要求执行，即焊条、白灰和红方便袋三要素。样桩放好之后报项目技术负责人进行复核，复核无误后方可进行下一步工序。桩位偏差要求控制在 10mm 以内。

（5）插桩就位后，用两台经纬仪相互交叉成 90°以检测桩身的垂直度，桩插入土中的垂直度偏差不得超过桩长的 0.5%。送桩时配置一台 S3 水准仪，在送桩杆上预先画好标记以控制桩顶标高、严禁超送。桩顶标高误差控制在 +2cm 左右。

（6）型钢立柱桩插入时，如未能对准桩位，应将立柱桩拔起重插，若因遇地下障碍物，偏离桩位时，立即将立柱桩拔起，清除地下障碍物，将孔回填后；重新放上"样桩"，再次插桩。

（7）插立柱桩时要注意型钢腹板的方向（以确保插入型钢立柱的角度偏转在允许范围内）。现场技术员根据图纸设计的立柱桩腹板方向，在现场用一段 30cm 的白灰将腹板方向标示出来。插入时，型钢腹板和白灰线重合（图 5.12）。

（8）成品的型钢立柱必须禁止机械碰撞，应在立柱上贴好反光条，且在重要节点处增加剪刀撑。

图 5.12 立柱安插现场施工

5.3.4 牛腿/托架的安装与主要要求

（1）沿基坑周边设置的钢牛腿/托架，其位置与标高应根据设计图纸确定，如有变化，须征得设计单位的同意且有书面许可。

（2）基坑四周闭合边线上的钢牛腿/托架，应控制其上的围檩中心线在同一个水平面，允许高差不大于±2mm（中心线）。

（3）钢牛腿/托架焊接前须彻底清理连接部位（如预埋件、H 型钢等）不少于 200mm×200mm 范围内的铁锈、油污、混凝土残留物等杂物。

（4）焊好的钢牛腿/托架，必须保证三处连接部位牢固、可靠，有足够的稳定性，不得出现歪扭、虚焊现象。

（5）钢牛腿/托架的水平度误差，要控制在 2mm 以内且其仰角应不小于 90°，且不得超过 95°。钢牛腿/托架与围护结构既有钢件对接过程中，须有测量技术员全程对牛腿的垂直度、标高、水平度等进行监控。

（6）现场焊接作业的质量由施工队现场质检员依据《建筑钢结构焊接技术规程》JGJ 81—2002 对检查焊接部位的坡口、间隙、钝边等做现场检查。

5.3.5 型钢围檩的安装与主要要求

（1）基准点设置及拉线定位。围檩安装之前须确定轴线基准点，用全站仪或者经纬仪通过坐标计算测设基坑相邻两个转角内侧的基点，通过该基点采用挂线的方法进行平面安装定位。要求实际安装轴线偏差不得超过±20mm。

拉线用的线一般用弦线或棉线，直径以 0.8～1.0mm 为宜，现场以拉线的距离而定；线坠用来定中心，规格不定，直径通常以 25～50mm 为宜，线坠的坠尖要准确，以便对准中心点。在基准中心点以外地点稳固地安设绞架，挂上弦线或棉线并使用拉紧力将其拉直（拉紧力应为线拉断力的 30%～80%），定位好之后在牛腿上面做出标记，以供围檩安装位置控制之用。

（2）基坑内侧围檩单边定位线需满足在一条直线这一基本要求，目的是施加预应力后保证外侧围护结构均匀受力。

（3）围檩安装应遵循"先长后短、减少接头数、接头错开"的原则，优先使用较长围檩，特别是标准节 12m 的构件，以减少接头数。

（4）围檩随支撑架设顺序逐段吊装，人工配合吊机将钢围檩安放于牛腿支架上，围檩就位后应检查钢牛腿是否因撞击而松动，如有松动立即补焊加固。

（5）围檩的连接部位和搭接部位必须满足强度要求，使用摩擦型高强度螺栓紧固连接。高强度螺栓连接副进场时，应有批量检测证明书和出厂检验报告，进场后应按每批抽取 8 套进行第三方检测机构复试，合格后方可使用。

（6）高强度螺栓连接副组装时，螺母带圆台面的一侧应转向垫圈有倒角的一侧。对于 M24 大六角高强度螺栓连接副组装时，螺栓头下垫圈有倒角的一侧应转向螺栓头，切忌装反。

（7）高强度螺栓紧固：将扳手套在预紧后的高强度螺栓上，内套筒插入螺栓内部的梅花头，然后微转外套筒，使其与螺母对正并推至螺母根部。接通电源开关，内外套筒背向旋转将螺栓紧固。

（8）高强度螺栓紧固分两次进行，第一次初拧，初拧扭矩值为终拧的 50%～70%，第二次终拧达到标准要求值 $T_C=726\text{N}\cdot\text{m}$，偏差不大于±10%。

（9）待紧固到设计扭矩时，将电源关闭，外套筒脱离螺母，紧固完毕。拼接的整个钢围檩体系务必确保双檩或多檩型钢构件形成整体、共同受力。

5.3.6 托座、横梁的安装与主要要求

（1）托座件的安装务必控制其水平标高，通过角撑、对撑、H 型钢的定位标高反推其顶面水平标高，误差不得超过±5mm；托座上部标高＝支撑结构中心标高-（型钢规格的 1/2＋支撑梁规格）。

（2）托座件的安装要求严格控制垂直度，即使型钢立柱发生偏位，托座务必要通过加垫钢板达到垂直要求。若型钢立柱的标高定位发生偏差时，可以用槽钢代替托座（临时调整方式）与支撑梁进行连接，需在支撑梁和原托座上使用氧气乙炔现场开孔时，注意控制孔径大小，避免受力后螺栓出现滑脱。此外，立柱与托座连接螺栓的安装方向需要保持一致。

（3）安装后的托座件需与型钢立柱桩紧固牢靠，摩擦型高强度螺栓的扭矩须达到规定要求。各型钢立柱的托座面标高偏差不得超过 5mm。预应力施加完成之后，施工人员务必检查确保支撑横梁与角撑、对撑（仅限大跨度）的有效连接；尤其是角撑和对撑须用高强度螺栓进行紧固，以提高预应力支撑体系的整体刚度。

（4）横梁不得存在对接接头（材料进场时，应逐一检查验收）。

5.3.7 型钢组合支撑梁的安装与主要要求

(1) 型钢组合支撑梁应在安装前进行编号，根据设计图纸汇总每道支撑的料单，并报总包（合同甲方）进行确认。经确认后再组织配料、发货，并严把进场验收关。

(2) 每道型钢组合支撑梁安装前，且现场具备条件的，应先在地面进行预拼接并检查预拼后支撑的顺直度，拼接支撑两头（含千斤顶及拉条）中心线的偏心度控制在2cm之内，经检查合格后按部位进行整体吊装就位。

(3) 现场不具备预拼条件的项目，应采用全站仪（经纬仪）进行定位，并在横梁上做出支撑梁的控制线，然后从一端（超过100m的，可从两端）沿控制线预拼装，务必确保型钢组合支撑梁在平面内顺直。

(4) 预拼过程中，将A型钢格板、专用千斤顶、拉条等通过高强度螺栓连接牢固，另专用千斤顶的十字锁扣须设置在正中间，即前后各留三丝的余地，便于拆除时预应力卸除。

(5) 型钢组合支撑梁拼装过程中，若水平支撑的放置空挡存在多余空间时必须使用相对应厚度的钢板垫紧贴密，以防支撑体系受力后整体发生偏心。

(6) 型钢组合支撑梁拼装就位、加压前，应采用抱箍使其与横梁暂时连接起来，经检查合格后方可进行接头螺栓的紧固。

5.3.8 预应力的施加主要要求

(1) 每道支撑安装完毕后，应在24h内施加预应力，施加过程如下：

①检查各部件螺栓的连接是否紧固，传力件与围护体系的连接状态（加压前，型钢支撑件与横梁之间应采用抱箍临时固定、不得拴接，以避免加压时带动立柱侧移）；

②检查型钢支撑件与混凝土三角件或型钢围檩之间的塞铁是否加塞到位；

③按照设计图纸的要求，准备好若干300t千斤顶等加压设备，调至最小行程后放置于加压部位的正中间（并采取措施固定千斤顶，防止下移），调节千斤顶行程，使千斤顶两侧端头与加压件顶牢；

④调试加压计量系统（满足同一道支撑若干千斤顶同步加压计量的要求）；双拼支撑时，上下层支撑也必须同步加压；

⑤根据相应一道支撑的设计加压值（正常情况下，设计加压值应考虑后续支撑加压对前道支撑加压的衰减效应），按照20%、50%、30%的比例分级施加预应力；

⑥基坑开挖范围内涉及淤泥质土的基坑，要在加压前7d与基坑支护设计单位进行沟通合理确定预加压力总值，以应对加压后坑外软弱土蠕动导致预应力衰减的情形；

⑦加压时做好记录（根据分级加压值查表确定对应的油压值）。

(2) 施加预应力过程中应注意如下事项：

①张拉前，应对张拉器、油缸、油表等设备进行标定；

②严禁支撑在施加预应力后由于和预埋件不能均匀接触而导致偏心受压；在支撑受力后，必须严格检查并杜绝因支撑和受压面不垂直而发生渐变，从而导致基坑挡墙水平位移持续增大乃至支撑失稳等现象发生；

③为了控制千斤顶油缸伸出的长度在10cm以内，在加压时可以采取在千斤顶后面设

置钢板的措施来调整油缸长度；

④支撑的加压严格按设计图纸上提供的轴力来进行，不允许加载不到位或超加载。

(3) 型钢组合支撑梁加压，加塞楔铁后，应对接头螺栓进行二次紧固，且采用螺栓将支撑梁与横梁紧固（每一交接处，横梁两侧至少各 1 颗 M24×90 高强度螺栓）。

(4) 加压后的型钢组合支撑梁上，不得堆放物品且保持排水孔不被堵塞；每天安排人员巡查并做好巡查记录。

5.3.9 型钢组合支撑的拆除与主要要求

(1) 型钢组合支撑的拆除，应根据设计要求的工况及现场实际情况进行确定，拆除前应确保底板（楼板）传力带的混凝土强度达到设计要求，并由总包、监理签发的型钢支撑拆除令。未取得拆除令的，不得拆除。

(2) 支撑拆除前必须先监测基坑周围的位移原始数据，再给对撑泄压，同时检查基坑变形情况，如基坑没有明显变形位移，即可进行拆除工作。

(3) 拆除顺序：根据总包方基坑基础底板（楼板）传力带的浇筑顺序，按照支撑梁→横梁/围檩→立柱桩割除的顺序进行拆除。

(4) 支撑拆除主要使用 5t 叉车和塔吊（无塔式起重机覆盖的，采用 25t 汽车吊）进行起吊，基坑内主要用叉车在楼（底）板上拆除。

(5) 拆除后的支撑标准件叉放至楼板上临时放置，堆放不超过 2 层，为减少对楼板的荷载且尽量减少工作面占用，拆除后的支撑件应及时外运出去，且在现场堆放时间不得从超过 3d。

(6) 现场塔式起重机协助拆除的，要复核塔式起重机起吊幅度及相应载重吨位（八字撑三角件 FJ400-4M 重 4.4t，支撑 WN350 型 12m 重 2.7t），确保作业安全。

(7) 高强度螺栓采用气动扳手先行松开后再人工拆除，高强度螺栓拆除采用间隔拆除法进行。立柱采用气割法施工，立柱割除沿基础底板顶面标高割除。

(8) 型钢组合支撑的拆除，首先将加压件之间螺栓拧松之后，然后卸载支撑的预应力。拆撑期间，监测单位应加强对围护体和周围建筑物的监测。

5.3.10 型钢组合支撑的围护与基坑日常巡查

(1) 型钢组合支撑加压后、拆除前，分包项目部应按如下要求对型钢组合支撑体系的维护以及影响基坑安全的外围因素进行日常巡查，巡查频率不少于每周 3 次。

(2) 已加压使用的型钢组合支撑，在拆除前，不应堆放材料、杂物；并确保支撑拆除前的安全警示标识设置完好。

(3) 每次巡查时，要经常性地检查螺栓松动情况、型钢支撑前的泄水孔塞堵情况，确保螺栓紧固（尤其托座、牛腿等关键传力部位）、型钢支撑件内无积水。

(4) 检查型钢立柱的沉降情况，尤其垂直度大于 1/100 的型钢立柱，还应经常性地观测其倾斜稳定性，必要时要及时采取加固措施，确保型钢立柱的稳定。

(5) 每次巡查时，要关注混凝土三角件部位的裂缝情况，如出现裂缝应立即上报总包采取回土减压等措施，并上报工艺负责人，以便对裂缝部位及时采取加固措施。

(6) 要关注基坑竖向围护结构与止水帷幕的效果（包括桩间土流失情况等），如有异常应及时上报总包,当止水帷幕发生渗漏时,应上报总包立即采取回土措施、以确保基坑安全。

(7) 关注基坑周边堆载情况 (尤其淤泥质土层,坑外不应有堆载,更不允许车辆在坑侧通行)。遇淤泥质土层时,要在支撑安全前,书面告知总包单位严控基坑周边堆载、并禁止坑侧设置临时道路 (土方车辆应沿垂直于基坑边线的方向驶离基坑)。

(8) 关注土方超挖情况 (如土方超挖,应及时向总包提出书面要求,严禁超挖、以确保基坑安全),严禁土方开挖期间挖掘机等施工机械碰撞型钢立柱的行为。

(9) 定期索要或查看基坑监测报告,对照监测报告和现场巡查情况,为总包单位及时提供更加符合实际的建议、确保基坑安全。

5.3.11 其他事宜

(1) 型钢组合内支撑的施工质量控制要点如表 5.6 所示,表中均为最低标准。

型钢支撑现场质量控制要点　　　　　　　　　　　　　　　　表 5.6

类别	序号	检查内容
支撑预埋件	1	预埋件的数量符合细化图纸,且与压顶梁主筋焊接,混凝土振捣密实
	2	混凝土三角钢筋预埋件的数量及制作需符合细化图要求
	3	混凝土三角预埋连接的加压件上口两端高差不大于 5mm
	4	混凝土三角预埋连接的加压件侧面垂直度不大于 5/1000
	5	混凝土三角预埋连接的加压件侧面转角不大于 5/1000
型钢立柱	6	立柱偏位不大于 50mm
	7	立柱的垂直度不大于 1‰(不应出现肉眼可见的倾斜)
	8	型钢立柱平面转角不大于 10°
	9	型钢立柱柱顶标高偏差不大于 50mm
	10	底板以上型立钢柱不应出现接头(确需焊接的,应有专项检查记录)
横梁	11	横梁不得存在焊接接头
	12	横梁两端托座的标高差以及各横梁中心点的标高差,均不应超过 5mm
	13	横梁与托座间不少于 4 套螺栓,托座与竖向构件不少于 6 颗螺栓
围檩	14	围檩托架(牛腿)应与竖向结构可靠连接、焊缝饱满,标高差不大于 5mm
	15	围檩(混凝土三角预埋加压件)底标高与横梁面标高的偏差不大于 5mm
	16	传力件应按图纸尺寸布置并确保传力效果,且传力件长度偏差不大于 5mm
	17	围檩标准件应拼接密实,所有能对孔的螺栓都应到位且每米不少于 8 套
	18	围檩与围檩连接处均采用 M24×90 高强度螺栓
	19	钢围檩与竖向围护结构的混凝土填充密实,且采取有效隔离措施
水平支撑	20	型钢支撑梁中心线偏差不应超过 20mm
	21	型钢支撑梁两端标高差不应超过 20mm
	22	型钢支撑梁平面内扭曲不应超过 30mm(梁端拉线)
	23	竖向扰度不应超过 1.5/1000(以相邻横梁间距)
	24	支撑件拼装接头处需设盖板并紧固到位

续表

类别	序号	检查内容
水平支撑	25	双拼支撑应同步加压,垫梁与支撑两侧至少各 2 套 M24×90 高强度螺栓
	26	支撑与支撑对接、加压件与加压件连接处,均应采用 M24×90 高强度螺栓
	27	加、泄压之前,支撑与横梁采用钢抱箍连接
	28	加压后,支撑件与横梁至少两侧各 1 套 M24×90 高强度螺栓紧固连接
其他	29	角钢牛腿水平长度超过 2m 的,需焊接两个斜撑
	30	螺栓紧固的扭力值应达到设计及标准的要求,拧紧后落实至少露出三丝
	31	已加压支撑体系上不得堆放其他任何材料
	32	已加压支撑体系应有日常巡查及维护记录

（2）浇筑基础底板混凝土时，应同时施工传力（换撑）带，且施工传力（换撑）带前应将围护桩上的泥皮清理干净。底板和传力带施工完成并达到设计要求强度后，可拆除型钢组合支撑。

（3）严格控制基坑边超载，基坑周围 10m 范围内施工堆载不得超过 20kPa；堆放材料时，特别是堆场总重应控制在 30t 以内，确保坑边 10m 范围内施工堆载不超过 $2t/m^2$ 及 $2.5t/m^2$，内支撑设计未考虑施工荷载，支撑拆除时严禁堆放。

（4）型钢组合内支撑加压后、拆除前，安排专人对项目的支撑体系进行基坑巡查，巡查内容包括但不限于：基坑周边堆载及变形情况、已加压支撑不得堆放物品、型钢支撑节点部位的牢靠程度（包括螺栓紧固）、安全设施与安全标识的维护等。

（5）为确保施工质量和进度，现场设立工程技术组，由 2 名工程技术人员组成，其中 1 名工程负责人主管全面工作，班组的技术管理工作由技术人员和班长共同负责，施工过程中派专人值班，现场全面监督和检查，执行先交底后施工的原则。

5.4 既有地铁结构变形控制措施

5.4.1 明挖基坑临近既有地铁风险分析

如 5.3.1 节所述，邻近基坑周边的既有结构所产生的附加变形，主要是基坑两种变形组合影响的结果，即基坑底由于开挖土层的卸载发生回弹和基坑侧壁由于土层的侧向压力产生向内变形趋势的组合影响。因此，一方面可采取增强基坑支护体系本身的刚度，或者提高周边土层的刚度等措施，以减小基坑开挖导致的周边土体的横向变形，进而减小既有隧道的横向位移趋势；另一方面可采取提高基底土层刚度，或者控制每次开挖土层的卸载量等措施，控制基坑回弹量，进而减小隧道的竖向位移趋势。

5.4.2 地连墙施工保护措施

合理安全的基坑支护方案是保证基坑安全性的基础，如何在保证邻近地铁区间隧道安全运营的前提下，快速高效地进行地下连续墙的围护施工，是本项目的施工重点之一。为确保地下连续墙施工质量，结合以往施工经验及本工程实际情况，特制定下列技术保证措施，具体如下：

1. 一般保证措施

（1）用三轴水泥土搅拌桩对地下墙内外侧土壁进行土体加固，避免土质差、回填土松散造成土壁不稳定而塌方；

（2）选用优质膨润土泥浆，比常规泥浆提高一个档次，确保槽段护壁质量；

（3）确保槽段端头土的垂直度在 $1/300H$ 以内。成槽完毕，必须进行检查测定，不符合要求时，金泰 SG40E，均有端头修正功能，重新修正直到满足垂直度要求为止；

（4）采用先行幅、连接幅、闭合幅施工设计，避免在水下混凝土浇灌时，形成两端强大侧压和自平衡，从而确保锁口管抽拔无困难和保证槽段质量；

（5）施工质量要求墙身混凝土应连续、均匀，无空洞、麻面、缺损、夹泥、露筋等现象，墙顶中心线允许偏差 $\pm10mm$，墙面倾斜度不大于 $1/300$，墙面局部突出不大于 $100mm$（局部突出与墙面倾斜之和也应不大于 $100mm$）。墙中预埋件位置偏差高程应不大于 $10mm$，平面位置左右不大于 $30mm$，墙底沉渣厚度不大于 $100mm$。钢筋笼顶面标高偏差应不大于 $20mm$。

2. 确保锁口管安全顶拔措施

锁口管是否能顺利地起拔直接关系施工的成败，为此专门制定了一系列针对锁口管起拔的技术措施：

（1）现场保证 3 台顶拔能力达 800t 的引拔机，以满足顶拔锁口管设备需要；

（2）配备 30mm 厚钢板基座，增加引拔机顶拔锁口管时底部的受力面积，减少对导墙的单位作用力；

（3）在锁口管的位置施工引导孔，以保证槽壁端头的垂直度，减少锁口管起拔过程中的摩擦阻力；

（4）对分幅进行合理的调整，尤其是部分特殊幅，避免在较小的范围内同时设两个接头；

（5）在锁口管上涂减摩剂，减少锁口管在顶拔过程中的摩擦阻力；

（6）在锁口管背部的空隙处用优质黏土回填，以防止混凝土浇灌中发生绕灌，增加锁口管起拔和相邻槽段成槽的困难；

（7）确保导墙有足够的刚度，以满足锁口管在引拔过程中的反力要求；

（8）严格规定锁口管的起拔时间，由专人负责锁口管起拔的全过程控制，混凝土浇灌 4h 后就要开始顶拔锁口管，但第一次顶拔高度不大于 10cm，顶动后，松开引拔机，任锁口管回落到原处，之后，每间隔 5min 顶起一次，并根据混凝土浇灌上升曲线表和预先留有的混凝土试块判断混凝土是否凝固，确定锁口管逐段拔除的时间；

（9）在混凝土浇灌中预先制作小试块，观察小试块凝固时间，除采取上述措施确保接头装置安全拔出外，也要控制好时间，避免早拔，避免混凝土流到锁口管的孔内，一般锁口管提空的下部混凝土浇灌完成的时间不少于 6h。

3. 确保成槽稳定的技术措施

1）控制泥浆指标、确保泥浆质量

从控制泥浆的物理力学指标来保证槽段土体的稳定成槽时，选用黏度大，失水量小，形成护壁泥皮薄而韧性强的优质泥浆，确保槽段在成槽机械反复上下运动过程中土壁稳定，并根据成槽过程中土壁的情况变化选用外加剂，调整泥浆指标，以适应其变化。

2）其他常规措施

（1）施工中防止泥浆漏失并及时补浆，始终维持稳定槽段所必需的液位高度，保证泥浆液面至少比地下水位高 0.5m；

（2）雨天地下水位上升时应及时加大泥浆相对密度和黏度，雨量较大时暂停挖槽，并封盖槽口；

（3）施工过程中严格控制地面的重载，不使土壁受到施工附近荷载作用影响而造成土壁塌方，确保墙身的光洁度；

（4）成槽结束后进行泥浆置换，吊放钢筋笼、放置导管等工作，安放钢筋笼应做到稳、准、平，防止因钢筋笼上下移动而引起槽壁塌方；

（5）施工中的分幅宽度不宜过大，适当缩短分幅宽度，这样可以有效地利用土拱效应的影响，减少槽壁塌方，同时因为分幅缩短，各道工序施工时间也相应地缩短，有利于成槽的稳定，确保施工质量。

4. 渗漏水的预防措施

保证地下墙的接缝质量，是地下墙施工的关键，是基坑开挖的安全保证，因此一定要做好地下墙的接头保护和彻底清除接头范围内的淤泥等工作，以满足接缝止水要求。

然而施工中成槽中碎土坍落和水泥浆液的绕流都会在接头上黏附很多顽固的淤泥不易清理，另外沉渣的产生也会在接头形成夹泥。因此必须采取有效措施来确保地下墙接头防渗效果，拟采取措施如下：

1）减少泥浆中的含砂量

加强清孔力度，将含砂量多的泥浆抽除，降低泥浆中的含砂量。

（1）保持泥浆中黏度不小于28s，使砂能较长时间悬浮在泥浆中，避免在浇灌混凝土过程中大量沉淀流向接头处和影响混凝土浇灌速度；

（2）严格控制泥浆回收质量，pH>12的泥浆必须废弃，因为该泥浆化学性质已经被破坏，无法再进行调整，回收使用会破坏好的泥浆，使泥浆发生离析，造成沉淀增加。

2）接头处理控制

（1）成槽完成后先用液压抓斗的斗齿贴住端头，然后反复上下刮除黏附在接头上大块的淤泥；

（2）本工程将采用与锁口管接头相对应的清刷或冲铲工具，清除该部分附着物，以保证柔性接头的止水效果和接头强度。刷壁器直接用螺栓固定于液压抓斗上，依靠液压抓斗的重力和液压抓力予以清除。

3）混凝土浇灌过程中控制

（1）严格控制导管埋入混凝土中的深度，始终保持在2～6m，不能超过6m，否则会造成闷管和因混凝土翻不上来，造成接缝夹泥现象，同时也绝对不允许发生导管拔空现象，如万一拔空导管，应立即测量混凝土面标高，将混凝土面上的淤泥吸清，然后重新开灌放入球胆浇筑混凝土。开灌后应将导管向下插入原混凝土面下1m左右，完成混凝土浇灌后，还要在地下墙外侧采取旋喷加固等防水补救的措施；

（2）混凝土浇灌过程中，两根导管必须始终处于同一高度，以保证混凝土浇灌的均匀性。保证商品混凝土的供应量，工地施工技术人员必须对拌合站提供的混凝土级配单进行审核并测试到达施工现场后的混凝土的和易性，保证商品混凝土供应的质量。

5. 地下墙露筋现象的预防措施

（1）钢筋笼必须在水平的钢筋平台上制作，制作时必须保证有足够的刚度，架设型钢固定，防止起吊变形；

（2）必须按设计和标准要求放置保护层垫块，严禁遗漏；

（3）吊放钢筋笼时发现槽壁有塌方现象，应立即停止吊放，重新成槽清渣后方可再次吊放；

（4）确保泥浆质量，减少土体径缩现象发生。

6. 地下墙渗漏、露筋的补救措施

地下连续墙作为深基坑的围护、止水结构，在基坑开挖阶段难免会发生局部渗漏水、墙面露筋等现象。一旦围护结构出现渗漏水现象，应暂停开挖，以防渗漏情况进一步发展。针对渗漏水的清、浊；水量大、小等不同情况采取相应的堵漏、修补措施。

5.4.3　深基坑降水对地铁的保护措施

本工程处于软土地层，场地内存在较厚的淤泥质地层，地下水位较高，现场采用地连墙＋三轴搅拌桩＋坑内降水的地下水处理方案。我们知道，降水过程不可避免地会导致降水区域附近的地层发生沉降变形，此因素也是导致既有地铁结构在基坑开挖前即发生了一定的变形，因此，如何控制此施工工序造成的不利位移，是本工程不可忽略的一项重要工作。

以下将对本工程有关降水施工的内容进行介绍，以便后续类似工程参考借鉴。

1. 总体要求

（1）基坑外周边和基坑内均设置自流深井。

（2）自流深井降水工作应在开挖前一周启动，施工期间，为防止降水中断，现场应保证双路供电或备有发电机。严禁断电和抽浑水。降水应保证基坑最高水位在基坑开挖面以下 1m 左右。

（3）自流深井点的埋设可采用泥浆护壁钻孔法和套管法，管井下沉前应清洗滤井，滤井和土壁之间应填充级配石英砂做滤层。承压水减压井应由专业单位施工，确保其施工质量。深井使用前，应进行试抽水。检修完好后方可转入正常使用。

（4）基坑开挖前，应进行试抽水试验，具体由施工单位编制试验方案，并经设计确定；自流深井数量根据试抽水试验结果予以适当调整。

（5）基坑东侧因靠近地铁站，考虑对地铁的影响，基坑外侧降水井不降水，仅作为应急井，紧急情况尚可开启；基坑内降水至承台底以下约 2.5m。为防止地面水进入基坑，在基坑外侧四周设置地面排水沟，将地面水引进邻近下水道。

2. 坑外排水方案

构筑排水沟和混凝土地面，避免地表水进入坑内。靠近边坡处的地面应适当垫高，便于径流排离边坡。

3. 坑内降排水方案

基坑开挖至每个工作面，临时掘坑设置简易集水井及时排水，保持坑内干燥。基坑外周边和基坑内均设置自流深井。基坑外自流深井只作为应急井。

4. 降排水注意事项

（1）做好基坑内的明排水准备工作，以备基坑开挖时遇降雨能及时将基坑内的结水抽干。

（2）降水运行阶段要经常检查泵的工作状态，一旦发现不正常，及时调泵并修复。保证电源供给，如遇电网停电，须提前2h通知降水施工人员，以便及时采取措施，保证降水效果。

（3）在挖土过程中，必须派人看守，以防挖机碰坏井管导致废井或降低抽水效果。开挖后如部分基坑含水量较高，增打轻型井点及时进行降水。

（4）降水周期直至土方开挖结束、垫层铺好后为止，然后垫层以上井管割除回收，井口用铁板封盖。

5. 预排水试验方案

（1）抽水试验目的：①查明承压水水头高度；②取得承压含水层渗透系数、含水量等水文地质参数；③确定减压降水时降水影响半径及水井进入砂层深度；④确定水位降深与总涌水量关系；⑤抽水井周边布设沉降观测点，取得水位降深与地面沉降间的关系曲线，预测降水引起地面沉降的时空分布和影响程度。

（2）试验设备：抽水设备采用电潜水泵，电源采用现场电源，出水量测量采用水表，水位观测采用电测仪观测。

（3）试验前准备工作：抽水主井和观测孔的水位使用电测仪量测，在量测前分别对各个观测井井口高程进行了校核，现场由一名指挥人员专门负责计时和发布观测指令，抽水主井和观测井的各次观测同一时间进行，基本消除时间差的误差。

（4）稳定水位观测：要求每30min测定一次，4次所测数据相同或2h内水位相差不超过2cm，即为稳定水位，稳定延续时间要求不少于8h。

（5）正式抽水：①水位观测时间一般在抽水开始后第1、3、5、10、20、30、45、60、75、90（min）进行观测，以后每30min观测一次，稳定后可延至1h观测一次，水位读数应精确到厘米；②涌水量观测应与水位观测同步进行，当采用堰箱或孔板流量计时，读数应精确到毫米（注意：为保证测量精度要求，可根据流量大小，选用不同规格的堰箱。当流量小于10L/s时，堰箱断面面积应大于25dm^2，即0.5m×0.5m；流量为10～50L/s时，堰箱断面面积应大于100dm^2，即1m×1m；流量为50～100L/s时，堰箱断面面积应大于200dm^2，即1m×2m）；③水温、气温宜2～4h观测一次，读数应精确到0.5℃，观测时间应与水位观测时间相对应。

（6）恢复水位观测：抽水试验结束或中途因故停泵，需进行恢复水位观测，观测时间为1min、5min、10min、15min、30min各观测一次，以后每30min观测一次，直至完全恢复，观测精度要求同稳定水位的观测。

（7）资料整理

抽水试验结束后应将野外所得原始数据、草图进行详细检查与校对，然后进行室内系统整理，其内容有：

①绘制抽水试验综合成果图，包括Q-t、S-t过程曲线，$Q=f(S)$、$q=f(S)$关系曲线，抽水试验成果表，水质分析成果表，钻孔平面位置图，钻孔结构及地层柱状图等；

②计算水文地质参数，包括影响半径R、渗透系数K；

③抽水试验工作总结报告主要包括试验目的与要求、试验方法及过程、试验所得的主要成果、试验中的异常现象及处理、质量评价及结论等。

5.5　监测方案

基坑施工过程中，通过实时合理的监测方案，获取真实有效的监测数据，从而及时地反馈于参建各方，进而有针对性地指导现场施工，是类似工程安全施工的重要保障，也是此类基坑施工必不可少的重要环节。本项目的监测方案内容及设计流程将在下面详细介绍，以供参考。

5.5.1　基坑工程监测主要内容

（1）周围环境的监测：包括周围道路路面的沉降、倾斜、裂缝的产生和开展情况，以及地下管线设施的沉降、变形等；

（2）深层土体水平位移；

（3）地表水平位移及沉降监测点；

（4）围护桩顶水平位移、沉降监测点；

（5）支撑轴力监测点；

（6）竖向立柱桩沉降监测，坑内、外地下水位的监测。

5.5.2　基坑施工过程中重点监测对象

（1）既有 1 号线婺江路站及 2 号风亭与 E1 出入口变形、区间盾构变形情况、地表变形情况、周边建（构）筑物与市政管网等；

（2）建议地铁监测工作从围护结构施工即开始进行，安排专人进行施工期巡查，重点关注拟开挖基坑渗漏水、既有地铁车站主体与附属接缝等，需将基坑及地铁设施的监测信息及时提供给地铁工程相关部门，便于信息化指导施工。

5.5.3　基坑工程监测要求

（1）基坑监测委托单位实施。监测单位应根据设计文件和周围环境特点编制监测方案。监测方案经建设单位、设计单位认可；

（2）基坑开挖期间每天观测一次，如遇位移、沉降及其变化速率较大时，则增加监测频次；

（3）监测数据应当天填入规定的表格，并及时提供给建设、监理和设计和施工等单位；挖土至坑底和支撑拆除期间应增加监测次数；

（4）每天的数据整理成有关表格并绘制成相关的曲线，如位移沿深度的变化曲线、位移及沉降随时间的变化曲线、支撑轴力随时间的变化曲线等；

（5）监测人员对监测值的发展和变化应有评述，当接近报警值时及时通报监理，提请有关部门注意；监测记录必须有相应的施工工况描述；

（6）工程结束时应有完整的监测报告，报告应包括全部监测项目，监测值全过程的发展和变化情况、相应的工况、监测最终结果及评述。

5.5.4　基坑工程监测控制值

车站及附属变形、盾构区间变形、地表沉降及围护结构水平变形控制值见表5.7～表5.9。

车站及附属变形控制值　　　　　　　表5.7

地铁结构		1号线车站主体结构	1号线附属结构
水平位移(mm)	控制值	10	10
	报警值	8	8
	预警值	7	7
竖向位移(mm)	控制值	10	10
	报警值	8	8
	预警值	7	7

盾构区间变形控制值　　　　　　　表5.8

地铁结构	水平变形(mm)	竖向变形(mm)	差异沉降(mm)	相对收敛(mm)
控制值	8	10	8	8
报警值	7.4	8	7.4	7.4
预警值	6.6	7	6.6	6.6

地表沉降及围护结构水平变形控制值　　　　　　　表5.9

部位	地表沉降最大沉降(mm)			围护结构最大水平位移(mm)		
	控制值	报警值	预警值	控制值	报警值	预警值
基坑浅部 (10.2m)	10.2	16.8	14.7	15.28	12.42	10
基坑深部 (14.6m)	14.6	12.68	10.22	20.44	17.35	15.31

（1）深层土体水平位移监测点，共14个，深于监测位置桩底标高1.0m。预警值：1-1、1a-1a、2-2剖面连续3d超过2mm/d，累计位移值超过25mm，其他位置连续3d超过3mm/d，累计位移值超过50mm。

（2）水位观测孔，共14个，孔深14m。预警值：地下水位日变化量超过500mm。

（3）地表沉降观测点，共14个。预警值：1-1、1a-1a、2-2剖面连续3d超过2mm/d，累计沉降量超过25mm，其他位置连续3d超过3mm/d，累计沉降量超过30mm。

（4）支撑轴力监测点，共41个。预警值：第一道钢筋混凝土支撑6500kN，第二道钢筋混凝土支撑9500kN，第三道钢筋混凝土支撑1100kN，型钢组合支撑2500kN。

（5）立柱沉降监测点，共8个。预警值：立柱沉降累计值超过30mm。

（6）周边邻近建（构）筑物沉降点。预警值：连续3d沉降达到2mm，或累计沉降达到25mm。请相关专业单位进行地下管线监测。

（7）地铁50m控制线内基坑施工过程中，应请相关专业单位进行地铁结构变形专项监测。监测工作从围护结构施工即开始进行，其中水平、竖向位移监测须采用自动化结合人工监测。地铁变形应满足标准和评审结果要求。

5.5.5　监测目的和监测原则

1. 监测目的

（1）确保土方开挖阶段施工基坑的安全和稳定，为控制施工对周围环境的影响提供判断数据；

（2）及时为工程施工提供反馈信息，随时根据监测资料调整施工程序，消除安全隐患，是工程信息化施工的重要组成部分；

（3）为优化施工方案提供依据；为理论验证提供对比数据；

（4）积累区域性设计、施工、监测的经验。

2. 基本原则

（1）基坑开挖的安全等级为一级，因此最大影响范围控制按一级控制保护要求进行；

（2）监测频率严格按照设计要求执行，监测数据及时整理汇总；

（3）所采用的监测仪器必须满足精度要求且在有效的检校期限内，采用方法正确、监测频率适当，符合设计、标准和规程的要求，能及时准确提供监测数据，保证施工安全。

5.5.6　监测范围计划、内容及频率

根据本工程监测技术要求和现场施工具体情况，本监测方案包括支撑桩顶水平位移和沉降、周边围墙开裂、道路下沉及对周边地铁施工影响（表 5.10）。监测控制网分两种：平面控制网用于位移监测和水准控制网用于垂直位移监测。

监测频率　　　　　　　　　　　　表 5.10

施工过程或时间检测项目及范围	地表沉降	隧道监测		压顶梁水平和竖向位移	支撑轴力	深层土体位移	立柱竖向位移	坑内、外水位监测
		自动化监测	人工监测					
施工前	至少 2 次	至少 2 次	至少 2 次					
围护结构施工	1 次/1d	1 次/3d	1 次/7d	1 次			2 次	2 次
地基加固、降水	1 次/3d	1 次/3d	1 次/7d				1 次/2d	1 次/2d
开挖至第二道支撑底	1 次/1d	1 次/1d	1 次/1d	1 次/1d	1 次/1d	1 次/1d	1 次/1d	1 次/1d
开挖至第三道支撑底	1 次/1d	1 次/1d	1 次/1d	1 次/1d	1 次/1d	1 次/1d	1 次/1d	1 次/1d
开挖第四道支撑	2 次/1d	1 次/1d	1 次/1d	2 次/1d	2 次/1d	2 次/1d	1 次/1d	1 次/1d
开挖第三道支撑以下土方	2 次/1d	1 次/1d	1 次/1d	2 次/1d	2 次/1d	2 次/1d	1 次/1d	1 次/1d
垫层、底板结束	2 次/1d	1 次/1d	1 次/1d	2 次/1d	2 次/1d	2 次/1d	1 次/1d	1 次/1d
底板施工后 1~7d	1 次/1d	1 次/1d	1 次/1d	1 次/1d	1 次/1d	1 次/1d	1 次/1d	1 次/1d
第三道支撑拆除	1 次/1d	1 次/1d	1 次/1d	1 次/1d	1 次/1d	1 次/1d	1 次/3d	1 次/1d
第二道支撑拆除	1 次/1d	1 次/1d	1 次/1d	1 次/1d	1 次/3d	1 次/1d	1 次/3d	1 次/1d
第一道支撑拆除	1 次/3d	1 次/3d	1 次/1d			1 次/1d		1 次/1d

5.5.7　监测结果的响应

根据监测报告，一旦监测数据达到监测项目的报警值或超过报警值，立即采取预警响

应程序。由监测部门负责人通知项目部应急处理小组成员。第一时间展开应急处理工作。若基坑局部出现位移、沉降过大，迅速在此区域内采取袋装土反压回填、加撑等补救措施。若水位下降超过预警范围时，采取回灌措施进行平衡。并根据出现的情况做出详细的原因分析，采取对应的补救措施。

针对可能出现的预警情况，准备抢险物资；充分考虑可能发生的一些险情情况，制定多种抢险方案，备足抢险设备和物资，如钢管、编织袋、反铲等。

本工程为复杂的基坑，监测点种类和数量众多，很难在短时间内完成全部测试工作，因此根据施工工况，每日由监测单位上午先采集预测位移大的测点外业数据，并对原始数据进行分析，去伪存真后进行计算，若有异常或报警即进行复测复算，并将计算结果以最快速度（电话通知或速报形式）告知各有关单位，变形相对稳定区域则在随后时间段采集外业数据，随后用计算机完成监测日报表工作，经检查无误后提交业主、监理、施工等各有关单位。每周例会时提交监测周报，按施工阶段提交监测简报。整个监测工作结束后提供完整的电子版监测数据、监测历时曲线图及监测技术总结报告。

5.6 本章小结

通过对软土地层明挖深基坑邻近既有地铁结构工程案例的研究，得到如下结论：

（1）通过工程类比、现场调研和数值模拟等手段，依托各个工程施工标准和类比经验，提出明挖深基坑邻近既有地铁结构的变形控制标准，并对施工方案进行了全过程数值仿真模拟。结合现场施工的监测情况，验证了本工程中采取地层加固、分坑分块施工、地连墙＋搅拌桩＋型钢组合支撑体系（含伺服系统）等措施方案的合理性及对控制地层变形的有效性，为类似软土地层中的基坑施工提供了经验。

（2）基坑施工过程中，其中的降水施工步序为不可忽略的一环，需关注降水施工对地层的扰动及由此造成的次生损害。本章对工程的降水方案提出了具体化的要求，并在实际施工现场得到较好的应用，取得了较理想的效果。

（3）本工程中采用型钢组合支撑体系，并采用伺服系统。在实际工程中，能有效地提高支护体系的整体刚度，且能根据支护体系及周边地层的变形数据，实时调整支撑轴力，进而有针对性地控制相应的变形，现场也取得了较好的效果。

第6章
PBA暗挖风井穿越地下市政管线

6.1　工程概况及难点

6.1.1　工程概况

北京19号线某区间采用暗挖法施工，区间相关概况在第3章中已有大致描述，本章主要介绍区间风井的相关内容（图6.1）。区间主体位于西城区，线路整体成南北走向，

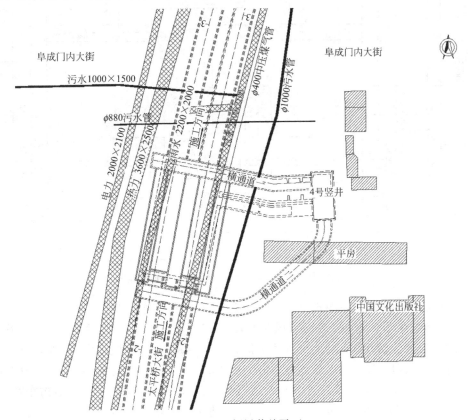

图6.1　区间风井总平面

沿太平街、赵登禹路敷设。本区间设置一座风井（兼 4 号联络通道），位于阜成门内大街与太平桥大街交叉路口东南象限空地内，主体为地下二层钢筋混凝土框架结构，采用 PBA 暗挖法施工。

风井主体结构为二层二跨拱顶直墙断面，总长 35.9m，标注段宽 19.9m。结构顶板覆土约 9.54m，底板埋深 25.1～25.0m。风井主体结构上、下层导洞分别采用 2‰、25.447‰ 坡度；主体结构采用 PBA 工法施工。上、下层导洞均为拱顶直墙，初支厚度均为 300mm，初支均采用钢格栅＋C25 喷射混凝土＋单层网片；初支扣拱采用 350mm 厚 C25 喷射混凝土＋双层网片＋钢格栅。上导洞及下导洞净空尺寸：上层导洞边导洞净跨 5.1m、净高 6.1m，中导洞净跨 4.6m、净高 6.1m；下层导洞边导洞净跨 4.6m、净高 5.1m，中导洞：净跨 4.6m、净高 6.1m。风井初支结构参数详见图 6.2。导洞初期支护主要参数见表 6.1。

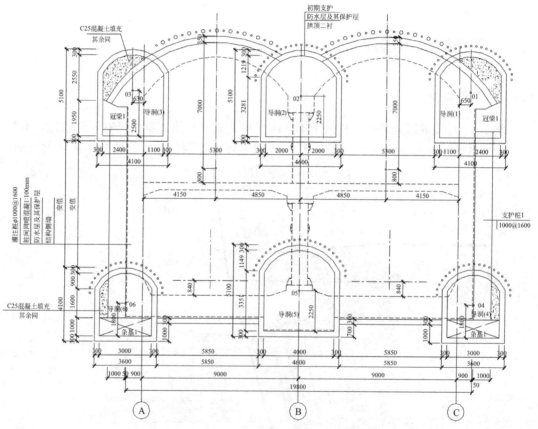

图 6.2　风井初支结构导洞（标准段）横剖面图

风井主体中跨采用 $\phi900@6000～7000$mm、$t=22$mm 钢管柱进行支撑，完成受力转换后施作顶板、中板、侧墙及底板，风井混凝土强度等级 C40，抗渗等级 P10。钢管柱内部采用 C50 高性能微膨胀混凝土。风井主体为一柱两跨平顶直墙断面，标准段结构跨度为 9m，结构总宽度 19.8m，总高度 16.03～16.24m，钢管柱净高 9.750m、9.907m、10.065m、10.200m。顶纵梁高 4.16m，顶板厚 0.8m，站厅层净空 7m，结构净宽 18m，中板厚 0.4m，中板梁高 2.1m，梁宽 2.5m，底板厚 2.2m，侧墙厚 0.8m。站台层净空 5.84～7.628m，净宽 18m。主体结构防水等级为一级防水，防水分为结构自防水和外包防水层。结构自防水采用 C40、P10 混凝土，外包防水层采用 2.0mm 厚 ECB 塑料防水板＋400g/m² 土工布缓冲层。风井主体结构参数详见图 6.3。

导洞初期支护主要参数　　　　　　　　　　　　　表 6.1

项目			参数
初期支护	上层导洞	深孔注浆(导洞 3)	水泥＋水玻璃(双液浆)
		钢格栅	纵向间距 0.5m(洞门 4 榀加密至 0.4m)
		连接筋	Φ22 钢筋,间距 1.0m,内外双排布置
		钢筋网	Φ7.5,150mm×150mm,单层
		锁脚锚管	$\phi 43.5 \times 2.75mm, L=2m$,每榀打设 2 根,加高段每榀打设角度 30°
		超前小导管(导洞 1、2)	$\phi 43.5, L=2m$,环向间距 0.3m,每榀打设,水平倾角 20°~25°
		喷射混凝土	C25 喷射混凝土,厚 300mm
	下层导洞	超前注浆	水泥浆
		钢格栅	纵向间距 0.5m(洞门 4 榀加密至 0.4m)
		连接筋	Φ22 钢筋,间距 1.0m,内外双排布置
		钢筋网	Φ7.5,150mm×150mm,单层
		锁脚锚管	$\phi 43.5 \times 2.75mm, L=2m$,每榀打设 2 根,打设角度 30°
		超前小导管	$\phi 43.5, L=2m$,环向间距 0.3m,每榀打设,水平倾角 20°~25°
		喷射混凝土	C25 喷射混凝土,厚 300mm
	初支扣拱	大管棚	$\phi 108, t=6mm$ 无缝钢管,水平倾角 0.1°~0.3°,环向间距 0.4m,管内注水泥砂浆
		超前小导管	$\phi 43.5, L=2m$,环向间距 0.3m,每榀打设,水平倾角 20°~25°
		钢格栅	纵向间距 0.5m(洞门 4 榀加密至 0.4m)
		连接筋	Φ22 钢筋,间距 1.0m,内外双排布置
		钢筋网	Φ7.5,150mm×150mm,内外双层
		喷射混凝土	C25 喷射混凝土,厚 350mm
	边洞条形基础	C30 钢筋混凝土	条形基础 1 及条形基础 2 标准段 3.0m(宽)×1.0m(高),条形基础 2 中 C-C 区段为 2.55m(宽)×1.0m(高),条形基础 1 与风道接口处结构局部高度降低 0.45m
	边桩	C30 钢筋混凝土灌注桩	支护桩 1:$\phi 1000mm$,间距 2.6m;支护桩 2:$\phi 1000mm$,间距 2.4m
	冠梁	C30 钢筋混凝土	冠梁 1:2.45m(宽)×2.6m(高),冠梁 2:2.5m(宽)×2.6m(高),与风道接口处的冠梁 3 为异形

6.1.2　周边市政管线

风井周边上方附近地下管线较多，有雨水、污水、热力、电力等管线。其中需要重点控制的管线有：主体结构下穿 2200mm×2000mm 雨水管，管底标高 43.92m，管底与暗

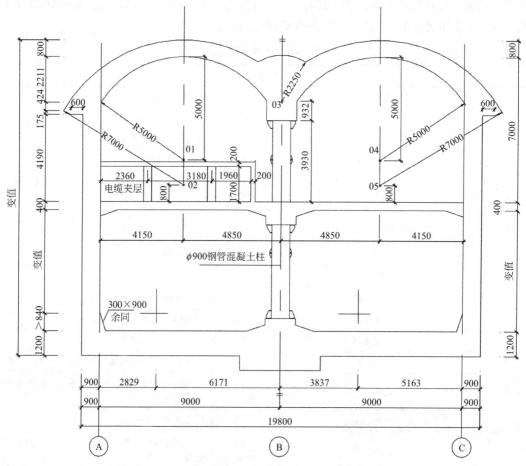

图 6.3　风井主体二衬结构横剖面图

挖初支竖向净距为 3.98m；主体结构平行下穿 2100mm×2100mm 污水管，管底标高 46.00m，管底与风井导洞竖向净距为 6.06m；主体结构平行侧穿 3600mm×2500mm 热力沟，管底标高 37.66m，管沟与暗挖初支水平净距为 4.15～6.33m；主体结构侧穿 2000mm×2100mm 电力沟，管底标高 44.03m，管沟与暗挖初支水平净距为 9.06～13.20m；主体结构平行侧穿 φ1000 污水管，管底标高 44.15m，管沟与暗挖初支水平净距为 5.41～7.67m。具体情况详见表 6.2 和图 6.4。

区间风井地下管线风险工程分级　　　　　　　　　　　　　　表 6.2

序号	风险工程名称	风险工程基本情况	风险工程等级	保护措施
1	主体导洞下穿 2200mm×2000mm 雨水管	风井暗挖初支结构平行下穿 2200mm×2000mm 雨水管，管底标高 43.92m，管底与暗挖初支竖向净距为 3.98m	一级	导洞(3)拱顶采用深孔注浆超前加固，扣拱拱顶采用超前小导管 φ42@400＋φ108@400 管棚交错设置。严格按施工步序施工，施工过程中加强监测，开挖前与产权单位沟通，根据产权单位要求施作必要的防护措施。同时应做好注浆压力的控制，避免注浆对管线造成的不利影响。另外针对此管线，施工单位应与应有导流等必要的应急预案，以防止管线渗漏对工作造成的影响

续表

序号	风险工程名称	风险工程基本情况	风险工程等级	保护措施
2	主体导洞下穿2100mm×2000mm污水管线	风井暗挖初支结构平行下穿2100mm×2100mm污水管，管底标高46.00m，管底与暗挖初支竖向净距为6.06m	一级	导洞(1)拱顶采用超前小导管加固，扣拱拱顶采用超前小导管$\phi42@400+\phi108@400$管棚交错设置，其他要求同序号1内容
3	主体导洞侧穿3600mm×2500mm热力沟	风井暗挖初支结构平行侧穿3600mm×2500mm热力沟，管底标高37.66m，管沟与暗挖初支水平净距为4.15~6.33m	一级	同序号1内容
4	主体导洞侧穿2000mm×2100mm电力沟	风井暗挖初支结构侧穿2000mm×2100mm电力沟，管底标高44.03m，管沟与暗挖初支水平净距为9.06~13.20m	一级	同序号1内容
5	主体导洞侧穿$\phi1000$污水管	风井暗挖初支结构平行侧穿$\phi1000$污水管，管底标高44.15m，管沟与暗挖初支水平净距为5.41~7.67m	一级	同序号2内容

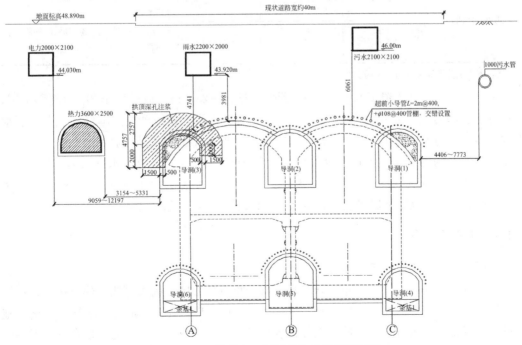

图6.4　地下管线与区间风井结构关系剖面图

6.1.3 地质条件

本次勘察揭露地层最大深度为 67.0m，根据钻探资料及室内土工试验结果，按地层沉积年代、成因类型，将勘探范围内的土层划分为人工堆积层、第四纪全新世沉积层、第四纪晚更新世沉积层与古近纪基岩层四大层。风井结构范围内自上而下为：③砂质粉土黏质粉土层，③₃粉细砂层，⑤卵石层，⑥₃粉细砂层，⑦卵石层。

6.1.4 水文条件

根据本次勘察成果，在 35.0m 勘察深度范围内，共观测到三层地下水，地下水类型为上层滞水（一）、潜水（二）、层间水（四）。上层滞水（一）：水位埋深为 6.05m，水位标高 42.88m，观测时间为 2016 年 7 月；潜水（二）：水位埋深 13.94m，水位标高 32.09m，观测时间为 2016 年 7 月；层间水（四）：水位埋深为 23.58～26.80m，水位标高 23.50～24.60m，观测时间为 2015 年 11～2016 年 10 月。

场地沿线在隔水层⑥粉质黏土层缺失的部位，形成"天窗"，导致沿线潜水（二）与层间水（四）连通。地下水详细情况见表 6.3。

地下水特征表 表 6.3

地下水性质	水位/水头埋深(m)	水位/水头标高(m)	观测时间	含水层
上层滞水（一）	6.05	42.88	2017.6	①黏质粉土粉质黏土填土、③砂质粉土黏质粉土
潜水（二）	13.94	32.09	2017.6	⑤卵石、⑤₁中粗砂
层间水（四）	23.58～26.00	22.81～23.83	2017.6～2016.8	⑦卵石、⑦₁中粗砂、⑦₂粉细砂、⑧₂黏质粉土砂质粉土、⑧₃粉细砂、⑨卵石、⑨₁中粗砂、⑨₂粉细砂、⑪卵石、⑪₁中粗砂
	26.80	23.50	2016.11	

注：表中水位埋深及标高为现场实测。

风井主体结构顶板覆土 9.54m，底板埋深 25.1～25.0m。顶板位于③₁粉质黏土层，底板位于⑦卵石层，风井标高 25.1～25.0m 为 0.9m 厚⑦粉细砂层。本场地赋存三层地下水，第一层为上层滞水（一），水位标高为 42.88m，位于上层导洞拱顶以上 3.55m 位置左右，埋深约为 6m，位于③砂质粉土黏质粉土层；第二层为潜水（二），埋深约为 13.94m，位于⑤卵石层；第三层为层间水（四），水位标高 23.58～26.80m，埋深为 23.50～24.60m，位于下层导洞底板以上 0.42m 位置左右，置于⑦卵石层。

6.1.5 工程重难点

本段工程存在以下施工重难点：

（1）本段区间场地位于北京市西二环，属于重点核心区，周边管线、建（构）筑物等环境复杂，对于变形的控制要求较高。区间采用 PBA 工法施工，施工工序复杂，整个施工过程的累积变形较难控制。需重点保证各项工序施工质量良好、受力转换合理、工序衔接及时、风险保护措施加固效果到位等。

（2）PBA 工法的特点比较突出，即施工难点也是施工重点：合理的施工步序，包括初支导洞开挖时序、条形基础及竖向支撑体系的施作时机、二衬施工扣拱及初支导洞的破除方案等内容。

（3）除初支及二衬本身施工是重难点外，拱顶的风险保护措施，包括深孔注浆和超前小导管的加固效果，也是保证上方众多管线变形满足要求的不可缺少的重要一环。

6.2　PBA 初支施工工艺

本工程采用 PBA 工法施工，此工法的重点也是难点为初支及二衬本身的施工方法，也是控制上方管线变形的关键，本章将重点介绍 PBA 初支施工的详细施工步骤，以供类似工程参考。本工程风井初支施工主要包括：导洞开挖、条形基础、边桩（含钢管柱成孔）、冠梁及初支扣拱、向下开挖及支护。

6.2.1　导洞开挖

风井共设 6 个导洞，上、下导洞均为拱顶直墙结构形式，采用台阶法施工。其中除导洞（3）超前支护采用深孔注浆外，其余导洞超前支护采用 DN32（ϕ43.4）×2.75mm 超前小导管注浆。小导洞采用人工开挖、无轨电瓶车运输完成。初期支护采用钢筋格栅＋钢筋网片＋300mm 厚 C25 喷混凝土＋锁脚锚管联合支护，格栅之间内外设纵向连接筋ϕ22@1000。

1. 超前支护

1）深孔注浆

深孔注浆采用二重管 A、B（C）无收缩双液 WSS 工法注浆。注浆时在不改变地层组成的情况下，使颗粒间的空隙充满浆液并使其固化，达到改良土层性状的目的。其注浆特性是使该土层黏结力、内摩擦角值增大，从而使地层强度增加。可对地层进行全面加固，从而进一步减缓或避免地层破坏后的沉降及建（构）筑物的损坏。

根据现场和图纸确定每循环注浆长度 10m，开挖 8m，预留注浆岩盘为 2m。设计加固范围为导洞（3）初支外 2.5m 范围内土体。为防止串浆及注浆不密实情况发生，采用低压反复注浆、隔孔注浆等措施保证注浆质量。

由于上层导洞（3）临近热力、电力、污水管线，为确保注浆管线安全，深孔注浆采用袖阀管后退式分段注浆，遵循低压、慢注、反复、跳孔、由外及内、小间距密排注浆的原则，注浆过程需做好周边管线及地表巡视，加强监测，若产生隆起及串浆现象应及时调整注浆压力及瞬时封堵孔洞等措施。

注浆材料配比：

A 液，水：水玻璃＝0.65：1

C 液，水：水泥：H 剂：C 剂＝1：0.44：0.0168：0.0032

（以上配比均为推荐配比，实施前选做两个循环按配比进行试验，并根据试验情况调整确定最终配比）

深孔注浆的工艺详见 4.3 节。

2）超前小导管注浆

详见6.5节。

2. 马头门施工

马头门即导洞与横通道交叉处，为结构应力集中、受力比较复杂的部位。施工前在开马头门位置按要求做好洞门加固及超前支护。洞门加固立柱、横梁及横撑均采用250mm×150mm×8mm方管，每个洞门两侧均设置立柱，纵梁将两侧立柱连系成以整体，横撑间距2～3.5m，在立柱与纵梁节点处设I25b工字钢八字角撑，增加其稳定性。各立柱通过20mm钢板与横通道临时仰拱（或底板）格栅主筋连接成一体。

马头门洞门范围施工通道联立三榀格栅钢架。马头门处通道破除必须按导洞施工工序安排分次、分步、分段进行，严禁大面积破除。马头门施工采用搭设简易脚手架＋人工风镐破除施工，导洞格栅与横通道壁格栅采用L形钢筋连接牢固成为一体。导洞破洞门施工步序见表6.4。

破洞门施工步序　　　　　　　　　　　　　　　　表6.4

施工步序示意图	施工说明
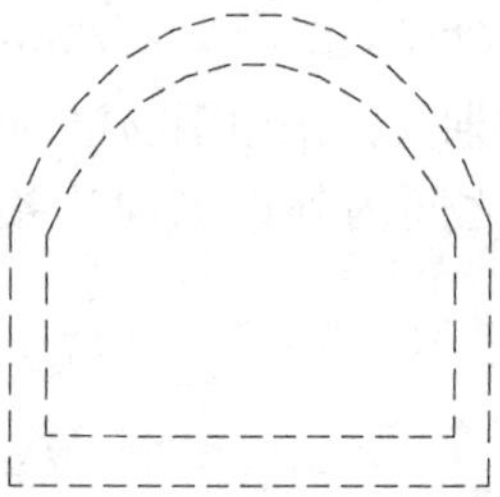	步骤一：测量放样出小导洞轮廓线
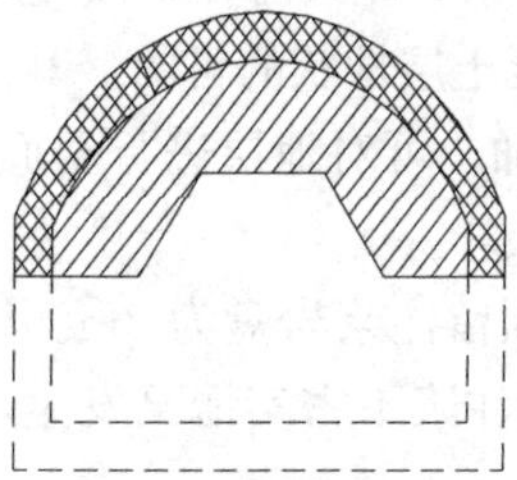	步骤二：破除上台阶横通道格栅初支（注意预留核心土范围内横通道格栅初支），架设格栅拱架，并与横通道侧壁格栅焊接牢固，进洞位置密排3榀格栅
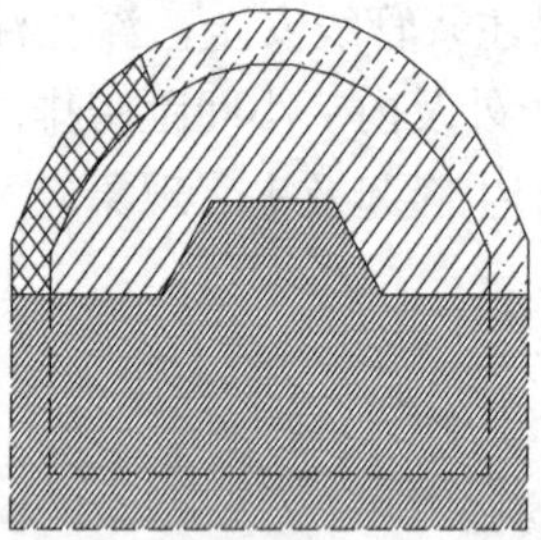	步骤三：上台阶进尺3～5m以后，破除小导洞下部横通道格栅初支，架设导洞下部格栅拱架，并与横通道格栅焊接牢固

3. 小导洞开挖

风井导洞上、下导洞采用拱顶直墙的初期支护形式，共分四种断面形式，但支护参数基本相同。风井导洞断面参数见表6.5，导洞具体初期支护结构见图6.5和图6.6。

风井上导洞及下导洞结构尺寸　　　　　　　　表 6.5

序号	部位	断面形式	净跨(m)	净高(m)
1	上导洞	拱顶直墙	4.5(4)	5.5
2	下导洞	拱顶直墙	4(3)	5.5(4.5)

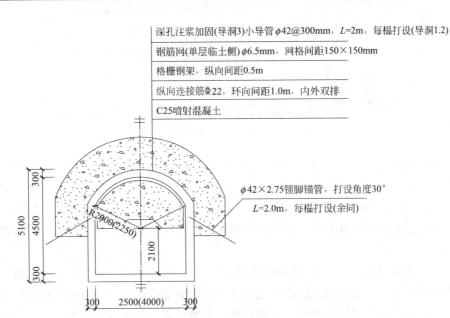

图 6.5　风井上导洞初期支护结构

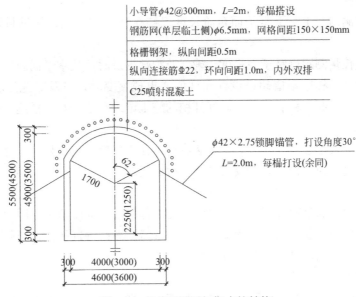

图 6.6　风井下导洞初期支护结构

4. 导洞开挖

（1）导洞开挖均采用预留核心土环形台阶法施工，各导洞分上、下两层台阶开挖。上下台阶掌子面距离控制在 3.0～5.0m 范围内，核心土长度为 2.0～4.0m，如图 6.7 所示。

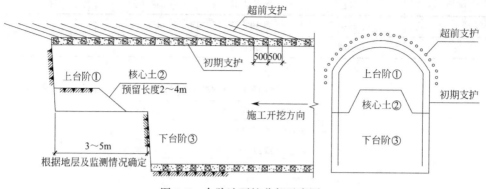

图 6.7　台阶法开挖分部示意图

（2）上台阶采用人工分段分节开挖，顺着拱外弧线用人工进行环状开挖并留核心土，施工时在确保注浆效果较好的条件下，先开挖拱部土体，后开挖两侧土体。开挖尺寸满足要求后，立即架立钢格栅，并用 C25 网喷射混凝土及时封闭。导洞开挖应采取洛阳铲超前探测，保持至少 3m 的超前量，探明作业面前方是否存在水囊，避免因雨、污管渗漏造成突涌风险。

（3）下台阶采用人工＋电动挖掘机开挖，初支内侧往里 500mm 范围内采用人工开挖，严禁机械开挖，防止机械对已施工完初支扰动，中部采用人工配合电动挖掘机开挖。

（4）施工中严格控制开挖进尺、逐榀开挖，避免冒进。保证开挖中线及标高符合设计要求，确保开挖断面圆顺，开挖轮廓线充分考虑施工误差、变形和超挖等因素的影响，严禁欠挖，控制超挖。

（5）同一导洞内，上、下掌子面台阶长度保持在 3.0～5.0m，尽早封闭成环，减小沉降。

（6）确保监控量测跟进掌子面进度，确保监测数据及时反映掌子面施工情况，当发现拱顶、拱脚和边墙位移速率值超过设计允许值或出现突变时，应及时施工临时支撑或仰拱，形成封闭环，控制位移和变形。做好开挖的施工记录和地质断面描述，加强对洞内外的观察。

（7）开挖时配备足够的作业人员，快速成型，杜绝欠挖，减小超挖。意外出现的超挖或塌方采用喷混凝土回填密实，并及时进行背后回填注浆。

5. 初期支护

开挖轮廓经检查满足设计要求后，对掌子面进行初喷，铺设第一层网片，开始架立格栅钢架（依据断面中线及标高，准确就位），打设锁脚锚管，最后喷射混凝土封闭。

（1）土方分层开挖，格栅分节架立，格栅钢架详见图 6.8。

（2）格栅架立注意事项：

①钢架安装前应清除格栅底脚下的虚渣及其他杂物，超挖部分用木板垫实；

②钢架在开挖作业面人工组装，各节钢架间用螺栓连接拧紧、焊接牢固；

③钢格栅在安装过程中，如出现格栅节点不密贴，螺栓上不齐、拧不紧等情况，应采取以下措施：节点板不密贴时，在设计及标准允许范围内调整格栅位置，如因格栅加工偏

差或吊装过程中扭曲变形，应立即对其进行更换；螺栓上不齐时，将两节格栅主筋之间帮焊连接，帮焊钢筋直径与格栅主筋直径相同，角板两侧帮焊钢筋长度不小于10d，采用单面焊接；

④钢拱架与土层之间应尽量接近，留40mm间隙作为保护层；在安装过程中，当钢拱架和土层之间间隙较大时，回填加气砖并注浆；

⑤钢拱架应精确定位，注意"标高、中线、前倾后仰、左高右低、左前右后"等各个方位的位置偏差；

⑥导洞对应的同一榀拱架架立必须同步，以保证导洞间扣拱部分拱架顺利闭合。

（3）连接筋连接：

格栅钢架间采用Φ22纵向连接筋连接，内外双层、梅花形布置，环向间距1000mm；封堵墙横向连接筋Φ25，内外双层布置，环向间距500mm。连接筋均采用机械连接，牙顶宽度大于0.3P，不合格螺纹累计长度不得超过两个螺纹周长。标准型钢筋丝头螺纹的有效丝扣长度为1/2套筒长度，其允许误差为+2P（P为螺距）。接头连接完成后应有外露有效螺纹，且连接套筒单边的外露有效螺纹不得超过2P。

（4）网片绑扎：

格栅钢架定位后，在迎土侧满铺φ7.5@150×150mm钢筋网片，搭接长度不小于150mm，钢筋网与格栅钢架密贴，铺设平顺，用绑丝与格栅钢架绑扎牢固，确保喷混凝土时不松动脱落。

（5）锁脚锚管：

锁脚锚管采用φ43.4×4.25mm钢管，长2.0m，预注纯水泥浆液，并与格栅钢架焊接，详见图6.8。

（6）喷射混凝土：

上述各项经检查符合要求并经监理工程师验收合格后，方可进行喷射混凝土封闭。喷射时由拱脚自下而上进行，先仰拱后边墙，保证混凝土喷射密实，厚度符合设计要求。

6. 施工注意事项

（1）严格按照设计要求加工和打设超前注浆小导管，并根据现场实际情况配置注浆浆液。

（2）马头门处横通道边墙混凝土破除后，在割除横通道钢架时，主筋预留长度20cm，并将其与施工导洞第一榀钢架焊接牢固。

（3）上部开挖时要求预留核心土，严禁随意减小核心土台阶长度。

（4）隧道围岩自稳能力较差时，应尽可能缩短开挖台阶长度，尽快使初期支护闭合。

（5）为避免格栅拱脚出现悬空引起下沉，钢格栅下端设在稳固地层上，或设在扩大钢板、木板上，并及时封闭成环。

（6）格栅安装位置要准确，各节点要对齐，连接要牢固，确保格栅可靠受力，上层导洞格栅需保证同步，便于后期初支扣拱连接。

（7）混凝土喷射前要凿除周边的虚渣，用喷浆筒里面的水进行清洗，保证施工缝无砂、土。

（8）初支结束后及时回填注浆，浆液为水泥砂浆（或水泥浆）。

（9）开挖过程中必须加强监控量测，当发现拱顶、拱脚和边墙位移速率值超过设计允

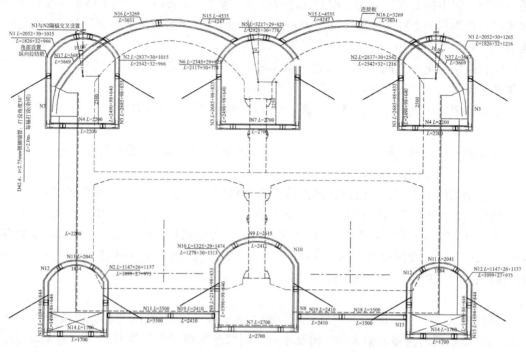

图 6.8　区间风井标准断面格栅钢架

许值或出现突变时，应及时施工临时支撑或仰拱，形成封闭环，控制位移和变形。对连续沉降的地段，根据量测结果进行跟踪注浆。

6.2.2　横通道开挖

1. 横通道洞参数

风井起点里程右线 K45＋217.924 位置设横导洞，上横导洞（a）为围护桩施工设置，下横导洞（b）为条形基础施工设置，开挖断面净高 4.6m，净跨 4.6m，导洞为拱顶直墙断面。导洞为拱顶直墙断面，横导洞与风井导洞关系见图 6.9。

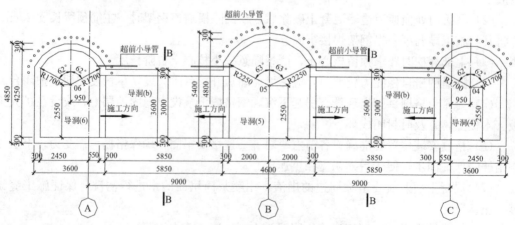

图 6.9　横通道与风井下层导洞位置关系

2. 横导洞施工方法

横导洞超前小导管从两侧小导洞向中部一次水平打设完成，横导洞格栅从小导洞侧墙内侧开始布置，开洞范围 4 榀密排，横导洞施工方法与小导洞施工相同。

3. 上、下导洞封端及掌子面临时封闭施工

上、下导洞及各横导洞封端采用钢筋格栅，正式端墙采用 I22a 工字钢＋双层ϕ25@500 连接筋＋ϕ43.5，$t=2.75mm$，$L=3m$，间距 1m 注浆导管梅花形布设＋300mm 厚 C25 喷射混凝土结构。导洞（3）每循环深孔注浆时掌子面封端，采用双层ϕ7.5 钢筋网片＋300mm 厚 C25 喷射混凝土＋ϕ22，$l=2.5m$ 间距 500mm×500mm 土钉锚杆，作为止浆墙。其余部位开挖作业面因工艺或特殊需要停工时，需要采取 100mm 厚 C25 喷射混凝土＋单层ϕ7.5 钢筋网片临时封闭作业面。

4. 导洞施工控制重点

（1）严格控制导洞格栅加工及安装精度。

（2）严格控制注浆浆液配比和注浆压力，确保周边管线及道路安全，同时保证超前注浆效果。

（3）为确保下部初支各个导洞间扣拱及封底格栅施工连接质量，上、下层 3 个导洞对应的同一榀钢架里程必须同步，以保证导洞间拱架能顺利闭合。

（4）尽量缩短各工序的作业时间及做好工序衔接，及时封闭开挖面，及时回填注浆，减少沉降量。

（5）严格控制开挖进尺，严格按设计要求施工；净空、拱脚标高、中线要求详见表 6.6。

钢格栅架设误差要求　　　　　　　　　　　　　　　　　　　表 6.6

序号	项目	允许偏差	检查频率	检查方法
1	中线(mm)	±20		钢尺
2	标高(mm)	±15		钢尺
3	纵向间距(mm)	±30	每榀	尺量
4	垂直度(%)	0.5%		垂球吊线
5	钢架保护层(mm)	-5		钢尺

（6）拱脚位置必须用木板或加气砖垫实，严禁拱脚悬空或落在浮土、虚渣上，减少由于施工不当造成的沉降。

（7）喷射混凝土分段分片进行，喷射顺序应由上而下施作，即先喷拱部，再喷边墙，最后喷射仰拱。

（8）施工缝处虚渣及泥土等杂物必须清理干净，以保证混凝土喷射密实、无空洞。

（9）回填注浆必须遵循：先边墙、后拱部的施工顺序，由后向前推进，背后注浆跟进。

（10）格栅钢架间采用ϕ22 纵向连接筋连接，纵向连接筋采用直螺纹连接，保证直螺纹连接质量。钢格栅在安装过程中，如出现格栅节点不密贴、螺栓上不齐、拧不紧等情况，应采取以下措施：节点板不密贴时，应塞钢筋或钢楔子并与节点板焊牢；螺栓上不齐时，将两节格栅主筋之间帮焊连接，帮焊钢筋直径与格栅主筋直径相同，角板帮焊钢筋长度两侧各 10d，采用单面焊接；螺栓拧不紧时，节点板势必不密贴，应塞钢筋或钢楔子并与节点板焊牢。

（11）洞门破除必须在超前注浆加固完成并效果良好后方能进行施工。

（12）施工过程严格遵循"管超前、严注浆、短进尺、强支护、快封闭、勤量测"暗挖施工十八字方针。

（13）由于上层（3）序导洞临近市政管线，深孔注浆需严格遵守"密排低压"注浆方式，在保证道路及市政管线安全的基础上确保注浆效果，导洞深孔注浆及初支背后回填注浆时，需严格控制注浆压力及注浆量，同时加强周边管线巡查及加密对管线的监测频率，确保安全。

6.2.3 条形基础、边桩（钢管柱成孔）及冠梁

1. 导洞内条形基础

区间风井条形基础施工包含基面处理、钢筋加工及安装、模板（堵头板）及混凝土浇筑四个工序，施工流程如图 6.10 所示。

2. 基面处理

由于条形基础不涉及防水施工，基面平整度要求相对较低一些，但需保证条形基础的结构尺寸满足设计要求。应根据测量组对导洞的复测结果，对局部侵限部位进行处理。在条形基础施工前需对导洞进行清底，清除导洞内的泥土、虚渣等杂物。

3. 钢筋工程

条形基础的纵向主筋为 $\Phi 25$ 及 $\Phi 28$，钢筋接头采用机械连接（个别部位受条件限制时可采用焊接），普通段相邻钢筋接头错开 37d 以上，同一连接区段受力钢筋接头面积百分率不大于 50%，采用 II 级机械连接接头（若在特殊部位：

施工准备

基面处理

钢筋加工（含条形基础及边桩预留钢筋）

条形基础钢筋安装

边桩预埋钢筋

模板（堵头）施工

混凝土浇筑

养护

图 6.10 条形基础施工流程

如横通道预留部位等，同一连接区段受力钢筋接头面积百分率大于 50% 时，需采用 I 级机械连接接头）。其余箍筋及铺底钢筋不涉及接头连接，无特殊要求。钢筋加工的形状、尺寸应符合设计要求，其允许偏差应符合表 6.7 规定。

钢筋加工允许偏差 　　　　　　　　　　　　　　　　　　表 6.7

序号	项目	允许偏差（mm）
1	受力钢筋顺长度方向全长的净尺寸	±10
2	弯起钢筋的弯折位置	±20
3	箍筋内净尺寸	±5

4. 模板工程

条形基础施工只需在施工缝位置设置堵头模板，堵头模板采用 50mm 方木条锯齿加工，齿距按设计受力主筋间距制作，如图 6.11 所示，木条背后采用 100mm×100mm 方木与钢管三角撑加固，木条固定时必须保证施工缝平直。

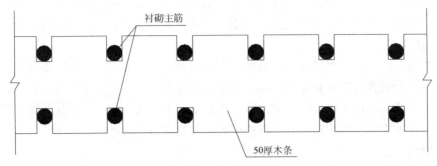

图 6.11 堵头模板示意

5. 混凝土工程

条形基础按总体部署分段施工，结构混凝土均采用商品混凝土，混凝土采用搅拌输送车由搅拌站运至工地，泵送入模。其配合比除应符合工程设计所规定的强度等级（C30）、耐久性、体积稳定性等要求外，尚应满足大体积混凝土施工工艺特性要求，合理使用材料、降低混凝土绝热温升值的要求。

6.2.4 导洞内边桩（含钢管柱成孔）

1. 人工挖孔桩成孔施工

1）测量放线

首先，在上导洞底板由测量测定桩位轴线方格控制网（考虑适当外放）和高程基准点，确定好桩位中心；然后以中点为圆心，以桩身半径加护壁厚度为半径画出上部（即第一步）的圆周，撒石灰线作为桩孔开挖尺寸线，结合施工经验，围护桩整体外放 60mm。

2）桩孔孔口处加固

按照跳孔开挖顺序分序破除上层导洞临时仰拱初支，注意不影响挖孔的格栅主筋（型钢）保留不切断。ϕ1000 边桩上导洞仰拱破除洞口采用 4 根$\oplus$22 环形钢筋搭接焊成环，采用 8 根$\oplus$25 纵向连接筋，与仰拱格栅纵筋焊接牢固。中洞钢管柱 ϕ1800 孔口采用 6 根$\oplus$25 环形钢筋搭接焊成环，与仰拱格栅纵筋焊接牢固。

3）人工挖孔施工流程

土方开挖→清孔壁、校核垂直度和桩径→混凝土护壁→下挖。

4）成孔施工方法

（1）采用短把的镐、锹等简易工具进行人工挖土，遇到较硬地层时，采用风镐施工。用人工进行垂直运土；轴线经复核无误后开始第一节开挖，本工程人工挖孔主要为⑤卵石层，局部穿⑤$_1$ 粉细砂及⑥粉质黏土地层，且无地下水，每循环开挖进尺不大于 1m，及时施作混凝土护壁，上下节护壁的搭接长度不得小于 50mm，护壁模板的拆除应在灌注混凝土 24h 之后。

（2）成孔开挖以二人为一个小组进行跳孔（隔 3 挖 1）流水作业，保证施工进度，下一节土方开挖需在上一节护壁达到强度（3.5MPa）后方可施工。

（3）开挖过程中遇到其他障碍物时，采用人工及空压机和风镐配合施工。

（4）成孔过程中桩孔内挖出的废土或石渣由专人负责及时运出场外（渣土倾倒及堆放远离孔口边缘不小于1m），并在孔桩四周安装安全护栏，护栏高度设2.2m，护栏下部设30cm高踢脚挡板。

（5）桩位、垂直度、直径校核：基桩轴线的控制点和水准点应设在不受施工影响的地方。开工前，经复核后应妥善保护，施工中应经常复测。第一节护壁成孔后，由现场质检人员在护壁周围定出桩位中心线，桩位轴线用正交的十字线控制，作为往下施工模板对中和桩位垂直度偏差控制的依据，直径检查用尺杆找圆周的办法进行。

5）孔桩护壁施工

（1）为防止桩孔壁坍方，确保安全施工，分节成孔后及时施作钢筋混凝土护壁（首节护壁需高出导洞底200mm）。

（2）桩孔每节挖土完毕并经验收合格后，及时安放钢筋，支设护壁模板并浇筑护壁混凝土。护壁上段竖向筋伸入下段护壁内，伸入长度不小于150mm，两端设置180°弯钩。边桩护壁上下节采用20根φ8竖向连接筋通过弯钩连接，并每间距200mm设一道环向φ8钢筋；钢管柱护壁上下节采用30根φ12竖向连接筋通过弯钩连接，并每间距200mm设一道环向φ12钢筋。

（3）人工护壁的模板采用3cm角钢做骨架φ10盘条做肋、1mm的铁皮做面板。模板分四块，采用螺栓连接。高度为1m，拼装合成后成为一个圆台体，上小下大。拼装时，最后两块模板的接缝处夹放一木条，以便拆模，护壁模板的拆除应在灌注混凝土24h之后。

（4）护壁模板采用拆上节、支下节重复周转使用。模板之间用螺栓固定，也可以在每节模板的上下端各设一道圆弧形的用槽钢或角钢做成的内钢圈作为内侧支撑，防止内模因胀力而变形。不设水平支撑，以方便操作。

（5）第一节护壁高出上导洞仰拱顶面200mm（厚300mm），便于挡土、挡水，桩位轴线和高程均要标定在第一节护壁上口。边桩桩孔单节护壁上口厚度150mm，下口厚度不小于80mm；钢管柱桩孔单节护壁上口厚度200mm，下口厚度不小于100mm。

（6）挖桩时孔口设置水平推移的活动安全盖板，在距操作面上方3.5～3m孔壁处安装半圆防护板，当孔桩内有人挖土时，孔顶必须确保有专人看护，土方吊运过程中，井内人员需站在防护板下，不得进行挖土作业。吊桶下至孔底后，施工人员继续挖土。当孔内不进行作业时，应盖好安全盖板，井口四周上设封闭式围护栏。

（7）作业人员上下桩孔时采用与地表上连接牢固的软梯，不得乘吊桶上下，井下施工时需配备良好的低压照明系统。每日开工前必须检测井下的有毒、有害气体，并应有足够的安全防范措施。当桩孔开挖深度超过10m时，应有专门向井下送风的设备，风量不宜少于25L/s。

6）终孔检查

（1）挖孔至下导洞后，进行自检评定，工程桩终孔检查内容包括桩孔中心线位移偏差、桩径偏差等情况，各项偏差应在设计及标准允许范围内。

（2）检查分土方开挖、混凝土护壁二次进行，必须每段检查，发现偏差，随时纠正，保证位置准确。

7）成孔质量验收标准（表6.8）

挖孔桩施工允许偏差　　　　　　　　　　　　　　　　　　表 6.8

项目	规定值或允许偏差
垂直度	不大于5‰
净空大小	不小于设计要求
顺桩轴线方向位置(mm)	±50
垂直轴线方向位置(mm)	+30
桩孔位中心线位移允许偏差(mm)	≤20

8）钢筋笼制作安装

钢筋笼采取孔内人工现场绑扎，与预留主筋采用直螺纹连接。

9）钢筋笼制作允许偏差（表6.9）

钢筋笼制作允许偏差　　　　　　　　　　　　　　　　　　表 6.9

项次	项目	允许偏差(mm)	检验方法
1	主筋间距	±10	观察、尺量
2	箍筋间距	±20	
3	直径	±10	
4	长度	±30	

2. 边桩混凝土施工

1）混凝土灌注施工流程

混凝土灌注施工流程见图 6.12。在下导洞模板及支撑验收合格后方可灌注 C30 混凝土，采用泵送商品混凝土。混凝土采用泵送至上层边导洞，通过溜槽（或串筒）进行分层浇筑，厚度不超过 50cm，且上层混凝土需在下层混凝土初凝前完成，为了减少浇筑时混凝土对导洞内模板支撑的压力，在混凝土浇筑至下导洞顶标高处时需静置 15～20min，但需在初凝前完成上一层混凝土的浇筑。为使混凝土有较好的和易性，混凝土运送到施工现场的坍落度保证在 18～22cm，首批灌注的混凝土初凝时间不得早于灌注桩全部混凝土灌注完成时间，灌注应尽量缩短时间，连续作业。

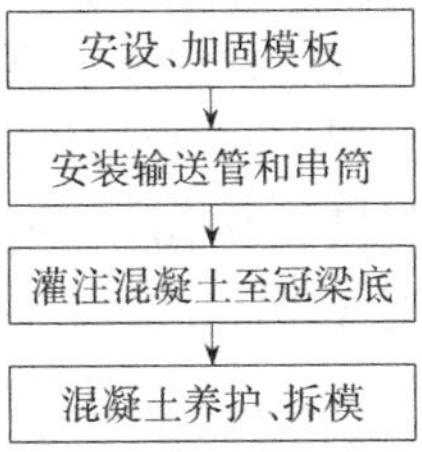

2）桩身混凝土浇筑注意事项

（1）桩体分两次浇筑成型外，其余桩体均一次浇筑至冠梁底。风道接口处桩体第一次浇筑至边导洞底以上 100mm，第二次同桩体与导洞间回填一次浇筑至冠梁底；

（2）灌注桩身混凝土，必须用串筒孔内进行浇筑，保持串筒下口离混凝土面 2m 以内，不准在井口抛铲或倒车卸料，以免混凝土离析，影响混凝土整体强度；

（3）采用输送泵将混凝土泵至桩边料斗内，后从料斗内徐徐进入串筒；

（4）混凝土边浇边插实，采用插入式振动器和人工插实相结合的方法，以保证混凝土的密实度；

（5）在灌注桩身混凝土时，相邻 10m 范围内的挖孔作业应停止，并不得在孔底留人；

```
┌──────────────────┐
│  安设、加固模板   │
└────────┬─────────┘
         ↓
┌──────────────────┐
│ 安装输送管和串筒  │
└────────┬─────────┘
         ↓
┌──────────────────┐
│ 灌注混凝土至冠梁底 │
└────────┬─────────┘
         ↓
┌──────────────────┐
│  混凝土养护、拆模  │
└──────────────────┘
```

图 6.12　混凝土灌注施工流程

（6）灌注桩身混凝土时，应留置试块，每根桩不得少于1组（3件），及时提出试验报告；

（7）为保证安全，减少混凝土浇筑过程中混凝土对下导洞模板支体系的压力，在混凝土浇筑至下导洞顶标高处时需静置15～20min。

3. 冠梁施工

区间风井冠梁按照断面形式不同分为三种形式。其中冠梁1为边导洞内南北向非风道接口区段冠梁，采用异形断面，临土侧高2.6m，背土侧高2.25m，冠梁宽2.45m；冠梁2为风井南端东西向冠梁，采用正方形断面，冠梁高2.5m、宽2.5m；冠梁3为风井风道接口处的异形冠梁。

1）冠梁钢筋工程

在冠梁钢筋绑扎前需对桩头进行凿毛处理，清除桩头浮浆、虚渣。冠梁的纵向主筋为Φ25（Φ22）HRB400钢筋，钢筋接头采用机械连接冠梁拐角处外侧钢筋连续布设，剩余内侧钢筋伸至对边，拐角处钢筋节点详见图6.13。钢筋施工其余要求同围护桩钢筋工程相关要求。

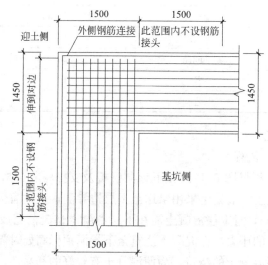

图6.13　冠梁L形拐角处配筋构造节点详图

2）冠梁3钢筋施工作业脚手架及冠梁模板满堂支架

本工程风井冠梁3离上层导洞底高差达3.6m，为保证钢筋作业安全需搭设钢筋施工作业脚手架，同时结合后续冠梁及上导洞内桩体与回填混凝土模板支架，综合设置，避免架体重复搭设及拆除。钢筋施工作业脚手架及冠梁模板满堂支架采用扣件式钢管脚手架，钢管采用φ48×4.5mm钢管，扣件及顶托等配套材料符合相关标准要求。满堂支架纵距0.9m、横距0.6m、步距0.6m，立杆底托下设100×100方木，架体高度4m，沿四周连续设置竖向剪刀撑，横向每隔6～8m设置一道竖向剪刀撑，底部设扫地杆。钢筋作业阶段先不搭设顶层中间部分横杆及邻近冠梁侧纵杆，将自上而下第二层作为钢筋施工作业层，钢筋施工前满铺脚手板。待冠梁钢筋绑扎完成后，再完善满堂脚手架顶部横杆、纵杆及剪刀撑，并将脚手板移至最顶层，作为冠梁混凝土浇筑施工时的作业层。

3）冠梁、上导洞内桩体及回填混凝土模板施工

（1）冠梁1及冠梁2模板及支撑：

冠梁 1 及冠梁 2 临土侧为初支结构不需设置模板及支撑，背土侧为临空面，模板采用 12mm 厚酚醛板，次龙骨采用 50mm×100mm 方木间距 300mm，主龙骨采用 100mm× 100mm 方木间距 600mm，顶层满铺 5cm 厚木板作为施工脚手板，同上层导洞内桩体混凝土及素填混凝土同时浇筑，其模板支撑体系采用酚醛板＋方木＋满堂支架，详见图 6.14 和图 6.15；

（2）模板安装必须正确控制轴线位置及截面尺寸，为保证模板接缝宽度符合标准要求，施工中应加强对模板使用及保护的管理；

（3）为防止浇筑混凝土时漏浆，在侧模内侧底端应加设海绵条，保证模板可常的承受支撑结构及施工的各项荷载；

（4）模板支撑必须平整牢固接缝严密不漏浆，保证混凝土浇筑质量；

（5）模板安装施工结束后报监理验收，经验收合格后方可进行下道工序施工；

（6）模板拆除应根据设计和标准规定的强度要求统一进行，未经技术部门同意，不得随意拆模。

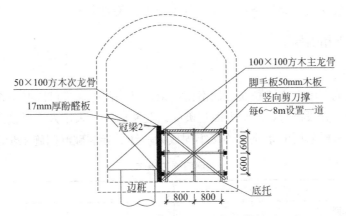

图 6.14　冠梁 1 模板及支撑构造横断面

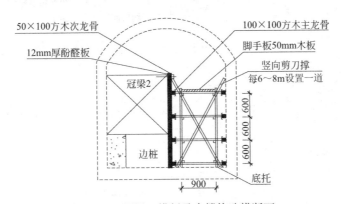

图 6.15　冠梁 2 模板及支撑构造横断面

4）冠梁、上导洞内桩体及回填混凝土施工

（1）模板安装完成经监理验收合格后方可进行冠梁混凝土施工，冠梁按总体部署分段施工，结构混凝土均采用商品混凝土，混凝土采用搅拌输送车由搅拌站运至工地，泵送入模。其配合比的设计除应符合工程设计所规定的强度等级（C30）、耐久性、体积稳定性等要求外，尚应满足大体积混凝土施工工艺特性要求，合理使用材料、降低混凝土绝热温升值的要求。

（2）主管混凝土的试验人员一定要明确每次浇捣混凝土的级配、方量，严格把好原材料质量关，水泥、碎石、砂及外掺剂等要达到国家标准的规定，及时与混凝土供应单位沟通信息。

（3）混凝土浇捣前，施工现场应先做好各项准备工作，机械设备、照明设备等应事先检查，保证完好，符合要求，模板内的垃圾和杂物要清理干净。

（4）混凝土搅拌车进场后，应严把混凝土质量关。检查坍落度、可泵性是否符合要求，应及时进行调整，必要时作退货处理。

（5）混凝土需分段分层浇筑，分段长度可根据现场作业面及混凝土供应情况确定，原则上分段长度不宜超过 40m，分层浇筑厚度 300～500mm，上层混凝土需在下层混凝土初凝前浇筑完成，冠梁挡墙部分应在冠梁部分浇筑完成 15～20min 后浇筑，但需在初凝前完成浇筑。

（6）混凝土浇筑要求参见条形基础混凝土施工相关要求。

6.2.5　风井初支扣拱施工

1. 马头门施工

马头门洞门范围施工通道联立三榀格栅钢架。马头门处通道破除必须按导洞施工工序安排分次、分步、分段进行，严禁大面积破除。马头门施工采用人工风镐破除施工，导洞格栅与横通道壁格栅采用 L 形钢筋连接牢固成为一体。导洞破洞门施工步序见表 6.10。

破洞门施工步序　　　　　　　　　　　　　　　　　　　　表 6.10

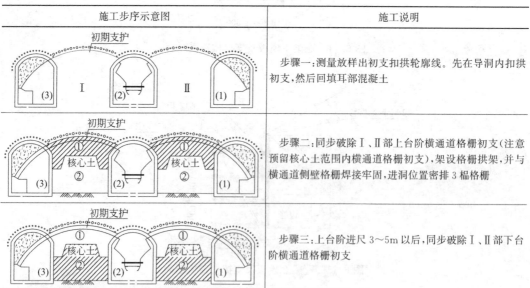

施工步序示意图	施工说明
初期支护	步骤一：测量放样出初支扣拱轮廓线。先在导洞内扣拱初支，然后回填耳部混凝土
初期支护	步骤二：同步破除Ⅰ、Ⅱ部上台阶横通道格栅初支（注意预留核心土范围内横通道格栅初支），架设格栅拱架，并与横通道侧壁格栅焊接牢固，进洞位置密排 3 榀格栅
初期支护	步骤三：上台阶进尺 3～5m 以后，同步破除Ⅰ、Ⅱ部下台阶横通道格栅初支

2. 初支扣拱开挖及支护

1）初支扣拱断面参数

风井分Ⅰ、Ⅱ部初支扣拱，设计参数一致，净宽 5.71m，净高 6.6m，初支扣拱格栅采用

350mm 厚 C25 喷混凝土＋钢格栅＋内外双层网片＋内外双层连接筋联合支护（图 6.16）。

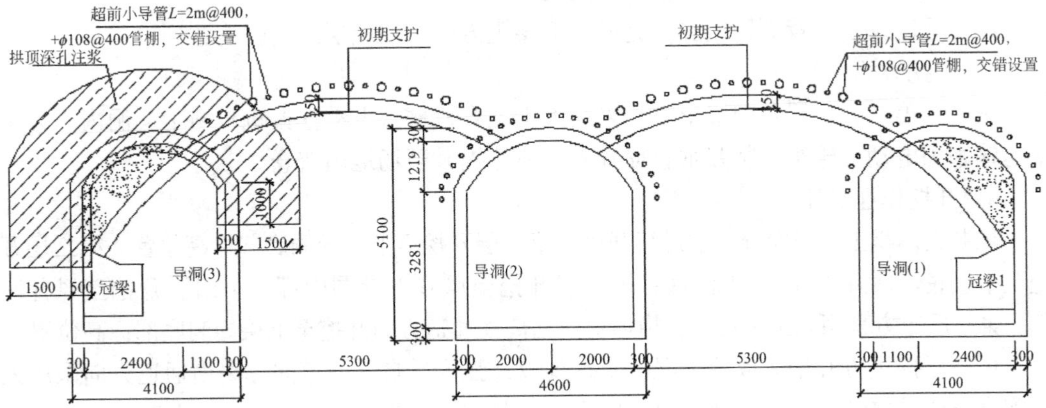

图 6.16　风井初支扣拱结构

2）初支扣拱开挖及支护

（1）区间风井Ⅰ、Ⅱ部开挖均采用预留核心土环形台阶法施工，分上、下两层台阶开挖。上下台阶掌子面距离控制在 3.0～5.0m 范围内，核心土长度为 2.0～4.0m。

（2）上台阶采用人工分段分节开挖，顺着拱外弧线用人工进行环状开挖并留核心土，施工时在确保注浆效果较好的条件下，先开挖拱部土体，后开挖两侧土体。开挖尺寸满足要求后，立即架立钢格栅，并用 C25 网喷混凝土。

（3）下台阶采用人工＋电动挖掘机开挖，初支内侧往里 500mm 范围内采用人工开挖，严禁机械开挖，防止机械对已施工完初支扰动，中部采用人工配合电动挖掘机开挖。

（4）施工中严格控制开挖进尺、逐榀开挖，避免冒进。保证开挖中线及标高符合设计要求，确保开挖断面圆顺，开挖轮廓线充分考虑施工误差、变形和超挖等因素的影响，严禁欠挖，控制超挖。风井Ⅰ、Ⅱ部初支扣拱开挖需保持同步，以减少或避免施工对上层中导洞产生偏压。

（5）其他开挖及支护要求同导洞开挖要求。

6.2.6　大体积土方开挖

在分段范围内围护桩、钢管桩、底纵梁、顶纵梁、横通道范围顶板与回填施作并达到设计强度要求后，分段分层开挖风井大体积土方及破除临时初支，导洞侧墙破除长度暂定 13m/组（二衬混凝土浇筑长度为 9m/组，两侧钢筋甩头需满足 $2.4 \times 26d$），及时进行桩间网喷，然后采用逆作法施工风井主体结构。风井大体积土方纵向分两段开挖，每 20m 一段（小于 3 个柱跨）；竖直方向分 4 层进行。同时破除临时初支，并进行桩间网喷，最后分段施作综合接地、封底格栅、风井底板及侧墙和端墙。桩间网喷采用潮喷工艺。洞内土方水平运输采用电动三轮车，竖井垂直提升采用抓斗运送至渣仓。开挖及破除初支过程中加强施工监测，以监测指导施工，做到信息化施工。

1. 开挖顺序

1）施工准备

土方开挖的施工准备包括以下几个方面：

（1）所有材料、设备、运输作业机械、水、电等必须进场到位；

（2）支撑体系施工完成，且强度达到设计值；

（3）导洞及初支背后回填施工完成，下层土方开挖前上层结构强度达到设计值。

2）开挖方式

第一、第二、三层及四层土方均采用人工配合机械（电动挖掘机）施工。洞内土方水平运输采用电动三轮车，竖井垂直提升采用抓斗提升至场地内渣仓。

3）开挖作业顺序

风井大体积土方竖向分 4 层进行开挖，第一层开挖至上层导洞底部标高位置；第二层开挖至中板底，预留 30cm 人工清底；第三层开挖至风井下导洞中部；第四层开挖至风井底部。第一层土方采用人工＋机械自横通道向远离横通道方向开挖至上层导洞底部标高位置。

风井扣拱土方开挖完成后（混凝土达到设计强度）自横通道向远离横通道方向采用人工配合机械（电动挖掘机）施工第二层土方，开挖至中板底，预留 30cm 人工清底，同时施作 100mm 厚桩间喷射混凝土，分段施工中板及负一层侧墙。中板及负一层上结构完成后并达到设计强度后，自横通道向远离横通道方向采用人工配合机械（电动挖掘机）开挖第三层及第四层土方，同时破除临时初支，并进行桩间网喷，最后分段施作综合接地、封底格栅、底板及负二层侧墙（表 6.11）。

土方开挖施工步序 表 6.11

施工步序示意图	施工说明
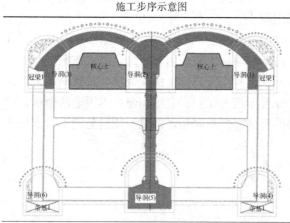	步骤一：第一层开挖至上层导洞底标高位置，土方采用人工＋机械自横通道向远离横通道方向分段（每段 20m 且不大于 3 柱跨）开挖，然后分段破除初支并施作二衬扣拱
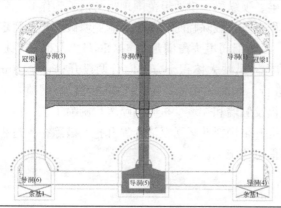	步骤二：二衬扣拱完成后自横通道向远离横通道方向采用人工配合机械（电动挖掘机）分段（每段 20m 且不大于 3 柱跨）开挖两侧土方至中板底部，同时施作 100mm 厚桩间喷射混凝土，分段施作中板及负一层侧墙

续表

施工步序示意图	施工说明
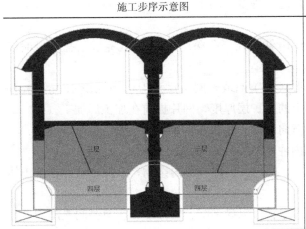	步骤三：中板及负一层结构完成，达到设计强度后，自横通道向远离横通道方向分段(每段 20m)采用人工配合机械(电动挖掘机)开挖三层土方，两侧放坡预留土体护脚(两侧顶部宽度不少于 2.5m)，然后以相同方式分别开挖四层土方，并分段施作综合接地、封底格栅、底板及负二层侧墙

4）开挖技术措施

（1）土方开挖过程中应特别强调对结构混凝土及钢管柱进行保护。在土方开挖过程中严禁碰撞钢管柱及结构混凝土。

（2）安排专职信号工进行指挥，严禁在挖土过程中碰撞已架设好的钢管柱。

（3）在土方开挖过程中，应加强地面的巡视和监控量测工作，及时发现安全隐患尽早处理，并通过监测反馈及时调整开挖程序。

（4）机械开挖的同时应辅以人工配合，开挖到底时，应根据土质情况预留 300mm 人工检底，禁止扰动基底原状土。

（5）在土方开挖过程中发现地质情况与设计不符时，及时报驻地监理、业主确认并做好记录，绘制施工工程地质素描图。当基底持力层与设计不符时，及时通知设计、监理协商解决。

（6）土方开挖完成后，应及时清底验槽；基坑验槽后，应及时施作封底格栅。

2. 桩间混凝土喷射

随大体积土方开挖，进行桩间喷混凝土，桩间挂 ϕ7.5@150×150 钢筋网片，搭接 150mm，钢筋网通过 ϕ12@1000mm 横向拉筋与桩体连接（横向拉筋采用植筋的方式与桩基连接），喷射混凝土强度等级为 C25，喷混凝土厚度为 100mm，采用潮喷工艺自下而上随挖随喷，每层高度不超过 2.0m。

1）工艺流程（图 6.17）

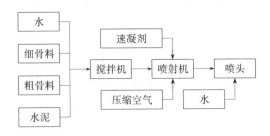

图 6.17　喷混凝土工艺流程

2）施工方法

（1）机械土方开挖完成后，人工清理灌注桩及桩间表层，对局部出现渗漏水的地方采用注浆堵水处理。

（2）然后在钻孔桩上打植筋眼，采用电钻打孔，孔深15cm；打孔完成后需要及时清孔洗孔。

（3）网片为Φ7.5mm钢筋采用焊接形式加工而成，网格尺寸为150mm×150mm。加工时在网片上加焊支架以保证喷射混凝土的保护层厚度，网片提前在加工厂加工。

（4）将网片贴土安设，完成后安装横向拉筋；每根桩间横向设置固定拉筋，长0.3m直钢筋植入桩内0.15m（植筋前先向孔内注满植筋胶），间距1m。

（5）喷射机械安设调整好后，先注水、通风，清除管道内杂物，清扫施喷面松散土体或杂物。

（6）喷射前先开速凝剂阀门后开风再送料，以易粘结、回弹小、表面湿润光泽为准。

（7）喷射机的工作风压严格控制在0.3～0.4MPa范围内。

（8）严格控制好喷嘴与受喷面的距离和角度。喷嘴与受喷面垂直，有钢筋时角度适当放偏30°左右，喷嘴与受喷面距离控制在1.0～2.2m范围内。喷射顺序自下而上，料束呈旋转轨迹运动，一圈压半圈，纵向按蛇形。用预埋检测桩法测设喷射混凝土厚度，不够设计厚度的重新加喷补足。

3）技术措施

（1）喷射混凝土大堆料要避免露天堆放淋雨及环境污染和倒运材料而引起的泥污染集料，引起堵管和强度降低等现象。

（2）喷浆料由1号竖井搅拌机搅拌完成后运至现场。

（3）施工中按配合比称料拌合，严格控制外加剂的掺量，确保喷射混凝土强度符合设计要求。严禁随意增加速凝剂掺量。

（4）喷射作业分段、分片、分层，由下而上依次进行。如有较大凹洼时，先填平。

（5）分层喷射时，后一层喷射在前一层混凝土终凝后进行；若终凝1h后再进行喷射时，应先用风水清洗喷层表面。

（6）有水地段混凝土喷射要求先从远离出水点处开始，逐渐向涌水点逼近，将散水集中，安设导管，将水引出，再向导管逼近喷射。

（7）喷射混凝土由专人喷水养护，以减少由于水化热引起的开裂，发现裂纹用红油漆作上标识，进行观察和监测，确定其是否继续发展并找出原因进行处理。对不再发展的裂纹，采取在其附近加设土钉或加喷一层混凝土的办法处理，以策安全。

（8）喷射混凝土面层厚度采用凿孔实测或预埋厚度标志测量，达到设计要求。

3. 基底验槽

1）基底土方开挖

机械开挖至设计标高以上300mm采用人工挖除。人工开挖禁止超挖破坏原状土，将基坑内杂物清理干净，开挖至设计标高后及时平整基坑，为基底承载力检测做好准备。

2）基底验收标准

（1）地基承载力

依据设计图纸及地质勘察报告，基坑底部位于卵石—圆砾层，采用钎探的试验方法检测。

（2）基底尺寸及高程

基底尺寸及高程的检验严格按照标准要求进行检验，发生超挖的区域按照设计规定处理。风井轴线位置、风井长度和宽度按照围护桩及边导洞进行开挖，不得在桩间或桩表面留有松动土块及杂物，具备铺设防水层的施作条件。基底标高按照（+10mm，-20mm）的要求进行验收，检验方式采用水准仪测量，每 5m 长为一个分段。

3）基底渗漏水处理及排水

虽然本工程地下水低于结构底板，但不排除有部分地层滞水以及水囊的存在。在开挖过程中可能会出现坑外渗漏水。

4）基坑渗漏水处理

（1）开挖施工中发现零星漏水点，且水量较小时，采用沙袋塞堵，及时挂网喷射混凝土，并预埋注浆管和排水管，小股流水利用排水管将水引至积水坑再排出基坑，然后对漏水点注双液浆直到止水为止；

（2）当开挖中发现大股涌水时，立即停止大面积开挖，先用草垫、方木、沙袋、加气砖、钢筋网等堵住大水，再通过预埋水管进行引排；同时在涌水口上方预埋 1～2 根 2.5m 注浆花管（花管应超出开挖面 30cm），再将涌水口填埋后注双液浆堵水，注浆压力不得超过 0.5MPa；边注浆边观察排水管流量，直至排水管中水止住或不能再注进浆液为止，注浆完成 12h 后开挖漏水处查看堵水效果。如果仍有小股漏水，再对漏水处采用"金汤水不漏"堵水。

4. 封底格栅施工

（1）封底格栅土方采用机械+人工配合开挖，严禁机械扰动基底。

（2）网片绑扎：

由于封底初支厚度为 300mm 采用迎土侧单层网片，土方开挖完成，首先在迎土侧满铺 ϕ7.5@150×150mm 钢筋网片，搭接长度不小于 150mm，然后固定格栅钢架。

（3）格栅安装：

钢架在安装过程中，如出现节点不密贴、螺栓上不齐、拧不紧等情况，应采取以下措施：节点板不密贴时，如因格栅加工偏差或吊装过程中扭曲变形，立即对其进行更换；螺栓上不齐时，分析原因、制定对策，必要时将钢架连接板围焊牢靠。钢架与土层之间尽量接近，留 40mm 间隙作为保护层。在安装过程中，当钢拱架和土层之间间隙采用喷混凝土填实。

（4）喷射混凝土：

U 形支护边洞钢格栅及中洞仰拱需进行喷射混凝土。喷混凝土作业需完成上述各项工作自检合格并经监理工程师验收通过后进行。喷射时由拱脚自下而上进行，保证混凝土喷射密实，厚度符合设计要求。

6.3　PBA 二衬施工工艺

本章介绍二衬结构的施工步骤。主体结构钢管柱、顶纵梁会同围护结构边桩、冠梁，联合车站上方大管棚形成风井结构的支撑体系。风井顶板、中板、侧墙及底板均在此支撑体系的支护下，按照盖挖逆作法施工步序组织施工。受篇幅所限，本章重点介绍关键结构构件：钢管柱、顶纵梁、顶板（主体扣拱）的施工过程以供参考。

6.3.1 钢管柱施工

1. 钢管柱设计概况

风井主体采用超浅埋棚盖法施工，钢管柱为车站一柱两跨圆顶直墙结构的主要承重结构之一，上下分别与顶、底梁连接，其施工质量直接关系车站施工和主体结构的安全与稳定，因此施工过程中，必须严格控制钢管柱加工、安装、混凝土浇筑等各工序施工质量。风井共设计 4 根 φ900mm 钢管柱，每根长度 9.750m/9.907m/10.065m/10.200m，重 7.5t，分三节采用法兰＋高强度螺栓连接，最大分节长度 4.78m。在中洞内施作，作业空间非常狭窄，其中上层导洞 2 最小净空为 4000mm（宽）×5000mm（高），下层中导洞净空尺寸为 4000mm（宽）×4800mm（高）。

1）钢材种类

钢管柱钢管、法兰盘、抗剪钢板及加强环：Q235B·Z；栓钉性能等级 4.6 级。

2）螺栓

普通 8.8A 级（承压型），采用符合《碳素结构钢》GB/T 700—2006 规定 Q235 钢制成。

3）钢材及焊条

钢筋 HPB300（A）和 HRB400（C），焊条 E43 型。

4）混凝土

钢管柱内填充 C50 高性能微膨胀混凝土。

2. 钢管柱施工工艺流程

风井主体洞内钢管柱施工工艺流程详见图 6.18。

3. 柱内钢筋笼绑扎

钢管柱柱内钢筋笼均布 10 根φ28 通长主筋，在上下两端增加 10 根φ28 主筋，螺旋箍筋采用φ10 光圆钢筋、间距 150mm，加劲筋采用φ20 螺纹钢筋、间距 1500mm。钢筋笼主筋采用直螺纹连接。柱内钢筋笼施工前需对钢管柱范围内的底梁混凝土进行凿毛，并将虚渣清理干净。

风井钢管柱内筋 690mm，满足人工操作要求，采用人工洞内绑扎需错开上导洞底部以下部分主筋连接接头，保证相邻接头钢筋不在同一连接区段内。

4. 钢管柱制作及验收

为保证钢管柱制作精度和质量，钢管柱全部在专业加工厂制作，加工时严格按照设计图纸及有关规范要求进行。所有焊接均应做探伤检测，达到一级焊接质量要求，加工尺寸经检查验收合格要求后，方可运至施工现场（表 6.12）。

图 6.18 钢管柱施工工艺流程

钢管柱加工偏差允许值　　　　　　　　　　　　　　　表 6.12

偏差名称	示意图	偏差允许值
纵向弯曲		$f \leqslant L/1500$ $f \leqslant 5mm$
椭圆度		$f/d \leqslant 1/500$
管端不平整		$f/d \leqslant 5/1000$ $f \leqslant 3mm$

5. 钢管柱吊装

钢管柱从地面通过 2 号竖井电动葫芦吊至车站施工横通道，再用平板运输车，运送至上导洞安装作业面，然后通过专用简易门式架进行钢管柱就位及安装。

1) 简易门式架结构形式

钢管柱采用简易门式架吊装，横梁采用 I22 工字钢，工字钢上方套钢板吊环（2cm 厚钢板，宽度不小于 5cm）与其焊接牢靠，作为手动葫芦的起吊钩，四根支撑柱采用 $\phi108$、$t=5mm$ 无缝钢管与 20mm 钢板焊接，与 I22 工字钢横梁螺栓连接，架体横向离架体底部 3.5m 处设 1 根拉杆，拉杆采用 8cm 宽 10cm 厚钢板，两侧分别距架体底部 $H/3$ 及 $2H/3$ 处各设 1 根纵向拉杆，纵横向拉杆均采用 40mm×20mm，$t=2mm$ 矩管。门式架上设置 2 个 5t 手动葫芦，分节起吊安装钢管柱及柱内钢筋笼，钢管柱总重 7.5t。另外备用 1 个 2t 的手动葫芦，最后一节串笼时起吊钢筋笼用。简易门式架如图 6.19 所示。

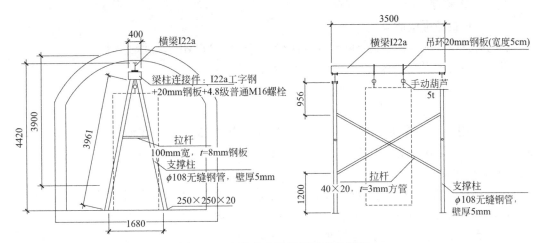

图 6.19　钢管柱安装简易门式架简图

2) 简易门式架力学验算

(1) 横梁受力验算

Ⅰ. 横梁抗弯能力验算

横梁采用 I22 工字钢，最大跨度 4.5m，最大起吊总量为 7.5t。按最不利集中荷载计算工字钢抗弯能力。Q235 钢的 $[\sigma]=215\text{MPa}$，$E=210\text{GPa}$，$M_{\max}=PL/4=6500\times9.8\times4.5/4=55738.5\text{N}\cdot\text{m}$。横梁组合截面的 $W_x=309\text{cm}^3$，$I_x=3400\text{cm}^4$，$\sigma_{\max}=M_{\max}/W_x=55737500/309000=180.38\text{MPa}<[\sigma]$，抗弯能力满足要求。

Ⅱ．横梁抗剪能力验算

$[\tau]=125\text{MPa}$，$\tau_{\max}=QS_x/I_xd=6500\times9.8/189/8.5=44.938\text{MPa}<[\tau]$，抗剪能力满足要求。

Ⅲ．横梁刚度验算

$f_{\max}=QL3/48EI=6500\times9.8\times4.53/(48\times3.1\times3400)=7.969\text{mm}$，$[f]=L/400=8.75\text{mm}$，$f_{\max}<[f]$，横梁刚度满足要求。

（2）支撑柱受力验算

Ⅰ．支撑柱长细比验算

$$\lambda=l_0/i=2500/40=63.5\leqslant[\lambda]=210$$

Ⅱ．支撑柱稳定性验算

$\lambda=l_0/i=2500/40=63.5$，查表得 $\varphi=0.808$，支撑柱轴力 $N=F\cos\theta/4$，$\sigma=N/\varphi A<F/4\varphi A=6500\times9.8/4/0.808/1618=6.8\text{MPa}\leqslant[\sigma]=205\text{MPa}$，满足要求。

Ⅲ．支撑柱抗弯能力验算

$M_{\max}=PL2/4=6500\times9.8\times0.60/4=9555\text{N}\cdot\text{m}$

$\sigma_{\max}=M_{\max}/W_x=9555000/79652=119.959\text{MPa}<[\sigma]=205\text{MPa}$，满足要求。

（3）拉杆受力验算

拉杆仅受轴向拉压应力，仅需对其进行轴力验算。拉杆轴力 $N=F(H_1+H_2)\sin\theta/4H_1=6500\times9.8\times3.9\times0.25/4/2.7=9133\text{N}$，$\sigma=N/A=9144/424=22.566\text{MPa}\leqslant[\sigma]=205\text{MPa}$，满足要求。

（4）吊环验算

Ⅰ．吊环抗拉强度验算

$\sigma=N/A=6500\times9.8/4/490=33.5\text{MPa}\leqslant[\sigma]=205\text{MPa}$，满足要求。

Ⅱ．吊环抗剪强度验算

$[\tau]=Q/A_s=6500\times9.8/2/490=65\text{MPa}$，满足要求。

（5）螺栓抗剪强度验算

螺栓采用 4.8 级普通 M16 螺栓，螺栓受到的剪力和等于拉杆轴力，单个螺栓剪力 $Q=9133/4=2283\text{N}$，$[\tau]=Q/A_s=2283/142=16\text{MPa}\leqslant[\sigma]=200\text{MPa}$，满足要求。

3）定位量测

用全站仪，将地面导线基点从竖井引入通道进入导洞，为了保证垂直度，钢管柱的柱脚板中心与柱顶中心统一采用下层导洞的导线网，消除上下导洞导线的闭合误差。

（1）利用下导洞内的导线点复测底梁预埋钢环的中心点，并将该中心点作为控制钢管柱上口中心的控制点；

（2）利用十字法确定柱脚板的中心，并画出钢管柱底部法兰盘的外轮廓线；

（3）紧靠钢管柱外轮廓线，靠圆弧每 90°焊接钢管柱的限位挡板，挡板采用 ∟75×75×6 角钢，长 30cm，以便引导钢管柱准确就位；

（4）最后采用铅坠调整钢管柱垂直度，水准仪控制钢管柱柱顶标高。

4）钢管柱吊装

在上层导洞底板以下钢筋笼安装完成以后，开始钢管柱的吊装（图6.20）。钢管柱采用简易门式架分节按照设计顺序自下而上依次吊装，先吊装最下一节，然后中间节，最后与末节钢筋笼串笼吊装最顶节。用手动葫芦起吊第一节钢管柱，钢管柱采用两个专用螺栓吊钩（10t），吊钩通过法兰盘孔后螺栓衔接，沿挖孔桩徐徐下放，分节的顶部法兰靠近孔口位置时，采用专用夹具（由4根I25工字钢及连接件组成）固定好，然后起吊第二节钢管柱，与第一节钢管柱对接并用法兰对接（法兰盘之间通过18个M24高强度螺栓

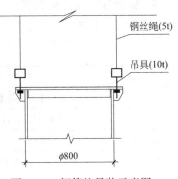

图6.20 钢管柱吊装示意图

连接）吊起钢管柱，松开夹具下放钢管柱，重复上道工序，直至钢管柱吊装拴接完毕（图6.21）。吊装时应防止钢管柱变形，吊装最后一节钢管时，应串入最后一节钢筋笼，先进行钢筋笼的连接，后进行钢管柱法兰的连接。

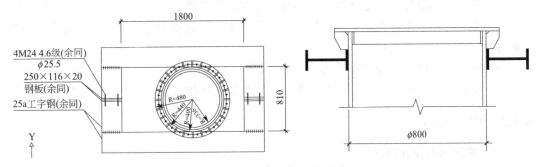

图6.21 工字钢夹具平面图

6. 钢管柱固定

钢管柱全部拴接完毕徐徐下放，在距离底梁300mm时，调整钢管柱位置，让其底部法兰周边密贴限位角钢，然后缓缓下放，同步采用2kg铅锤调整钢管垂直度，让钢管柱螺栓孔与预留螺栓一一对应，直至钢管柱法兰与预留法兰密贴，最后利用经纬仪及吊坠检查钢管柱垂直度，确认无误后拧紧柱脚螺栓。为保证钢管柱的稳定，垂直度调整好后在上导洞洞口处先采用木楔子初步稳定钢管柱，然后在孔桩上下部50cm范围内孔桩护壁与钢管柱间间隙灌注C25混凝土，中间部分填充砂，防止浇筑混凝土及顶纵梁施工时钢管柱柱顶偏移。

7. 钢管柱柱内混凝土灌注

钢管柱内混凝土采用微膨胀商品混凝土，混凝土强度等级C50，坍落度宜控制在180～200mm。由地面混凝土泵泵送至工作面施工。在混凝土浇筑前，应对钢管柱的垂直度进行复核。

灌注钢管柱混凝土采用泵送连续灌注，采用串筒分节接到钢管柱柱脚板以上1～2m处，防止混凝土自由下落产生离析现象，每灌注一节高度，拆除一节串筒。灌注中为保证

管内混凝土的捣固质量，采用长振捣器振捣密实。柱内混凝土浇筑高度应高出管顶法兰50mm，浇筑顶纵梁时，凿除多余的混凝土。

8. 钢管柱安装质量检查

钢管柱施工精度要求见表6.13，并按此表进行质量检查。

钢管柱施工精度要求 表 6.13

序号	检查项目	允许偏差
1	立柱中心线与基础中心线	±5mm
2	立柱顶面标高与设计顶面标高	0，－20mm
3	立柱顶面不平度	±5mm
4	各立柱的不垂直度	长度的1/1000，最大不大于15mm
5	各立柱之间的距离	间距的1/1000
6	各立柱上下两平面相应对角差	长度的1/1000，最大不大于20mm

9. 钢管柱安装安全注意事项

（1）钢管柱自重大，运输及吊装过程中，需严格遵守吊装操作规程。

（2）钢管柱堆放整齐，堆放高度不得超过2层，避免滑落。

（3）钢管柱吊装时应选用合适的钢丝绳，绑扎牢靠，防止脱落伤人；加强检查，当断丝超过规定要求时及时更换。

（4）现场吊装时，由专职指挥人员统一指挥。

（5）安装吊装架时，应进行简单找平，清除仰拱底部虚渣。

6.3.2 顶纵梁施工

1. 风井顶纵梁设计概况

风井导洞2内均设置了一条顶纵梁。顶纵梁宽为2.5m，高4.16m，背水面最外侧钢筋保护层35mm，迎水面最外侧钢筋保护层45mm，梁顶部设16根纵向通长＋4根支座加密 ϕ32mm的HRB400级主筋，梁左、右侧壁纵向主筋各设置4根 ϕ25mm；梁底部设置两层通长15＋10根 ϕ32mm的HRB400级主筋，2-2断面为标准断面，1-1段面为梁加密区顶部设置4根 ϕ2mm；顶纵梁箍筋为复合箍采用 ϕ14mm的HRB400级钢筋，拉结筋为复合箍采用 ϕ10mm的HRB400级钢筋。

2. 顶纵梁施工工艺流程

风井顶纵梁位于导洞2内，作业空间有限。顶纵梁自横通道远端向横通道组织施工，导洞2需先施作防水，后施工结构，浇筑时分段长度过长不易浇筑密实，顶纵梁分段暂定1跨，后期根据浇筑情况调整，同时与顶板分段相对应。导洞2内顶纵梁施工工序见图6.22。

3. 顶纵梁钢筋施工控制要点

（1）将顶纵梁脚手架支撑体系安装完成（梳型木及梁侧模待钢筋施工完后安装），梁体两侧架体部分满铺50mm脚手板，作为钢筋及防水施工的作业平台，端头

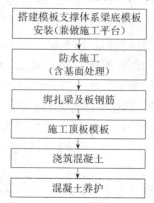

搭建模板支撑体系梁底模板安装（兼做施工平台）

↓

防水施工（含基面处理）

↓

绑扎梁及板钢筋

↓

施工顶板模板

↓

浇筑混凝土

↓

混凝土养护

图 6.22　导洞2顶纵梁施工工序

设置防护栏杆及人员上下爬梯。防护栏杆高度不少于 2.2m，固定牢靠；上下爬梯安全、可靠。

（2）顶纵梁架体验收合格后，测量放样放出顶梁中心控制线及控制标高，然后施作顶纵梁底模及钢筋（导洞 2 内先施工顶板防水）。

（3）主筋撑架安装：

由于顶纵梁跨度大、骨架净空高，钢筋自重较大，钢筋安装及混凝土浇筑时荷载较大。为给顶纵梁钢筋绑扎提供支撑点，防止钢筋绑扎及浇筑过程中发生钢筋塌陷事故，特设立主筋撑架。保证撑架刚度及抗倾覆稳定性，支撑架采用 $\phi42$、$t=3$mm 钢管，撑架结构见图 6.23。撑架设 3 道横杆，最上面两道横杆位于顶板范围内，且根据顶纵梁钢筋保护层厚度设置高度，采用顶托及方木与导洞两侧侧壁顶紧，最下层横杆与梁同宽，离梁底约 200mm；支撑架立杆纵向间距不大于 2m，在梁的横截面内设 3 排立杆，两侧立杆距梁侧立面 100mm，中立杆位于梁中，立杆底部落在底模上。支撑架架体与钢管柱主筋或壁柱主筋焊接牢固防止顶纵梁钢筋纵向倒塌。支撑架横杆、立杆及纵杆交叉处均采用直角扣件或旋转扣件连接。纵杆接长采用一字扣件连接或采用直角扣件搭接，若采用搭接，搭接长度不少于 1m，搭接区域内扣件连接数不少于 2 个。

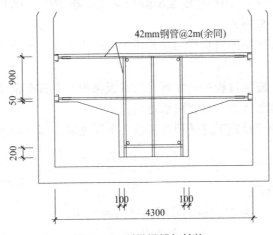

图 6.23　顶纵梁撑架结构

（4）架立筋（部分主筋）安装：

由于车站顶纵梁主筋均为通长筋，先安装上层 5 根通长主筋将支撑架立筋连接成整体，顶纵梁为复合箍筋角部处纵向主筋兼做钢筋安装时的架立筋，箍筋底部垫设 C50 混凝土垫块以作支撑，其接头形式、接头位置及安装要求同受力主筋相关要求，并与撑架绑扎牢靠。

（5）主筋安装：

最后按设计位置准确安装剩余主筋，主筋采用机械连接，相邻接头错开距离不小于 35d，严格按照技术交底设置主筋接头位置（受拉钢筋接头位置离支座 1/3 跨区域内，受压钢筋接头设置在跨中 1/3 区域内）。

（6）钢筋安装检验及验收：

验收前作业班组应先自检合格，报现场值班质检员复验合格后，通知监理工程师进行隐检验收，验收合格后方可进行下步工序施工。

4. 顶纵梁混凝土施工

顶纵梁混凝土采用 C40P10 抗渗商品混凝土，导洞 2 拱顶为圆顶结构，钢筋绑扎及模板施工时需要留置灌注口兼做观察窗，每段中间灌注口纵向间距 3~4m，两端距离分段施工缝 2m 处各设置 1 个灌注口。混凝土浇筑采用整体浇筑，浇筑时先从中间灌注口灌注，最后若浇筑不饱满利用端头灌注口进行补偿灌注。浇筑过程中根据敲击侧模初步判断混凝土灌注位置和厚度，在接近设计浇筑数量时，观察人员加强与泵操作人员的沟通联系，减缓泵送速度，通过对管口连接处泵送情况和混凝土流动声音判断混凝土灌注情况，达到设计数量时，管口位置有明显声音变化后，立即停止泵送。混凝土浇筑完成后采用 5cm×10cm 木条进行封闭投料口。

5. 顶纵梁防水施工

导洞 2 内顶板防水施工注意事项：

（1）导洞 2 内顶板钢筋施工以前，需复测管幕标高，对侵限部分进行处理（按照管幕侵限处理专项方案实施），然后用水泥砂浆或喷混凝土找平，接着施作顶板防水板缓冲层（无纺布）及防水板，注意为两侧顶板预留防水接头，防水板沿车站纵向铺设，两侧甩出顶板以下 400mm，临土侧采用白铁皮及酚醛板＋无纺布防护、背土侧采用无纺布及泡沫板与导洞内将要浇筑顶板隔离。

（2）顶梁钢筋支撑架不能直接作用在预留的防水板上，应采取方木垫，防止对预留防水板造成破坏。

（3）钢筋及混凝土施工过程中，注意对防水板保护，尤其在钢筋焊接过程中对防水板采取遮挡保护措施，避免烧伤或点燃防水材料。

顶纵梁防水基面处理及施工缝处理等其他要求详见通用部分防水施工相关要求。

6.3.3 顶板施工

1. 风井顶板设计概况

风井顶板标准断面宽为 19.8m，采用一柱两跨结构，边跨 9m，板厚 0.8m，背水面最外侧钢筋保护层 35mm，迎水面最外侧钢筋保护层 45mm。顶板标准断面上层主筋 Φ28mm@150mm。下层主筋 Φ28mm@150mm，与冠梁连接处设置加密主筋 Φ25mm@150mm。上下层分布筋 Φ22mm@150mm，与冠梁连接处范围设置 Φ10@150×150mm 梅花形布置拉钩。顶板其余设置 Φ10@300×300mm 梅花形布置拉钩。

2. 风井顶板施工步序

顶纵梁混凝土达到设计强度后，开挖扣拱土方，土方开挖至顶板下 2m 位置（预留 300mm 人工清底，避免扰动基底），分段破除上层导洞初支（注意对预留防水板的保护），浇筑 15cm 厚 C15 混凝土垫层、搭建顶板模板支撑体系、分段施工顶板。顶板施工按照先横通道，后施工非横通道部分组织施工，自横通道远端向横通道方向分段施工，需先施作防水后施工结构，浇筑时分段长度过长不易浇筑密实，顶板分段长度按照一跨考虑，后期根据浇筑情况进行调整。

顶板施工前复测，搭设模板支架兼做钢筋及防水施工脚手架，对侵限部分按照专项处理方案处置，并做防水基面处理，然后顶板按照防水→绑扎钢筋（侧墙预埋筋）→铺设模板→浇筑混凝土→混凝土养护工序组织施工（图6.24）。

3. 顶板模板支架体系

风井顶板为圆顶结构，分两跨施工，宽度均为9m，顶板厚0.8m。为保证顶板平整度及光泽度，顶板采用钢模板＋扣件式钢管支撑模架体系。

4. 顶板防水施工

顶板防水采用无纺布＋ECB防水板，过程中需做好与顶纵梁部分预留接头的连接，保证连接质量，其他相关要求，详见主体结构施工通用部分防水施工相关要求。

5. 顶板钢筋施工

1）顶板钢筋施工作业平台

图6.24　顶板施工步序

利用顶板模板支架作为顶板钢筋施工作业平台，在作业层满铺50mm厚的脚手板，端头设置防护栏杆及人员上下爬梯，其施工要求满足相关标准要求，作业平台严禁超载。

2）顶板钢筋安装步骤及控制要点

（1）根据风井顶板工程特点，为便于后期侧墙施工，顶板施工时需将侧墙倒角下30cm浇筑完成，因此需给侧墙预留钢筋接头，采用直螺纹连接。

（2）顶板钢筋施工时需布置钢筋支撑架，钢筋作业平台搭建完成需将侧墙施工缝位置模板铺设完成，便于顶板支撑放置。侧墙底模及端头堵头模板采用50mm木板，并加工成锯齿状，锯齿间距同侧墙钢筋间距，方便侧墙主筋安装。

（3）钢筋安装步序：

按照先侧墙后顶板，先外侧后内侧的原则进行。安装顺序依次为：侧墙外侧保护层垫块及定位筋→按设计安装侧墙剩余外侧主筋及分布筋→安装侧墙马凳筋及内侧定位筋（同外侧)→安装侧墙剩余内侧主筋及分布筋→安装侧墙拉结筋→安装顶板外侧定位筋→按设计安装顶板剩余外侧主筋及分布筋→安装顶板马凳筋及内侧定位筋（同外侧)→安装顶板剩余内侧主筋及分布筋→安装顶板拉结筋→安装钢筋保护层垫块。

（4）定位筋安装：

侧跨顶板及侧墙跨度较大，利用其自身主筋及分布筋作为定位筋，纵向分布筋不少于3道、间距不大于2.5m，环向主筋间距不大于2.5m；中跨跨度小可不设置定位筋。定位钢筋交接点采取全绑或全部点焊，保证骨架牢靠。

（5）马凳筋安装：

马凳筋是控制钢筋层间距及混凝土保护层的重要措施，马凳筋采用不小于ϕ22钢筋加工成U形或几字形构件，其高度应与墙体及顶板厚度相协调，间距为3m×3m梅花形布设。马凳筋需与内外侧钢筋绑扎或焊接牢靠。

（6）主筋安装：

按设计位置安装主筋及分布筋，边跨主筋与顶纵梁预留钢筋采用机械连接，由于接头在同一断面采用一级接头连接；中跨主筋两侧采用一级接头与顶纵梁预留钢筋连接，中间钢筋连接采用焊接或冷挤压方式连接相邻接头错开距离不小于35d，接头连接质量符合通用部分钢筋工程施工相关要求。

6.3.4 顶板混凝土施工

风井为圆顶结构，分两跨进行施工。每跨钢筋绑扎及模板施工时需要留置灌注口兼做观察窗，每段中间灌注口纵向间距 3～4m，两端距离分段施工缝 2m 处各设置 1 个灌注口。混凝土采用整体浇筑，先从中间灌注口灌注，最后若浇筑不饱满利用两端灌注口进行补偿灌注。浇筑过程中根据敲击侧模初步判断混凝土灌注位置和厚度，在接近设计浇筑数量时，观察人员加强与泵操作人员的沟通联系，减缓泵送速度，通过对管口连接处泵送情况和混凝土流动声音判断混凝土灌注情况，达到设计数量时，管口位置有明显声音变化后，立即停止泵送。混凝土浇筑完成后采用 5cm×10cm 木条进行封闭投料口。

风井顶板分两部分浇筑，混凝土浇筑时施工人员无法在内部施工，采用自密实混凝土，钢筋施工时应提前预埋混凝土泵管，泵管距离顶板顶部 10cm 位置。顶板按照分段浇筑施工，宽度 9+9m。参照《自密实混凝土应用技术规程》JGJ/T 283—2012 自密实混凝土水平最大流动距离不应超过 7m。现场每段布置 2 根浇筑管，每根浇筑管位于浇筑部位中部并分别距离两端施工缝端头 3m 位置。混凝土浇筑时按照整体分层浇筑。管幕防水底部安装信号报警器开关，将信号报警器安装至模板外。混凝土达到管幕底部时信号器报警，停止浇筑混凝土。信号器安装由顶梁纵向施工缝向内 0.1m，沿纵向施工缝间隔 2m，每段混凝土结构 4 个边角各设置一个。

为防止混凝土收缩及浇筑不密实引起的背后空隙，顶板施工提前预埋注浆管进行二衬背后回填注浆，注浆管采用 DN32，t=2.75mm，环向间距 3m，纵向间距 5m，注浆管长为板厚+0.05m，结构外漏 10cm。二衬背后回填注浆采用水泥浆或水泥砂浆，注浆压力控制在 0.1～0.3MPa。注浆压力达到后或施工缝开始出现溢浆等情况方可停止注浆。顶板混凝土严禁分层浇筑，其他相关要求详见通用部分混凝土浇筑要求。

6.4 市政管线变形风险控制措施

6.4.1 针对下穿热力、电力、污水管线等风险源处理措施

（1）施工前对管线进行详细排查，探明管线的不准确埋深、材质、接头位置及形式、渗漏情况、年代等基本情况。

（2）导洞上台阶采取深孔注浆超前加固，加固范围为开挖轮廓线外 2m 以内的土体。深孔注浆采用密排孔、低压注浆方式，孔位间距控制在 0.5m 以内，注浆压力控制在 0.3MPa 以下。注浆过程中加强地表、管线巡视（巡视频率不少于 1h/次）及管线沉降监测。

（3）侧穿管线前对管线下方的空洞、水囊及有害气体进行超前探测，采取洛阳铲，在导洞拱部拱顶及起拱线位置处成"品"字形挖 3 个探孔，每次超前探 5m，挖 4m，至少保证 1m 的超前探测量。若发现渗漏或管线下方有空洞，应采取引流、注浆等有效措施，确保施工安全及管线的正常使用。

（4）施工过程中，严格按照设计要求进行监控量测，通过监测结果及时调整施工参数，确保管线安全。

（5）针对热力、电力、污水管线，制定专项应急预案，防止因管线渗漏对工程及周边环境造成重大影响。

6.4.2　其他通用措施

（1）根据地勘资料风井主体结构施工范围内局部仅存在一层滞水层，含水量少，施工时若遇到，采取注浆堵水或引排水措施，确保无水施工。

（2）加强地层情况描述记录，并根据地质勘查报告及掌子面地质揭露情况，分析前方地质状况，进行地质预报。

（3）采用洛阳铲钻孔超前探测，探孔深度 3m，开挖间隔 2m 探测一次。

（4）施工前对上方管线详细进行现场调查，查明管线位置及敷设状况。

（5）开挖过程中遇到管线渗漏情况，及时封闭开挖面，防止渗水淘空管线下方土体造成管线沉降破坏。

（6）严格按照设计要求施作马头门处加强环梁，确保横通道进洞安全。

（7）马头门破除后均对拱顶进行回填注浆加固，必要时采取补偿注浆。

（8）各导洞开挖施工严格保持施工步距，上下层开挖步距不小于 10m，同层相邻导洞间距不小于 10m。

（9）开挖过程，严格做好超前注浆措施，提前加固前方地层。

（10）及时施作初支背后回填注浆，如监测变形过大，掌子面自稳能力差，应封闭掌子面，进行注浆加固，按设计要求埋设补偿注浆孔，当地面或拱部沉降超预警值时，通过补偿注浆孔进行补偿注浆。

（11）加强过程监测，加大沉降及收敛观测频率，及时掌握风险源的变化趋势，以便动态管理采取对应措施。

6.5　超前小导管加固地层施工工艺

超前小导管加固措施作为暗挖施工过程中常用辅助措施，是保证初支施工过程中，控制上方土层变形的一项重要措施。依托本区间工程，对此工艺进行重点介绍，以供类似工程参考。

6.5.1　设计参数

超前小导管采用 $\phi43.4$（$\phi34.7$）$\times 2.75$mm 焊接钢管，拱部范围布置，$L=2$m，环向间距 300mm。每榀格栅钢架打设一环，具体如图 6.25 所示。

注浆材料采用单液水泥浆、水泥-水玻璃双液浆或化学浆液（实施前应进行试验，并根据试验结果调整配合比）。注浆压力 0.3MPa，注浆扩散半径 250mm，注浆速度 $\leqslant$ 30L/min。

6.5.2　工艺流程

超前小导管施工工艺流程见图 6.26。

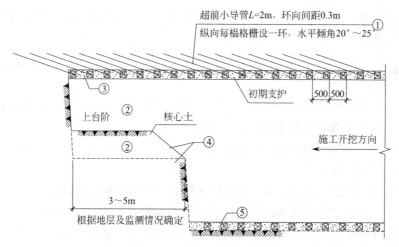

图 6.25 超前小导管纵剖面

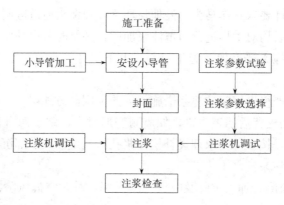

图 6.26 超前小导管施工工艺流程

6.5.3 施工方法

1. 小导管制作

小导管采用 $\phi 43.4$（$\phi 34.7$）×2.75mm 焊接钢管，长度为 2m，在钢管的一端做成长 150mm 的圆锥状，在距另一端 100mm 处焊接 $\phi 7.5$mm 的钢筋箍。距钢筋箍的一端 1000mm 不开孔，剩余部分沿管壁每隔 200mm 梅花形布设溢浆孔，孔位互成 90°，孔径 $\phi 6$mm～$\phi 8$mm。小导管加工如图 6.27 所示。

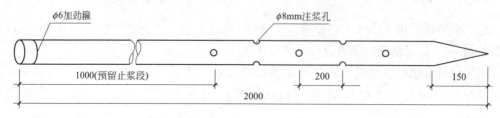

图 6.27 超前小导管加工示意

2. 小导管安装

小导管的安设应采用引孔顶入法。其安设步骤为：

（1）用 YT-28 风钻引孔，孔径 50mm，孔深视导管长度而定。

（2）钻孔完成后插入导管，外露 100mm 支撑于格栅钢架上，并与格栅点焊，与钢架共同组成预支护体系。如插入困难，可用带冲击锤的风钻顶入。

（3）用吹风管将管内泥土吹出或用掏钩将泥土掏出。

（4）导管周围缝隙用塑胶泥封堵，并用棉纱将孔口堵塞。

钻孔孔位偏差不得超过 10cm，外插角 20°～25°，可根据实际情况调整，孔深不得少于超前小导管长的 95%。

3. 注浆量

小导管注浆量计算公式：
$$Q = \pi R^2 L n \alpha \beta$$

式中　R——浆液扩散半径，可按 0.25m 考虑；

　　　L——小导管长度（按小导管长度减去 1m 计算）；

　　　n——岩体孔隙率；

　　　α——地层填充系数，取 0.8；

　　　β——浆液消耗系数，取 2.1。

4. 小导管注浆注意事项

（1）为防止注浆过程中工作面漏浆，小导管安设后必须对工作面进行喷射混凝土封闭。

（2）注浆开始前，应根据注浆方式正确连接管路，双液注浆管布置为两条独立管路。

（3）注浆开始前，应进行压水或压稀浆试验，检验管路的密封性和地层的吸浆情况，压水试验的压力不小于设计终压，时间不得小于 5min。

（4）注浆时要经常观测注浆压力和流量的变化，发现异常情况及时处理。

（5）注浆过程中要经常观察工作面及管口情况，发现漏浆和串浆要及时封堵。

（6）注浆时每隔 5min 或变更浆液配比时，要在孔口测量浆液凝胶时间，并根据情况调整。

（7）注浆过程中要做好注浆记录，每隔 5min 详细记录压力、流量、凝胶时间，并记录注浆过程中的情况。

（8）为防止串浆情况发生，注浆时应采取隔孔注浆的顺序进行。

5. 注浆效果检查

（1）分析法：对注浆记录进行统计分析，检查每孔压力流量是否达到注浆结束标准。有无漏浆、串浆情况，从而反算浆液扩散范围，检查本循环所有注浆孔是否都按照规定进行了注浆，有无漏注或无法注浆情况，判定注浆效果。

（2）直观检查法：在开挖过程中观察浆液扩散情况，地层是否达到了有效的固结，有无漏水和流砂现象，完善和修改下次循环注浆参数。

6. 注浆结束标准

单根注浆结束标准：注浆过程中，注浆压力上升，流量逐渐减少，当压力达到注浆终压，注浆量达到设计注浆量的 80% 以上，可结束该孔注浆；注浆压力未能达到设计终压，注浆量已达到设计注浆量，并无漏浆现象，亦可结束该孔注浆。循环注浆结束标准：所有注浆孔均达到注浆结束标准，无漏注现象，即可结束循环注浆。

6.6 监控测点布置方案

施工阶段的监控量测是地下工程信息化施工的重要组成环节,通过监测掌握围岩、支护结构、地表及临近管线的动态,及时预测和反馈,用其成果调整设计,指导施工,并为今后工程做技术储备。必须严格按照设计要求进行监测工作,如有异常,及时反馈。

6.6.1 监测点布设原则

1. 周边环境监测布点原则

地下管线沉降监测,监测范围取结构边缘两侧各 $1.0H$,对于改迁过程中或者暴露条件下的管线宜布设直接监测点,一般情况下管线测点布置在管线对应的地表,管线位于强烈影响区时测点间距应为 $5\sim10m$,一般影响区测点间距应为 $10\sim20m$。建筑物沉降监测,测点布置在建筑物的四角,拐角处及沿外墙;高低悬殊或新旧建(构)筑物连接处、伸缩缝、沉降缝和不同埋深基础两侧;建筑物四角,沿外墙每 $10\sim15m$ 处或每隔 2 根柱基上。

2. 结构体系监测布点原则

支护结构监测断面宜设在深度差异、断面变化、工法转换等部位,各监测项目测点宜尽量布设在同一里程断面,以便对结构监测数据进行系统分析。主体暗挖导洞初支结构体系监测主要为各导洞初支拱顶、扣拱拱顶沉降及初支收敛监测,各导洞、扣拱拱顶及收敛监测点沿进尺方向每 10m 布设一断面。

6.6.2 监测内容

1. 主要监测项目

风井主体上、下层导洞施工过程中,主要监测项目有:地表沉降监测、建(构)筑物沉降监测、地下管线沉降监测、初支拱顶沉降监测、初支净空收敛监测、土体分层沉降监测(选测)、土体水平位移监测(选测)。

2. 主要监测内容和精度

根据周边环境,风井主体上、下导洞施工阶段,现场主要监测对象、项目及精度如表 6.14 所示。

现场主要监测对象、项目及精度　　　　　　　　表 6.14

序号	类别	监测对象	监测项目	监测精度(mm)
1	建(构)筑物	主要影响范围内的重要建筑物	沉降	±0.3
2	市政管线	风井上方雨、污水、上水、燃气等市政管线	沉降	±0.3
3	地表	周边地表	沉降	±0.3
4	主体暗挖初支	初支结构拱顶	拱顶沉降	±0.3
		初支净空收敛	隧道收敛	0.06
5	土体分层沉降	土体分层沉降	沉降	±0.3
6	土体水平位移	土体水平位移	位移	0.02/0.5m

6.6.3　监控频率

根据风井主体周边环境，风井主体上、下导洞施工阶段，各监测项目正常阶段监测频率详见表6.15，若出现异常或预警等特殊情况，应根据相关要求加密监测。

监测频率　　　　　　　　　　　　　　　　　　表6.15

监测部位	监测对象	开挖面至监测点或监测断面的距离	检测频率
开挖面前方	周围岩土体和周边环境	$2B<L\leqslant5B$	1次/2d
		$L\leqslant2B$	1次/1d
开挖面后方	初期支护结构 周边岩土体和周边环境	$L\leqslant B$	2次/1d
		$B<L\leqslant2B$	1次/1d
		$2B<L\leqslant5B$	1次/2d
		$5B<L$	1次/7d

6.6.4　监测项目主要控制标准

工程监测控制值要根据工程结构跨度、埋置深度、工程地质及水文地质特点、施工工法等因素综合考虑确定；穿越工程、周边建（构）筑物及地下管线的监控量测控制值标准应根据工程及周边环境的实际状况、现场监测值以及产权单位的要求进行综合分析，并经评估后予以确定。对于特别重要或者周边环境十分复杂的工程应经论证后进行专项设计，以确定其安全控制值。

在具体实施过程中，依据最终施工图设计文件或业主、施工、设计、监理单位及产权单位各方共同确定。现根据设计要求并参考相关标准和规程及以往北京类似工程施工经验，对风井主体上、下导洞施工引起的各监测项目初步建立相应的控制值标准见表6.16，地表及主要管线沉降控制指标见表6.17。

各监测项目控制标准　　　　　　　　　　　　表6.16

序号	量测项目	监测精度	建议控制标准	量测频率
1	洞内洞外	—	—	全过程,1次/d,情况异常时,加密监测频率
2	地表沉降	±0.3mm	30mm	详见《矿山法隧道工程监测频率表》
3	地下管线沉降	±0.3mm	详见表6.17	
4	邻近建（构）筑物	±0.3mm ±2mm ±(2mm+2ppm) 0.1mm	如有评估值以评估值为准,当无评估值时,允许沉降控制值≤15mm,差异沉降控制值≤5mm,位移速度最大控制值≤1mm/d;倾斜控制值≤0.002	
5	初期支护结构拱顶沉降	±0.3mm	20mm 最大速率3mm/d	当沉降或收敛速率>2mm/d,(或$L\leqslant1B$时),2次/d;当沉降或收敛速率:0.5~2mm/d,($1B<L\leqslant2B$时),1次/d;当沉降或收敛速率0.1~0.5mm/d,($2B<L\leqslant5B$时),1次/2d;当沉降或收敛速率<0.1mm/d,(或$L>5B$时),1次/周;基本稳定后,1次/1月
6	初期支护结构净空收敛	0.06mm	10mm 最大速率2mm/d	

续表

序号	量测项目	监测精度	建议控制标准	量测频率
7	土体分层沉降	±0.3mm	30mm	
8	土体水平位移	0.02mm/0.5m	30mm	
9	桩顶水平及竖向位移	±0.3mm	10mm 最大速率 3mm/d	
10	边桩水平位移	±0.3mm	15mm	—
11	桩钢筋应变	0.15%F.S	桩钢筋 f_y	
12	站台层基底隆起	±0.3mm	10mm 最大速率 2mm/d	
13	地下水位	±0.5mm	—	

地表及主要管线沉降控制指标 　　　　表 6.17

项目	预警值	报警值	控制值	速率控制值(mm/d)	倾斜控制值
地表沉降	21	24	30	≤2	—
天然气、上水管、热力管	7	8	10	≤1	0.002
雨、污水管	14	16	20	≤2	0.005
热力、电力沟	14	16	20	≤2	0.005

6.7　本章小结

（1）本章依托北京 19 号线某区间风井工程，介绍了 PBA 暗挖工法的详细施工方案及穿越市政管线的风险工程，为类似 PBA 暗挖施工工程提供一定的施工经验。

（2）通过实际工程施工效果，对于场地有限、周边管线、建（构）筑物等环境条件复杂的城市核心区，采取 PBA 暗挖法施工，能充分发挥暗挖法节省场地、结构断面灵活等优势，结合深孔注浆及管棚（超前小导管）等辅助措施，能有效地控制暗挖造成的地面沉降及对周边管线和建（构）筑物的影响。

第7章
暗挖区间隧道近距离穿越立交桥桥基群桩

7.1 工程概况及难点

7.1.1 工程概况

本章依托工程为沈阳地铁3号线某区间穿越文化路立交桥工程。拟建区间采用暗挖法施工，为标准单洞单线马蹄形暗挖断面，垂直穿越既有立交桥桩基础，与最近桥桩水平净距约0.5m，具体平面、剖面关系如图7.1～图7.3所示。既有桥主梁为（12×16＋2×16.95＋26.2＋2×16.95＋12×16）m，共29跨连续梁，待穿越桥墩为青年大街跨线桥16号墩，单墩单桩，桩直径2.45m，桩长18.5m。拟建区间穿越侧穿既有桥桩的同时，上跨既有2号线盾构区间。

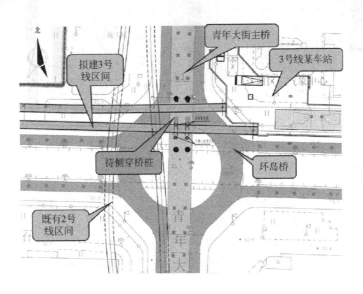

图 7.1　区间穿越桥梁平面关系

图 7.2　穿越桥梁及周边环境

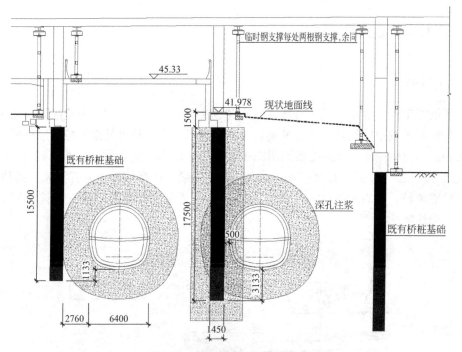

图 7.3　区间穿越桥梁剖面关系

7.1.2　地质条件

沈阳市的第四纪地层相对较厚，其下基岩为前震旦系混合花岗岩体。在勘探深度范围内，场地地层主要由第四系全新统和更新统黏性土、砂类土及碎石土组成。地层划分主要考虑成因、时代以及岩性，划分依据根据野外原始编录、土工试验结果，同时参照原位测试指标的变化。为应用方便，地层编号的前两位为其所在时代地层编号，尾号为其岩性符号。根据钻探揭示，各地层性状如下：

①-0-0 杂填土（Q_4^{ml}）：杂色，松散，稍湿。主要由路面、碎石、混粒砂、黏性土等组成。均匀性一般，堆积时间大于 5 年。层厚 2.80～5.30m，层底标高 37.04～38.35m，

该层连续分布。

③-3-0 中粗砂（Q_4^{2al}）：黄褐色，中密，湿—饱和。矿物成分以石英、长石为主，颗粒较均匀，级配一般，含少量黏性土及细砂。厚度 0.60～2.80m，层底标高 35.56～36.98m。该层局部分布。

③-4-0 砾砂（Q_4^{2al}）：黄褐色，中密—密实，湿—饱和，矿物成分以石英、长石为主，混粒结构，夹较多的黏性土、中粗砂及圆砾薄层。大于 2mm 颗粒占总质量的 25%～45%，可见最大粒径 60mm。层厚 2.20～9.80m，层底标高 28.24～35.53m。该层基本连续分布。

③-5-0 圆砾（Q_4^{2al}）：黄褐色，中密状态。母岩成分不一，以砂岩、花岗岩、结晶岩为主。磨圆度较好，呈亚圆形、椭圆形。大于 2mm 颗粒占总质量的 50%～60%，一般粒径 2～40mm。可见最大粒径 100mm。中粗砂及少量黏性土充填。厚度 1.80～9.60m，层底标高 25.44～33.16m。该层基本连续分布。

④-4-0 砾砂（Q_4^{1al+pl}）：黄褐色，密实，饱和，矿物成分以石英、长石为主，混粒结构，大于 2mm 颗粒占总质量的 25%～45%，可见最大粒径 80mm。该层局部层位为圆砾或粗砂，夹较多的黏性土、中粗砂及圆砾夹层。层厚 3.10～8.10m，层底标高 17.64～28.61m。该层基本连续分布。

④-5-0 圆砾（Q_4^{1al+pl}）：黄褐色为主，中密状态。母岩成分不一，以砂岩、花岗岩、结晶岩为主。磨圆度较好，呈亚圆形、椭圆形。大于 2mm 颗粒占总质量的 50%～60%，一般粒径 2～40mm。可见最大粒径 100mm。中粗砂及少量黏性土充填，局部有黏性土薄夹层。厚度 4.20～14.80m，层底标高 14.70～23.28m。该层局部分布。

⑤-3-0 中粗砂（Q_3^{2al+pl}）：黄褐色，密实，饱和。矿物成分以石英、长石为主，颗粒较均匀，级配一般，含少量黏性土及细砂。厚度 2.20～3.90m，层底标高 14.87～22.13m。该层局部分布。

⑤-4-0 砾砂（Q_3^{2al+pl}）：黄褐色，密实，饱和，矿物成分以石英、长石为主，混粒结构，含少量黏性土、砾石。大于 2mm 颗粒占总质量的 25%～45%，可见最大粒径 80mm。该层局部层位为圆砾或粗砂，夹较多的黏性土、中粗砂及圆砾夹层。层厚 6.30～25.80m，层底标高 -6.05～12.43m。该层连续分布。

⑤-5-0 圆砾（Q_3^{2al+pl}）：黄褐色，中密状态。母岩成分不一，以砂岩、花岗岩、结晶岩为主。磨圆度较好，呈亚圆形、椭圆形。大于 2mm 颗粒占总质量的 50%～60%，一般粒径 2～40mm。可见最大粒径 100mm。中粗砂及少量黏性土充填，局部有黏性土薄夹层。厚度 4.10～14.40m，层底标高 -6.65～2.06m。该层局部分布。

⑦-5-0 含粉质黏土圆砾（Q_1^{fgl}）：黄褐色、浅黄色，中密，湿。主要由黏性土、圆砾、混粒砂组成。颗分结果以砾砂及粗砂为主，含砾石，局部为粉质黏土。多数砾石已风化，可见最大粒径 90mm，具胶结性。该层基本连续分布，本次勘察未穿透该层，最大揭露深度 65m。

工程地质参数见表 7.1。拟建暗挖区间主要位于③-5 和④-4 土层，区间底板位于④-4 砾砂层。

工程地质参数表

表 7.1

土层编号	土层名称	重度 γ(kN/m³)	黏聚力 c(kPa) 建议值	内摩擦角 φ(°) $N_{64.5}$ 查表	内摩擦角 φ(°) 建议值
①-0-0	杂填土	18.0	5	—	10.0
③-3-0	中粗砂	19.7	—	34.0	32.0
③-4-0	砾砂	19.9	—	36.4	34.4
③-5-0	圆砾	20.1	—	37.0	36.0
④-4-0	砾砂	19.9	—	35.9	33.9
④-5-0	圆砾	20.1	—	37.0	36.0
⑤-3-0	中粗砂	19.9	—	36.4	34.4
⑤-4-0	砾砂	20.2	—	37.5	35.5
⑤-5-0	圆砾	20.2	—	38.0	37.0
⑦-5-0	含粉质黏土圆砾	20.1	—	38.4	36.4

7.1.3 水文条件

沈阳市区在地貌上属浑河高漫滩及古河道冲洪积新扇，主要含水层位于冲洪积扇上部，岩性以中粗砂、砾砂为主。冲洪积扇首部（市区东部）颗粒较大，向西沉积颗粒逐渐变细，至市区西部（冲洪积扇尾部）含水层中黏性土夹层逐渐增多，含水层由单层结构渐变为双层结构、多层结构。

本工点地貌为浑河高漫滩及古河道，地下水赋存于中粗砂、砾砂等土层中，按埋藏条件划分，属第四系孔隙潜水。初见水位埋深为 10.70～13.30m，相当于水位标高 29.77～30.30m，稳定水位埋深为 10.50～12.00m，相当于水位标高 30.07～30.50m。潜水地下水水位季节性变幅在 1.0～2.0m。

地下水主要补给来源为浑河侧向补给及大气降水垂直入渗补给。主要排泄方式为径流排泄和地下水的人工开采。地下水流向总的方向是由东向西。但由于受人工开采地下水的影响，局部地下水流向会有所变化。场地地下水径流条件良好，含水层渗透性强，渗透系数 k 一般在 30～100m/d，水力坡度 1.0‰～2.0‰。

本区间采用暗挖法施工，区间入水深度较深，采用降水施工。

7.1.4 工程重难点

本段暗挖穿越桥桩地层为砂卵石地层，其特点是一种典型的力学不稳定地层，颗粒之间空隙大，没有黏聚力，尤其是在无水状态下。颗粒之间点对点传力，地层反应灵敏，稍微受到扰动就很容易破坏原来的相对稳定平衡状态而坍塌，引起较大的围岩扰动，使开挖面和洞壁都失去约束而产生不稳定。在这种地层中暗挖施工存在以下重难点：

（1）暗挖法隧道穿越建筑物如桥墩桩基等重要结构物时，容易造成不均匀沉降，从而影响既有桥桩的安全，因此施工过程中如何保障既有桥桩的变形在可控范围内，是本工程的重点。

（2）在砂卵石地层中施工超前小导管或深孔注浆成孔时的难度大，施工速度慢，特别是在穿越桥桩的过程中，如何保证尽可能快速进行暗挖初支封闭，迅速通过风险穿越段的原则，是本工程的难点。

7.2 有限元数值分析

7.2.1 三维数值模拟

本次计算采用 MIDAS GTS NX 软件进行建模、计算分析，计算模型长×宽×高 = 115m×110m×60m。土体及匝道桥采用 3D 实体单元，暗挖隧道结构及盾构管片采用 2D 板单元，模型单元总计 513900 个（图 7.4）。根据实际施工步序进行相应的简化后，共分 9 个分析步进行计算，具体分析步骤见表 7.2。土体采用修正摩尔库仑本构模型，结构材料采用弹性本构模型，土层参数及结构参数分别见表 7.3 和表 7.4。

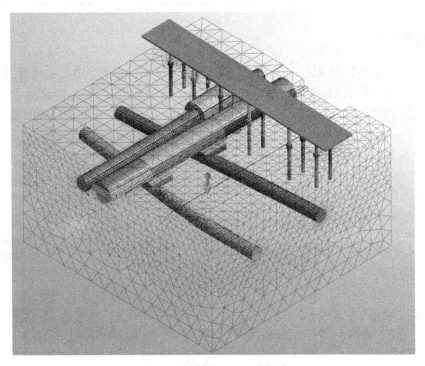

图 7.4 计算模型及网格划分

计算分析步   表 7.2

序号	计算分析步	序号	计算分析步
1	地应力平衡	6	左线贯通(含注浆加固)
2	生成既有桥梁结构	7	右线上导洞穿越桥桩(含注浆加固)
3	区间上跨既有 2 号线区间(含注浆加固)	8	右线下导洞穿越桥桩(含注浆加固)
4	左线上导洞穿越桥桩(含注浆加固)	9	右线贯通(含注浆加固)
5	左线下导洞穿越桥桩(含注浆加固)		

土层计算参数   表 7.3

地层 \ 参数	重度 (kN/m³)	泊松比	三轴试验割线刚度 (kN/m²)	主压密加载试验的切线刚度 (kN/m²)	卸载弹性模量 (kN/m²)	孔隙率	剪切破坏时的摩擦角 (°)	最终剪胀角 (°)	黏聚力 (kN/m²)
①杂填土	18	0.3	5000	5000	15000	0.6	10	0	10
③-4 砾砂	19	0.3	30000	30000	90000	0.6	35	5	0
③-4-5 圆砾	19	0.3	30000	30000	90000	0.6	38	8	0
⑤-4 砾砂	19.9	0.3	30000	30000	90000	0.6	35	5	0

结构计算参数   表 7.4

结构材料 \ 参数	重度 (kN/m³)	泊松比	弹性模量 (kN/m²)
C30	25	0.3	30000000
C40	25	0.3	32500000

7.2.2 结果分析

右线贯通后既有桥梁及隧道的竖向位移如图 7.5 所示，各工序情况下既有桥梁的变形值统计见表 7.5。由数值计算模拟结果可以看出，在本工程隧道开挖过程中，匝道桥连续梁最大竖向沉降为 3.51mm＜5mm，满足连续梁绝对沉降控制要求；最大差异沉降值 0.71mm＜2mm，满足连续梁差异沉降控制要求；最大倾斜位移为 2.54mm＜8mm，满足桥梁倾斜控制指标 $L/1000 = 8000/1000 = 8$mm 要求。

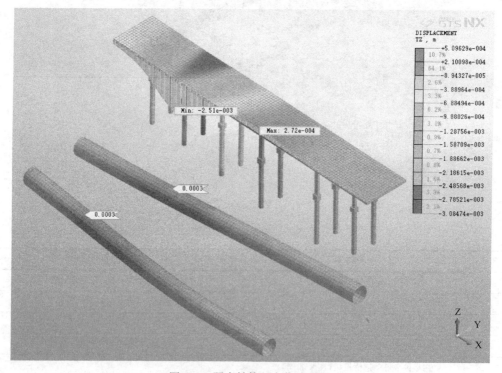

图 7.5 既有结构竖向位移云图

数值模拟计算中，按照实际的风险控制措施，考虑了暗挖区间全断面深孔注浆加固及穿越段桥桩周围 2.5m 范围内土层深孔注浆加固的措施。计算显示，深孔注浆加固的效果明显，是保障本工程安全穿越既有桥梁非常有效的措施。详细的风险控制措施见 7.3～7.5 节。

各工序情况下既有桥梁的变形值统计　　　　　表 7.5

施工阶段	连续梁竖向最大沉降 Z(mm)	桥桩横向最大位移 X(mm)	桥桩横向最大位移 Y(mm)	倾斜位移 (mm)	连续梁差异沉降 Z(mm)
上跨既有线	−1.07	−0.31	−0.53	0.53	0.71
左线上导洞穿越桥桩	−2.72	−0.56	−0.53	0.56	0.53
左线下导洞穿越桥桩	−1.99	−2.41	−0.58	2.41	0.55
左线贯通	−2.09	−2.44	−0.59	2.44	0.18
右线上导洞穿越桥桩	−3.23	−2.46	−0.71	2.46	0.20
右线下导洞穿越桥桩	−3.35	−2.47	−0.78	2.47	0.25
右线贯通	−3.51	−2.54	−0.34	2.54	0.47

7.3　标准马蹄形暗挖断面施工工艺

7.3.1　暗挖隧道的主要技术特点及施工要求

对于区间暗挖法施工工程，标准马蹄形断面是常见的主要断面之一，其施工要求及技术特点如下：

1. 施工要求

在区间隧道的开挖支护施工中，严格执行"管超前、严注浆、短开挖、强支护、早封闭、勤测量"的十八字施工原则。在施工工序上坚持"开挖一段，支护一段，封闭一段"的基本工艺。

（1）管超前：在工作面开挖前，沿隧道拱部周边按设计打入超前小导管；

（2）严注浆：在打设超前小导管后注浆加固地层，使松散、松软的土体胶结成整体，增强土体的自稳能力，和超前小导管一起形成纵向超前支护体系，防止工作面失稳；

（3）短开挖：每次开挖循环进尺要短，开挖和支护时间尽可能缩短；

（4）强支护：采用格栅钢架和喷射混凝土进行较强的早期支护，以限制地层变形；

（5）早封闭：开挖后初期支护要尽早封闭成环，以改善受力条件；

（6）勤量测：量测是对施工过程中围岩及结构变化情况进行动态跟踪的重要手段，是对围岩和支护结构的变形监测，保证围岩和支护处于稳定状态，以确保施工安全。

2. 技术特点

（1）支护及时性：格栅钢架＋钢筋网片＋喷射混凝土支护施工的及时性能使围岩不因开挖暴露过多而使其强度降低，且能迅速给围岩提供支护抗力，从而改善围岩应力状态；

（2）粘贴性：喷射混凝土同围岩能全面紧密地粘贴，粘结力一般可达 $700N/cm^2$，不仅提高了围岩的强度，而且减少了围岩的应力集中；

（3）柔性：由于喷射混凝土与围岩密贴粘结，且喷得较薄，故呈现一定的柔性，因而易于调节围岩变形，能有效地控制允许围岩塑性区有适度的发展，以发挥围岩的自承能力；

（4）灵活性：由于喷射混凝土施工工艺可随时调整并可分次完成，因而具有相当大的灵活性，这对于加固围岩、提高承载力非常有利；

（5）封闭性：由于喷射混凝土能及时施作，而且是全面密贴支护，因而能及时阻止地下水的渗流，抑制围岩的潮解和强度损失，对于围岩稳定极为有利。

7.3.2 隧道结构参数及施工方法

隧道结构为马蹄形（图7.6），隧道宽7.4m，高7.63m，采用C20早强喷射混凝土；隧道初支厚度为250mm，格栅间距为500mm，钢筋网片为φ6@150×150，C40混凝土二衬厚度为350mm。为控制暗挖造成的地面及周边建（构）筑物的变形，区间增设了临时仰拱措施，采用上下台阶法的施工方法，中部预留核心土，纵向台阶长度控制在1倍断面宽度，上下导洞掌子面纵向间距控制不小于8m。在穿越桥桩范围内，为进一步减小对土层的扰动，除进行深孔注浆加固土层外，需待上导洞贯通后，再进行下导洞的开挖。

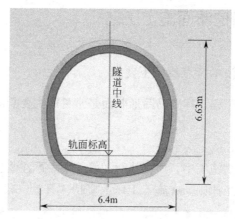

图7.6 标准马蹄形暗挖断面

7.3.3 初期支护施工工艺

区间隧道侧穿桥桩初衬结构采用"深孔注浆＋上、下导洞法（临时仰拱）"施工。左右线错开施工距离及洞内台阶长度严格按照施工步序施工。隧道初衬施工过程中对初衬顶部及侧壁可根据情况打设超前小导管并补注浆，以弥补深孔预注浆的不足，并预留拱顶及侧墙回填注浆管。施工下台阶时对隧道侧壁及底板进行打设小导管并补注浆，预留侧壁及底板回填注浆管。隧道下穿地铁段单洞施工完成后及时进行初衬背后回填注浆。

1. 施工步骤

区间隧道采用台阶法开挖，下穿既有线结构风险源段循环进尺长度0.5m，主要施工步序见表7.6。

暗挖隧道初衬施工步序表　　　　　　　　　　　　表 7.6

序号	图示	施工程序
1	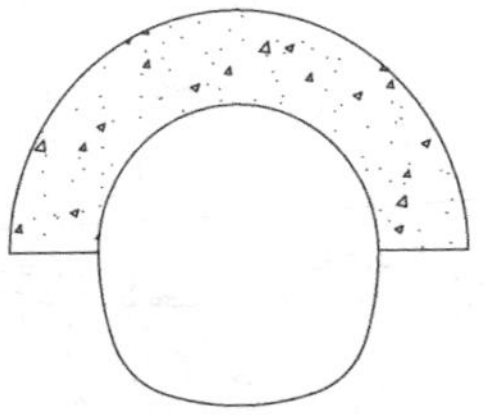	第一步:上半断面土体深孔注浆超前加固地层
2	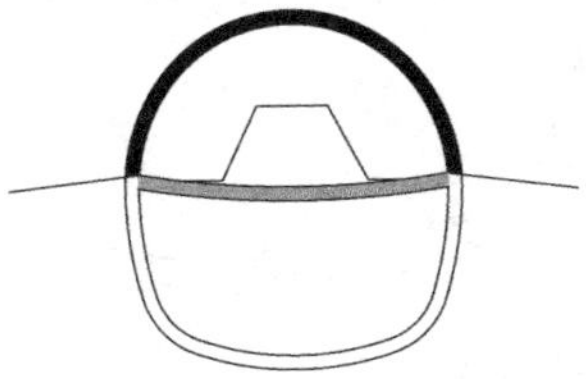	第二步:环形开挖上导洞拱部土体,保留核心土,初喷混凝土,施作初期支护,打设锁脚锚管;施作临时仰拱,及时施作锁脚锚杆注浆及初支背后注浆
3	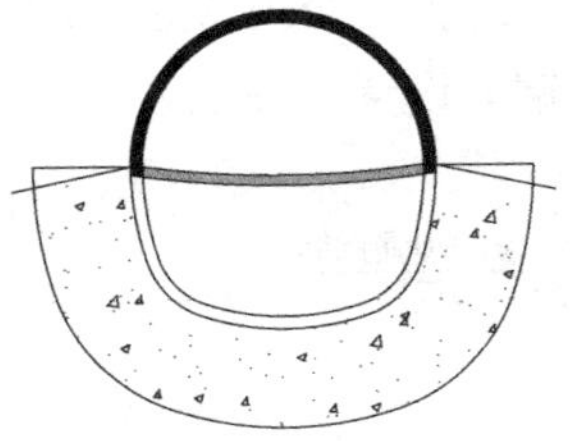	第三步:下半断面土体深孔注浆超前加固地层
4	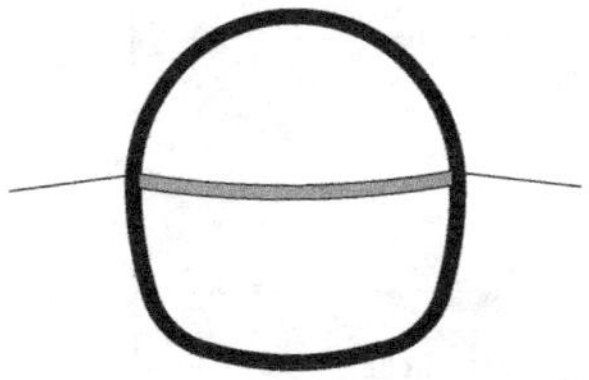	第四步:待下穿既有线区间段上导洞初支完成后,开挖下导洞土体,施作初期支护,并做好初支背后注浆施工

2. 土方开挖

1) 开挖要求

(1) 隧道开挖循环进尺 0.5m,一榀一挖,按设计尺寸严格控制开挖断面,开挖时严格控制超挖,严禁欠挖;

(2) 边墙采用双侧交错开挖,不得使上部结构同时悬空;

(3) 区间下穿既有线结构采用上下导洞法施工,上导洞预留核心土,在拱部初支结构基本稳定且喷射混凝土达到设计强度的 70% 以上时,方可进行下部台阶施工。

2) 下导洞通风口施工

区间穿越桥桩段分上下导洞施工,上下导洞开挖错开不小于 8m,在临时仰拱一侧每隔 15m 设置一个 0.75m×0.75m 的孔洞,孔洞作为通风孔,并随开挖面不断推进而废弃,当孔洞离开下导洞开挖面 20m 以上时及时封堵,封堵方法为:破除洞口混凝土,露出割断格栅主筋,用 $\Phi 22$ 钢筋与割断格栅两侧连接,并铺设 $\phi 6@150×150$ 网片,回喷混凝土。孔洞钢筋及通风口设置如图 7.7 所示。

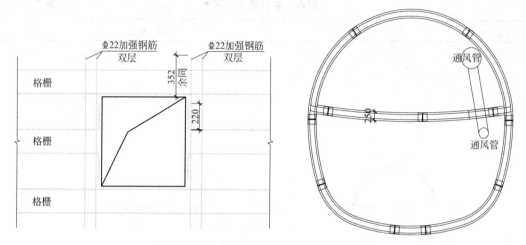

图 7.7　孔洞加强钢筋设置及通风孔示意图

为方便上导洞出土，在临时仰拱中间部位每隔 10m 设置一个 0.5m×0.25m 的孔洞（局部可调整），上导洞土方由孔洞处倒入下导洞，洞口钢筋设置见图 7.8。

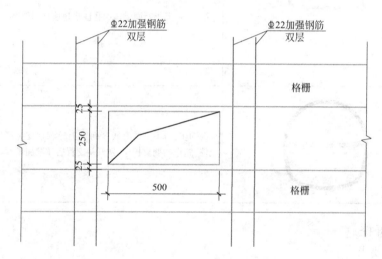

图 7.8　出土口示意图

3）出土孔布置

为避免收敛过大，上导洞不采用电动车出土，上导洞两榀格栅间预留 600mm×200mm 的孔洞，土方采用小推车由孔洞倒至下导洞电动三轮车内出土。

4）掌子面稳定措施

（1）开挖预留核心土，可防止掌子面的挤出。其开挖方法是先开挖拱部，在开挖两侧预留核心土平台，拱部初期支护完成后在开挖中部核心土。核心土的留置长度保持在 2～4m，核心土面积要大于上半断面的 1/2。在开挖过程中根据实际地质情况可对核心土采取防护措施，保证核心土的稳定，详见图 7.9。

（2）在施工过程中若出现下列现象，为稳定掌子面，需挂网临时封闭掌子面：施工超前小导管注浆前，临时喷混凝土封闭上台阶范围内的掌子面（50mm 厚）；探明掌子面前

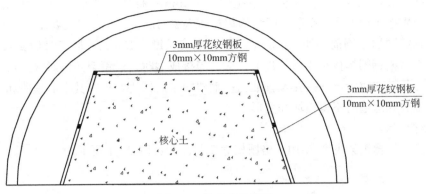

图 7.9　核心土防护图

方存在残留水时，全断面封闭掌子面（网喷混凝土 80mm 厚），打设注浆锚杆进行注浆；掌子面较长时间停止开挖时，全断面封闭掌子面（网喷混凝土 80mm 厚）；自小断面向大断面过渡且工法或洞室数量有变化时封闭掌子面（网喷混凝土 80mm 厚）；当监控量测指标达到橙色预警值时，全断面封闭掌子面（网喷混凝土 80mm 厚）进行处理。

5）开挖超前地质探测

施工时，由于掌子面前方地层的不确定性，正式开挖前和开挖循环进尺过程中进行超前地质探测。施工采用多种手段相结合进行超前地质探测，如深孔注浆钻孔结合洛阳铲。根据每种探测手段的探测有效距离，确定探测频率和方式，同时，利用多种手段长短不同探距的结合分析，相互印证探测结果，更为有效地指导施工。特殊地段，如过既有建（构）筑物、地质条件发生变化段，适当加强探测频率和密度。

施工前做好开挖范围内地层空洞检测。施工时为更准确探明管线与区间隧道结构的位置关系以及长期管线渗漏水对隧道前方土体的影响程度，利用深孔注浆孔作为探测孔。针对出现的水囊、空穴、涌泥涌砂等特殊情况，分别采取相应措施处理。

（1）水囊：根据探测孔中水的流量、压力，判断水囊的大小。在范围明确的前提下限量排放，同时注入与排放同等量的 TGRM 特种浆液，直至将水囊中水排放完毕。小水囊采用直接排放，排放结束后利用探测孔进行浆液填充。

（2）空穴：采用 1：2：0.3 比例的水泥砂浆填充密实后再行开挖作业。初支施作完毕后及时回填注浆。

（3）涌泥涌砂：首先采取封堵的方法控制大量泥沙流失，然后用自进式中空锚杆注入水泥砂浆（1：2：0.3），一方面起到置换作用，另一方面加固土体，提高土体自稳能力。

3. 格栅加工与安装

1）格栅加工

（1）格栅钢架在加工前应按设计图纸下料，并使用模具加工成型。

（2）格栅钢架加工所有焊缝均采用双面搭接电弧焊，焊缝高度不小于 8mm。

（3）格栅钢架和钢筋网在工厂加工成品。按 1：1 比例放样设立工作台。格栅节点采用钢筋与角钢焊接、角钢之间用 4M24 螺栓连接的方式拼装格栅。格栅钢架加工好后放在地面进行试拼装，合格后方可使用，允许偏差为：格栅钢架组装后在同一平面内，沿格栅钢架周边轮廓拼装偏差不应大于 ±30mm；格栅钢架由各单元钢构件拼装而成，各单元间用螺栓连接，螺栓孔眼中心间距公差不超过±0.5mm；格栅钢架平放时平面翘曲应小于±20mm；焊接施工时严格遵守《钢结构焊接规范》GB 50661 的有关要求，确保钢架加工质量；钢筋网加工钢筋间距＋10mm，钢筋搭接长度＋15mm；加工时做到尺寸准确，弧形圆顺，格栅钢架焊接长度满足规范要求，焊接成型时，沿钢架两侧对称进行，格栅钢架主筋中心与轴线重合，连接孔位置准确；钢架加工后试拼，检查其平面翘曲和横断面误差，钢架堆放和运输时不得损坏和变形。

　　2）格栅安装

　　区间隧道格栅钢架见图 7.10，格栅架立工艺流程如图 7.11 所示。

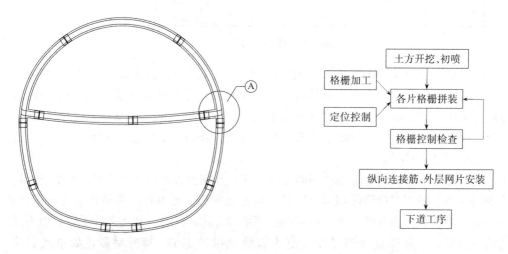

图 7.10　区间隧道格栅钢架　　　　　图 7.11　钢格栅架立工艺流程

　　（1）尺寸控制：首先隧道中线要准确，设置激光控制，避免格栅偏离中线造成严重的超欠挖现象。

　　（2）竖向控制：控制标高，用激光点控制每榀格栅标高。

　　（3）纵向位置：钢架两侧同步，尽量与隧道中线垂直，根据曲线半径适当调整格栅两侧步距。

　　（4）现场准备：运至现场的单元钢架分单元堆码，安设前进行断面尺寸检查，及时处理欠挖侵入净空部分，钢架安设前，清除松渣。

　　（5）钢架安设：在初喷混凝土及外层网片安装后进行，分片定位安装。安装时备好风镐，随时剔除个别突出部位，保证钢架就位准确，受力可靠。各段格栅就位后先在连接板处采用 4.6C 级 4M24 螺栓固定，再采用帮焊钢筋（直径与主筋相同）与主筋焊接，确保节点处等强连接，并与Φ22 纵向拉结筋及 ϕ25 锁脚锚杆点焊固定，纵向拉结筋在格栅内外双层交错布置，最后安装格栅内层钢筋网片。

　　4. 喷射混凝土

　　初期支护采用喷射 C20 混凝土施工，喷射混凝土厚度：横通道为 300mm，区间正线隧道为 250mm。喷射混凝土作业紧跟开挖及钢格栅安装进行。砂石、水泥、高效速凝剂经过搅拌机拌合后，用混凝土喷射机喷射，在喷嘴处引入高压水。分层复喷混凝土，后一层在前一层终凝后进行，先喷钢架处，然后喷钢架之间的混凝土，直至喷够设计厚度，将钢架完全覆盖4cm以上。现场可用肉眼观察和锤击法进行检查。喷射混凝土要做好预留连接板的保护，以便实现与后一段格栅的螺栓连接。

1）喷射混凝土施工工艺

喷射混凝土流程如图7.12所示。

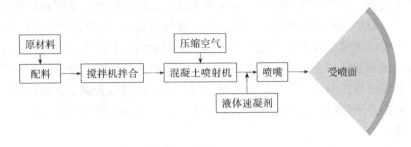

图7.12　喷射混凝土流程

喷射混凝土前，在地面安装调试好搅拌机及混凝土喷射机，检查输送管是否密封不漏气。选好水泥、砂石料及高效速凝剂配比。布设好送料管及高压水管，保证在混凝土干料及高压水在喷射过程中畅通无阻。喷射时，由搅拌机按配比拌合好砂石、水泥及高效速凝剂，通过混凝土喷射机压缩空气送至喷嘴里，在喷嘴处引入高压水。在喷射过程中严格控制喷嘴高压水量及压缩空气的压力。喷射机工作风压控制在0.3～0.5MPa范围内。喷嘴与作业面垂直，喷嘴与受喷面距离控制在0.8～2.2m范围内。喷射顺序自下而上，避免死角。

2）喷射混凝土施工技术要求

（1）混合料采用强制式搅拌机搅拌，所用材料拌合均匀，搅拌时间不得少于120s。混合料随拌随用，拌合料存放时间不宜过长。掺入正常用量速凝剂后水泥净浆初凝时间不大于3min，终凝时间不大于12min。

（2）加速凝剂的喷射混凝土试件，28d强度不低于不加速凝剂强度的90%。速凝剂选用无碱或低碱型速凝剂。

（3）初喷混凝土紧跟工作面，复喷前按设计完成钢筋格栅、超前小导管及锁脚锚管的安装工作后，立即复喷混凝土到设计厚度。钢筋网保护层厚度不小于20mm。

（4）喷射过程中，对分层、蜂窝、疏松、空隙或砂囊等缺陷铲除和修复。喷射混凝土要求密实、平整、无裂缝、无脱落、无漏喷、无漏筋、无空鼓等现象。平整度偏差控制在20mm内。

（5）喷射混凝土及时保湿养护，养护时间不少于7d；隧道内相对湿度在95%以上的环境中，可不进行养护。

（6）坚决实行"四不"制度，即喷锚工艺不完毕，掌子面不前进；喷射混凝土厚度不够不前进；开挖喷锚后发现的问题不解决不前进；量测结果判断不安全未经补强不前进。

5. 施工注意事项

（1）上导洞内土方预留核心土开挖施工，及时施作临时仰拱。严格控制每循环开挖进尺，严格按照"浅埋暗挖十八字方针"进行初衬施工。

（2）初衬格栅安装时，清除底部浮渣，露出持力层，如发现格栅底部留有空隙，在其下垫入木板，保证格栅向基底顺利传力；格栅架设时必须严格控制每榀的标高、同步、垂直度并作记录，以便左右节段有效连接。

（3）初衬施工时及时进行补偿注浆，初衬完成后，及时进行初支背后回填注浆，并根据监测信息，调整注浆的参数。若拱顶注浆效果不佳，可进一步先在仰拱部位注浆，使结构处于稳固的基础上，然后再一次进行拱顶以上补偿注浆。

（4）施工前初支格栅安装钢筋计，做好应力监测工作，得出施工时格栅钢架的受力状况并收集数据、总结经验。加强施工监测力度，保证对施工过程的动态控制。要特别注意拱顶下沉及拱脚、边墙中部收敛变化情况，如果变形量和变形速率超过允许值时，立即采取应急措施，包括加强初期支护、增设临时支撑、改变开挖步骤、修改施工方案等。

（5）既有线沉降控制的重点是轨道变形控制，沉降控制的关键是过程控制，在施工过程中通过注浆抬升来控制总体的差异沉降量，重点是变形缝处的不均匀沉降。

（6）其他：

①在列车停运期间争取用地质雷达经常性探测道床与底板之间的空隙情况并及时采取措施；

②轨道防护：检查受影响地段轨道，并根据需要整修，对轨道几何尺寸、道床裂缝情况全面检查，并将检查备案；受影响段设置绝缘轨距拉杆和防脱护轨；对轨道变形进行第三方监测，实时监测与人工监测相结合，实时监测内容包括轨道及结构高程变化，人工监测内容包括轨道结构轨距、水平、高低、方向变化及线路方向偏差，道床与结构剥离情况以及结构与道床裂缝情况；轨道若发生变形，采用扣件调整及加设调高垫板等措施；整个施工过程中根据监测的轨道几何尺寸状况，尽快调整线路，使其一直满足《北京市地铁运营有限公司企业标准　技术标准　工务维修规则》"线路维修标准中的综合维修标准"的要求。

7.3.4　区间二衬施工工艺

初支结构变形速率稳定后，施工隧道底板。底板施工保留临时仰拱，隧道初支基面处理后，施作底板防水，待防水层施工完成后进行二衬底板钢筋混凝土结构施工。底板施工完毕，底板混凝土强度达到设计强度75%后依次拆除该部分的临时仰拱。拆除完成后，对拆除部位基面处理，铺设边墙及拱顶防水层，并施作边墙及拱顶二衬结构。

1. 施工步骤

穿越桥桩段二衬施工前需对初衬进行背后回填注浆，回填注浆完毕且初支变形速率稳定后施作防水层、拆除二衬影响范围内临时仰拱、绑扎钢筋及浇筑二衬混凝土。施工步序如表7.7所示。

施工步序　　　　　　　　　　　　　　　　　　　　　　　　表7.7

序号	图示	施工步序
1		第一步:底板仰拱基面处理并施作防水层(含防水保护垫层),先施作底板仰拱二衬结构

序号	图示	施工步序
2	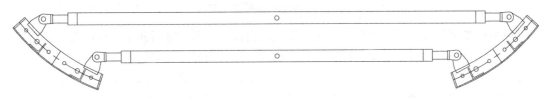	第二步:拆除临时仰拱,施作拱墙防水层及二衬结构;待二衬结构混凝土强度达到设计强度的75%后进行二衬背后注浆施工

2. 临时仰拱拆除

临时仰拱在正线仰拱二衬施工完成并达到设计强度的75%后开始拆除。拆除前配备足够的应急物资,临时仰拱拆除第一段9m作为试验段,即先拆除单线9m长临时仰拱并及时施作二衬结构,拆除过程中若出现拱顶下沉过大、收敛过大等情况,应立即停止临时仰拱的拆除并及时施作回顶或加撑等措施,同时减少拆撑长度,确保施工安全。下一段临时仰拱拆除应在试验段二衬结构施工完成后进行,拆除长度根据试验段监控量测结果适当调整,后续临时仰拱拆除长度亦可根据前段施工监控量测数据动态调整。

3. 二衬结构施工

（1）二衬仰拱施工

区间初支施作完毕及基面处理完成后,分段敷设防水及防水保护层,绑扎底板钢筋并预留上部墙拱的连接钢筋,预留钢筋端头套塑料保护套,以防施工过程中破坏防水板。安装导墙模板,浇筑仰拱结构混凝土。仰拱混凝土浇筑应包括墙脚转角部位的边墙（小边墙）浇筑,以利于拱墙混凝土采用模板台车一次浇筑成型。拱脚部位需采用定型钢模,由型钢对撑、纵梁及钢模板组成。钢模板采用4mm钢板加工成型,型钢对撑及纵梁采用I14工字钢,以加强仰拱模型的整体性及加固仰拱模型,二衬仰拱一次施工50m。仰拱模板示意如图7.13所示。

图7.13　仰拱模板示意

为保证仰拱混凝土的密实度和流动性,仰拱混凝土坍落度宜为10～15cm。从两边施工缝处对称进行混凝土浇筑,采用人工插入式振捣棒振捣。用插入式振捣棒振捣时要轻提轻放以免破坏防水层和背贴式止水带。仰拱混凝土为非承重结构,强度达到3.5MPa即可拆模,拆模后立即用麻袋片覆盖洒水养护,防水混凝土养护不少于14d。仰拱混凝土浇筑超前拱墙混凝土40～60m,以形成流水作业。

（2）二衬拱墙施工

单线标准断面拱墙混凝土浇筑采用走行式液压钢模板台车。台车的拱模、侧模、底模均采用液压油缸伸缩调整模板,以保证模板精确就位。为保证台车面板和内支撑系统的强度和刚度，台车面板每辐采用宽度 2.5m、厚度 8mm 的钢板，并用槽钢和肋板加强，辐间为 12mm 筋板，用螺栓连接。台车门架及纵梁采用 12mm 厚钢板加工，截面多为箱形，保证其局部和整体刚度。台车拱模纵梁及行走纵梁上设置活动钢支撑，以防止台车在灌注混凝土过程中上浮及向内位移，保证混凝土成型尺寸和外观质量。模板台车断面示意见图 7.14。台车设一对同步电机带动行走，行走速度 6～8m/min，行走钢轨采用 43kg/m 标准轨，电机电源为 380V/50Hz，台车的制动设卡轨钳。

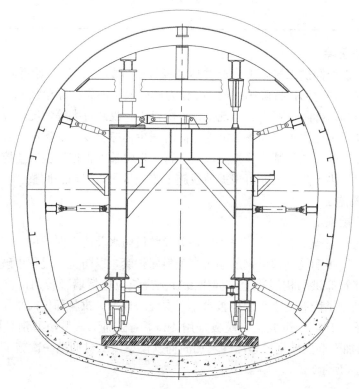

图 7.14　模板台车断面示意

　　模板台车上纵向、环向设置混凝土浇筑灌注窗口。拱顶的前后两个灌注口为设置闸板的灌注管以便于和混凝土输送管连接，并控制封口。其余灌注口采用活动盖板，可灵活打开或关闭，既可作灌注口又可作振捣口和观察口使用。所有灌注口和台车连接处要作加强处理，与台车的接缝严密，确保二次衬砌成形效果。模板台车上设置附着式平板振动器。台车作业现场设置对讲机、信号灯等通信设施，以利于和地面混凝土下料口值班人员联系，随时控制混凝土的用量。

4. 施工注意事项

（1）临时仰拱拆除。待底板混凝土达到强度后，方可拆除临时仰拱，为尽可能地降低因拆除临时仰拱支撑导致隧道及既有地铁结构变形的风险，根据监控量测情况确定拆除长度。

（2）环向施工缝及纵向施工缝。施工缝处采取凿毛等处理措施，保证结构连接强度，并加强防水施工质量。

（3）为保证混凝土的流动性，严格控制坍落度。混凝土浇筑时由下而上分层对称灌注，每层灌筑高度不超过 30cm。每层的浇筑顺序应从混凝土已施工端开始，以保证混凝土施工缝的接缝质量和便于排气。混凝土灌注过程中始终有技术人员和有经验的技术工人现场值班，组织好放料、停料及振捣时机，特别注意混凝土泵送满后停泵时机，严禁强行泵送，保证拱部混凝土饱满又要避免压垮模板。

（4）洞内的混凝土硬化时的强度增长规律和施工经验，侧墙、拱顶混凝土在达到规定强度后拆模，拆模后立即对混凝土进行养护，安排专人洒水养护，养护时间不少于 14d。

（5）二衬施工时要预埋注浆钢管，对二衬背后进行填充注浆。待二衬混凝土强度达到设计强度的 75% 以后，即可进行二衬背后注浆。二衬背后回填注浆采取与混凝土等强的无收缩浆液，减少衬砌背后空隙因回填料强度较弱或浆液收缩引起的变形，注浆以使二衬混凝土与防水层及初期支护密贴为原则，注浆压力不可过大。

7.4　标准马蹄形暗挖断面施工风险预防措施

7.4.1　拱顶坍塌预防措施

（1）施工前对隧道通过和影响地段进行空洞普查，对查出的空洞采取注浆或其他措施回填，保证回填密实；

（2）加强开挖施工前的降水工作，确保隧道无水作业；

（3）加强超前支护施工质量，保证超前小导管的数量、长度、外插角和搭接长度，严格控制注浆量和注浆压力，并根据岩层特性及时调整注浆参数及工艺；

（4）拱部采用人工开挖，预留核心土，保证在加固范围内开挖，严禁挖"神仙土"，台阶长度不能超过一倍洞径，上台阶开挖时拱脚应垫牢垫实，严格按照设计要求打设锁脚锚管，保证锁脚锚管的长度及角度，保证纵向连接筋和钢筋网的焊接和搭接质量，上台阶"接腿"和仰拱施工要一次成形，保证及时封闭成环，开挖完成后及时架设钢支撑和喷射混凝土；

（5）及时加强背后回填注浆；

（6）开挖过程中如出现小范围的局部坍塌时，应立即停止开挖，并封堵开挖面，根据地质情况，坍塌范围和部位，待制定可靠的防止继续坍塌的措施后方可继续施工；

（7）加强监控量测，根据监测结果调整施工工艺和参数。

7.4.2　隧道涌水预防措施

（1）隧道开挖施工前，对沿线地层和管线进行一次普查，对发现有管线渗漏的情况立即通知相关单位进行修补和加固，同时采取可靠的保护措施；

（2）对不良地质提前采取加固处理措施；

（3）详细调查地下水的补给来源，采取多种措施切断其补给；

（4）隧道开挖前加强降水工作，确保隧道开挖无水工作；

（5）在打设超前小导管时，如发现管内大股流水等异常情况，应立即封闭掌子面，待制定可靠措施后方可继续施工；

（6）加强地质描述和超前地质预报工作，一旦发现围岩发生变化，立即改变超前支护手段和措施；

（7）其他措施同管线变形过大预防措施。

7.4.3 隧道初支失稳预防措施

（1）从超前支护、格栅间距、开挖步序、开挖台阶长度等方面严格按照设计文件要求组织施工，对临时支撑的工法施工时，应严格控制每步的开挖断面尺寸；

（2）保障钢筋格栅和纵向连接筋，特别是临时支撑的连接和焊接质量；

（3）施工过程中防止临时仰拱堆载过大和动荷载；

（4）在二次衬砌施工前严格按设计及施工组织设计要求的方式、时间和顺序拆除临时撑；

（5）加强拱顶沉降、收敛和应力应变的监控量测工作，并加强对监测数据的整理分析，如发现异常立即停止施工，对初支进行加固；

（6）进行背后回填注浆时，随时监测初支的变化情况，严格控制注浆压力。

7.4.4 管线变形过大预防措施

（1）开挖施工前，对开挖影响范围内所有管线进行一次普查，对管线性质、材质、埋设和隧道的关系等方面做到心中有数，同时，调查清楚管线的管井、阀门开关控制位置，必要时，开挖暴露出管线本体进行详查；

（2）有条件时，在施工前对管线进行安全评估，取得其能承受的沉降和差异沉降的有关数据；

（3）对隧道通过和影响地段进行空洞普查，对查出的空洞采取注浆或其他措施回填，保证回填密实；

（4）根据调查所得管线性质、材质、埋深和开挖基坑的相互关系等资料对管线周边土体进行加固处理，必要时可采取迁移处理；

（5）隧道通过管线地段，从超前加固措施、开挖方法、支护手段等方面制定专门的措施，并在开挖过程中严格执行；

（6）及时加强初支背后回填注浆，主动控制起沉降；

（7）加强拱顶沉降、收敛。地表沉降、管线沉降等监控量测工作。如发现沉降或收敛过大或异常，应立即停止开挖并及时注浆和补注浆，并根据监控量测结果调整施工参数；

（8）为方便施工过程中目标管理，根据隧道的不同施工阶段对总变形值进行目标分解，分解到不同的施工阶段进行控制。

7.4.5 建（构）筑物变形过大预防措施

（1）开挖施工前，对开挖影响范围内所有建（构）筑物进行一次普查，对其结构形式、地基基础、总高、层数及隧道的平面和立面关系做到心中有数；

（2）必要时或有条件时，在施工前对建筑物进行安全评估，取得其能承受的沉降和差异沉降的有关数据；

（3）对隧道通过和影响地段进行空洞普查，对查出的空洞采取注浆或其他措施回填、保证回填密实；

（4）根据调查和评估所得的相关数据和资料，对建筑物周边土体进行加固处理，或采取桩基隔离措施；

（5）隧道通过或邻近地段，从超前加固措施、开挖方法、支护手段、回填注浆等方面制定专门的措施，并在施工过程中严格执行；

（6）加强对拱顶沉降、收敛、地表沉降等监控量测工作，加强对建筑物沉降和差异沉降的观测，如发现沉降或收敛速度偏大或异常，应立即停止开挖，及时注浆和补注浆，并根据监测结果及时调整施工参数；

（7）为方便施工阶段的目标管理，根据隧道的不同施工阶段对总变形进行目标分解，分解到不同施工阶段进行控制，同时根据监控量测结果，随时调整施工工艺和参数。

7.4.6　天气原因（汛期）对穿越桥桩影响预防措施

（1）在非下穿段进行试验，确定注浆参数；

（2）设置专人观测地下水位，掌握地下水情况；

（3）深孔注浆施工在夜间即桥梁停止运营时进行，并提前告知桥梁运营单位相关人员，在注浆时即时监测桥梁变形情况，根据监测情况及时调整注浆压力、注浆材料、注浆量和注浆部位等参数。

7.5　近距离穿越桥桩施工过程控制

暗挖隧道施工是庞大的系统工程，涉及多种工艺、多道工序。自始至终是动态的、不断变化的过程，它对地表沉降的影响是累积的效果，所以可以把对地表沉降的控制标准分解到每一个施工步序中，形成施工各具体步骤的控制标准或控制指标，只要单个步序的沉降量得到控制，则整个工程的安全管理就能得以实现。采用理论计算结合施工经验，将地表变形的控制值分解到每个施工步序中，建立分步施工的控制指标。在施工中，根据既有结构的监测结果，及时掌握施工动态，将监测结果与分步控制标准相比较，随时了解地表变形的发展情况，分析变形过大或者急剧变形的原因，及时采取措施，将变形控制于安全范围。

因此，针对本工程，具体采用如下的设计加强措施：

（1）暗挖隧道采用上下台阶法进行施工，增设临时仰拱。

（2）对隧道初支外 2m 范围内土层全断面深孔注浆加固。

（3）对临近桩基四周注浆加固，沿桩四周加固厚度 1m。

（4）区间侧穿桥桩时，地面对桥主梁采取支顶的临时保护措施。

（5）穿越过程中，加强监控量测，实时掌控既有桥梁的变形数据。

针对设计提出的保护措施方案，施工单位进行对应的细化落实，保障各项保护措施落实到位。暗挖施工的主要变形来源为掌子面土层的开挖、初支封闭成环过程及拆除临时仰拱浇筑二衬过程。因此对于此三部分的质量控制及实时监控量测，是落实设计要求，实现控制变形达标的重点。下面将主要介绍具体的施工现场的控制措施及分阶段监控量测控制方案。

7.5.1　施工现场安全控制措施

1. 暗挖结构开挖初支安全保证措施

（1）坚持先护顶后开挖的原则施工；

（2）采用合理的开挖方式；

（3）严格控制每循环进尺，开挖成型后及时进行初期支护，尽早施作仰拱封闭成环，对特殊地段缩小钢格栅的间距；

（4）随时注意观察掌子面的情况，发现地质情况变化，及时采取相应处理措施；

（5）加强监测，及时对数据进行分析，发现异常情况立即上报，并采取相应防治措施。

2. 暗挖结构衬砌作业安全保证措施

（1）模板台架工作平台、跳板、梯子等，应安设牢固，其承重不得超过设计能力，并应在现场标明；有足够的净空保证车辆、行人安全通行；工作平台应搭设不低于1m的栏杆，底板满铺，木板端头必须搭在支点上，严禁出现探头板，上下平台的梯子一侧应有扶手；

（2）灌筑混凝土前，应先检查挡头板是否稳定和严密，灌筑时必须两侧对称进行，不使台架受到偏压；拆除混凝土输送软管时，必须停止混凝土泵的运转，台架停止工作时，应及时切断电源，以防漏电、触电；

（3）拆模移动模板台架时，设专人指挥、监护，以防事故发生。

3. 模板脚手架施工安全保证措施

（1）架设工具材料的规格和质量必须符合有关技术规定的要求，自行加工的架设工具必须符合设计要求，并经试验合格后方可使用；

（2）编制脚手架施工方案，制定具体安全保护措施，所有架设人员必须有架子工上岗证；

（3）采取二次检查脚手架的方法，消除安全隐患，保证脚手架安全、可靠。

4. 装、卸渣与运输安全保证措施

（1）装载料具时，不得超出装载限界。装运大体积或超长料具时，应捆扎牢固；

（2）各种运输设备不得人、料混装，严禁非司机、搭乘非运人的车辆；

（3）装载机工作场地，应设车辆机械调度与指挥人员；

（4）禁止使用装载机当"吊机"爬坡和当运输车用，以免违章发生事故。

7.5.2　监控量测设计

对于既有桥梁结构的监测由建设单位委托有资质的第三方监测单位实施，做到24h不间断监测，并对监测信息实行统一管理，准确掌握在下穿段施工期间，既有桥梁结构、承台、桩基础等的变形情况。

1. 监测内容

新建区间自身监控量测内容见表7.8。

3 号线区间监控量测　　　　　　　　　　　　　　　　表 7.8

序号	监测项目		监测方法与仪表	监测范围	监测间距	测试精度	监测频率
1	必测项目	洞内、外观察	现场观察	开挖工作面、初支完成区、内衬完成区、洞口及地表	随时进行		开挖后立即进行
2		隧道周围地表沉降	水准仪	位于结构外沿不小于 1 倍埋深内	纵向间距 10~20m	1mm	开挖面距监测断面≤2B 时 1~2 次/d；开挖面距监测断面≤5B 时 1 次/2d；开挖面距监测断面>5B 时 1 次/周；基本稳定后 1 次/月(B 为隧道开挖跨度)
3		初期支护结构净空收敛	收敛仪	距开挖面 2m 范围内	纵向间距 15~30m 且与地表沉降点相对应	0.06mm	当沉降或收敛速率>2mm/d(或 L≤B 时)，1~2 次/d；当沉降或收敛速率:0.5~2mm/d(或 B<L≤2B 时)，1 次/d；当沉降或收敛速率:0.1~0.5mm/d(或 2B<L≤5B 时)，1 次/2d；当沉降或收敛速率<0.1mm/d(或 L >B 时)，1 次/周；基本稳定后，1 次/月
4		初期支护结构拱顶(部)沉降	水准仪	每上导洞一条	纵向间距 15~30m 且与地表沉降点相对应	1mm	
5		临近建(构)筑物	水准仪全站仪、裂缝观测仪	建筑物四角		1mm	
6		地下管线沉降	水准仪	管线接头	5~15m 一个测点		
7		地下水位	电测水位计、PVC 塑料管		5.0mm		1 次/2d
8		既有立交桥	水准仪全站仪、裂缝观测仪	桥面、桥梁支墩、桩基础		1mm	当沉降或收敛速率>2mm/d(或 L≤B 时)，1~2 次/d；当沉降或收敛速率:0.5~2mm/d(或 B<L≤2B 时)，1 次/d；当沉降或收敛速率:0.1~0.5mm/d(或 2B<L≤5B 时)，1 次/2d；当沉降或收敛速率<0.1mm/d(或 L >B 时)，1 次/周；基本稳定后，1 次/月
9	选测项目	初衬格栅应力	钢筋计	初支格栅钢筋	每个大断面和岔线段各 1~2 个主测断面	0.15% F.S.	
10		围岩压力、接触压力	土压力盒、频率接收仪	初支与围岩之间	每个大断面和岔线段各 1~2 个主测断面	0.15% F.S.	开挖面距监测断面≤2B 时 1~2 次/d；开挖面距监测断面≤5B 时 1 次/2d；开挖面距监测断面>5B 时 1 次/周；基本稳定后 1 次/月
11		土体分层沉降及水平位移	分层沉降仪、测斜仪	隧道周围土体	1~2 个主测断面，每断面 2~3 孔	1mm、0.02/0.05mm	
12		初期支护(喷射混凝土)二次衬砌内应力	应变计		1~2 个主测断面，每断面 5~11 个测点	0.15% F.S.	

注：出现情况异常时，增大监测频率。

根据设计要求，监测分为三级预警状态，具体分级详见表 7.9。当监测数据达到或超过报警值时，立即停止施工，通知设计并修正支护参数后方能继续施工。

监测预警分级及预警响应 表 7.9

序号	预警级别	预警状态
1	黄色预警	$U=(70\%\sim85\%)U_0$ 且 $s=(70\%\sim85\%)s_0$； $U=(85\%\sim100\%)U_0$ 或 $s=(80\%\sim100\%)s_0$
2	橙色预警	$U=(85\%\sim100\%)U_0$ 且 $s=(80\%\sim100\%)s_0$ $U\geqslant100\%U_0$ 或 $s\geqslant100\%s_0$ $U\geqslant100\%U_0$ 且 $s\geqslant100\%s_0$ 但整体工程尚未出现不稳定迹象
3	红色预警	$U\geqslant100\%U_0$ 且 $s\geqslant100\%s_0$ 还出现下列情况之一： U 或 s 出现急剧增长；竖井或横通道支护混凝土表面出现裂缝,同时裂缝开始渗水

注：U 为实测位移值；U_0 为允许位移值；s 为实测速率值；s_0 为允许速率值。

根据区间隧道侧穿既有桥梁评估报告及施工经验，新建地铁 3 号线暗挖隧道初衬、二衬施工过程中对地表沉降、拱顶沉降及净空收敛变形控制值进行分解，作为新建暗挖隧道侧穿既有桥梁结构施工变形控制目标。桥梁变形控制指标及分步控制技术措施见表 7.10～表 7.12。

监控量测控制指标分阶段控制（1） 表 7.10

桥梁类型	绝对沉降(mm)	差异沉降(mm)	倾斜	水平位移(mm)
连续梁	5	2	1/1000	5

监控量测控制指标分阶段控制（2） 表 7.11

施工阶段 监测项目	初期支护施工			二次衬砌施工(临时支撑拆除)					
				底板(临时仰拱不拆)			拱墙		
	预警值	报警值	控制值	预警值	报警值	控制值	预警值	报警值	控制值
地表沉降	6.86	7.84	9.80	8.35	8.40	10.5	9.80	12.2	14
拱顶下沉	10.29	12.76	14.7	11.025	13.6	15.75	14.7	16.8	21
净空收敛	6.86	7.84	9.80	8.35	8.40	10.5	9.80	12.2	14

注：1. 表中单位均为 mm；
2. 地表沉降、拱顶沉降及净空收敛最大速率值 3mm/d；
3. 区间隧道二衬结构施工控制值按照设计变形控制值的预警值进行控制；
4. 区间隧道初期支护施工变形控制值按照二衬施工控制值的 70% 进行控制；
5. 区间隧道二衬底板施工变形控制值按照二衬施工控制值的 75% 进行控制；
6. 区间隧道各阶段施工变形预警值、报警值分别按照该阶段的变形控制值的 70%、80% 进行控制。

2. 监测仪器设备

用于施工变形监测的设备绝大部分为计量仪器，保证仪器事先检定和定期保养，确保量测的准确性，本工程监测仪器设备见表 7.13。

隧道穿越桥梁分步控制技术措施一览表　　　表7.12

施工分步	技术措施			
	正常情况	出现预警值	出现报警值	应急预案
第一步:超前注浆施工	加强日常观察和监控量测,正常施工	分析原因,减少日施工进尺,继续施工	减少日施工进尺、继续施工	可在扣件上加垫调高垫板的方式调整轨顶面标高,以保持线路状态。确定变形稳定后恢复施工
第二步:对隧道结构外侧范围地层进行注浆加固	加强日常观察和监控量测,正常施工	分析原因,减少日施工进尺,继续施工	采取加强注浆等各种辅助措施	调高垫板,如出现道床裂缝扩展或与结构底板剥离时,采用磨细超流态CGM灌浆料填充
第三步:按顺序分步开挖及支护,及时封闭,并尽早进行衬砌施工	加强日常观察和监控量测,正常施工	分析原因,减少日施工进尺,进行补偿注浆	加强周边土体的补偿注浆,进行初支背后回填注浆包括加强仰拱下注浆	本步施工引起的变形值最大,可调高垫板,如出现道床裂缝扩展或与结构底板剥离时,采用磨细超流态CGM灌浆料填充
第四步:拆除临时仰拱	加强日常观察和监控量测,正常施工	分析原因,根据量测数据确定是否减少拆除临时支撑长度、继续施工	停止拆除临时支撑,找出原因,进行加固处理	加强对轨道和道床的日常维护工作
第五步:二次衬砌背后注浆	加强日常监控量测,对轨道和道床进行日常维护,继续进行工后变形量测	分析原因,根据量测数据确定是否施工	检查新做衬砌混凝土强度,增加对二衬结构加固处理	对轨道和道床进行维护、工后变形量测

监测所用主要仪器设备　　　表7.13

序号	监测项目	仪器设备(设备的名称、型号、精度等级)
1	地表沉降	水准仪(瑞士徕卡、DNA03、0.1mm);
2	拱顶下沉	水准仪(美国天宝、DiNi03、0.1mm);
3	底板隆起	钢钢尺(瑞士徕卡、GPCL2、0.3mm)
4	洞周水平收敛	收敛计(北京徕拓、JSS30A、0.1mm)
5	桥梁结构变形	表面应变计
6	桥梁结构变形	DC-5型振弦读数仪

注:既有线结构监测所用监测仪器见既有线第三方监控量测方案。

1) 应变计

本工程在现场监测时采用的应变计是XJM型表面应变计,主要用于结构表面,如桥梁、隧道、衬砌和钢管表面。使用原理依据振弦测量应变原理。在两端的钢块之间张拉一根钢弦,两钢块焊接在检测的钢表面上,表面的应变将引起两端钢块的相互移动,这样就改变了钢弦的张力。用电磁线圈激拨钢弦并通过测量钢弦的共振频率测出钢弦的张力。XJM型应变计的结构合理,便于仪器安装、修理、维护。应变计应现场调试好使用。XJM型表面应变计安装方法技术指标最大应变范围$300\mu\varepsilon$;灵敏度$0.1\mu\varepsilon$;温度范围$-20\sim60℃$;仪器长150mm;总长度165mm;电缆为两芯屏蔽。

2) 读数仪

本工程在读取监测数据时采用的是DC-5型振弦读数仪,是钢弦式传感器使用的掌上型袖珍式仪器。该仪器适用于水、电力、铁道、交通、冶金、煤炭、市政等部门在水坝、隧道、公路、桥梁、矿井等建筑物中的量测使用。工作电压 $DC=3\sim6V$；消耗电流 $15mA$；测量范围频率 $100\sim3000Hz$；测量精度 $\pm0.008Hz$；分辨率（可读变化值）$\pm0.1Hz$；环境温度 $-5\sim45℃$；相对湿度 $<75\%$。

3）振弦式应变计

振弦式应变计是利用弦振频率与弦的拉力的变化关系来测量应变计所在点的应变，应变计在制作出厂后，其中钢弦具有一定的初始拉力 T_0，因而具有初始频率 f_0，当应变计被固定在混凝土上之后，应变筒随混凝土变形而变形，筒中弦的拉力随变形而变化，利用弦的拉力变化可以测出应变筒的应变大小。先假定应变计两端承受压力，则弦的张力减少，此时弦的自振频率也减少，设弦的张力为 T，自振频率为 f，张力与频率的关系可表示为：

$$T=Kf^2 \tag{7.1}$$

式中 K——系数，与弦的长度、单位长质量有关。弦张力的变化值为：

$$\Delta T=T-T_0=K(f^2-f_0^2) \tag{7.2}$$

应变计的应变筒与其中钢弦变形协调，应变增量相同，设应变筒的应变增量为 ε_h，弦的应变增量为 ε_g，则：

$$\varepsilon_h=\varepsilon_g=\frac{\Delta T}{EA} \tag{7.3}$$

式中 EA——钢弦的轴向刚度，故：

$$\varepsilon_h=\frac{K}{EA}(f^2-f_0^2)=K_h(f^2-f_0^2) \tag{7.4}$$

在应变计出厂前，通过压力机标定，给出初始频率 f_0 及系数 K_h，进而求得读数频率下的应变值 ε_h 为：

$$\varepsilon_h=K_h(f^2-f_0^2)=K_hf^2-\alpha_0 \tag{7.5}$$

式中 K_h、α_0、f_0^2——常量，与应变计有关。

7.5.3 穿越风险源的施工监测措施

暗挖穿越风险源时，拟采取的测量及监测保护措施如下：

（1）按监测标准及设计要求，确保监测点数量、位置及埋设满足监测要求，并做好施工过程中监测点的保护工作。

（2）严格按照设计监控量测频率进行工作，做到数据及时采集、整理及分析、反馈及指导现场施工。

（3）项目部监测小组与第三方监测单位、既有线第三方监测单位建立有效的沟通反馈机制，隧道施工能够及时根据监控量测数据修正施工参数，确保既有线结构安全顺利通过。

7.5.4 监测方法和数据处理

1. 地表沉降点埋设

1）基准点及监测点布置

区间高程基准网选取地铁 16 号线施工高程系统为基础建立，在远离地铁基坑施工影

响区稳固位置选择高程基准点。高程基准点、工作基点同监测点一起布设成独立的闭合环
或形成由附和路线构成的结点网。

2）沉降点布设

测点为顶部光滑的、凸球面钢制测钉，打入土体中的
测钉要有足够的长度，测钉与土体间不允许松动，测点埋
植示意如图 7.15 所示。

2. 洞内监测

隧道开挖时，拱部围岩除了瞬时完成的弹性变形外，
还可能由塑性变形及其他原因而继续变形，使顶壁轮廓发
生变化，重新分布应力作用使新生围岩的开挖面局部产生
破裂，从而导致灾害事故发生。所以随隧道开挖的同时进
行洞内监测。

1）拱顶下沉

拱顶下沉值是关于隧道安全、稳定的重要数据，是围

图 7.15 地面测点布置图

岩和支护力学形态变化的最直接、最明显的反映，易于实现量测信息反馈。在拱顶格栅安
装后，在顶板中部格栅上焊挂钩，喷射混凝土后及时进行初始读数，算出测点标高。布点
间距与地表沉降观测断面相对应。本次测得的高程数据与初始测量的数据之差，即为累计
沉降值。

2）水平收敛监测

隧道围岩周边各点趋向隧道中心的变形为收敛。隧道收敛位移量测是指对隧道壁两点
间水平距离变形的量测。周边位移是隧道围岩应力状态变化的最直观的反映，量测周边位
移可为判断隧道空间的稳定性提供可靠的信息。根据变位速度判断隧道围岩的稳定程度为
二次衬砌提供合理的支护时机，指导现场设计与施工。

3. 地面建（构）筑物变形监测

1）监测方法

用精密水准仪量测建（构）筑物的不均匀沉降、水平位移。在施工过程中注意观测房
屋的裂缝情况，根据测量结果判断建筑物的变形和沉降情况，地面建（构）筑物变形监测
设点布置如图 7.16 所示。

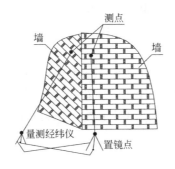

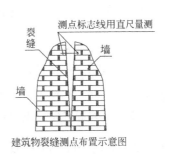

图 7.16 地面建（构）筑物变形监测点设置

2）响应对策

当建（构）筑物的变形超过警戒值时，加快监测频率，及时加强开挖面的支撑、土压的建立和增加注浆量及加固地层等措施，必要时，对既有建筑物的基础采取加固措施。

4. 现场巡视方法

1）洞内现场巡视

巡视的内容包括地质预探、素描，拱架、型钢支撑状态等观察和记录。发现结构支撑周围土体大范围塌落、周边地表明显沉陷、支撑明显扭曲变形等异常情况及时通报，并拍照存档。巡视过程中，填写现场巡视表。

2）地下管线现场巡视

本工程在施工过程中对影响范围内的地下管线均需要重点巡视。

（1）首次巡视

在施工影响前对所要巡视的地下管线做首次巡视。首次巡视的重点是调查地下管线现状，巡视该管线周围有无地面裂缝、渗水及塌陷情况、检查井等附属设施的开裂以及井内有无积水或积水的深度等情况。有裂缝的地方做好标识，记录裂缝的位置、形态，用游标卡尺或裂缝读数显微镜测量并记录裂缝的宽度；井内有积水的要记录积水的深度以及积水来源。对在施工影响前已经出现的地面裂缝、井内积水等异常情况，采用拍照的方式进行影像资料存档。

（2）日常巡视

日常巡视过程中须注意交通安全，避让来往车辆。巡视的内容包括：管线沿线地面开裂、渗水及塌陷情况；检查井等附属设施的开裂以及井内有无积水或积水的深度等情况等。对在首次巡视中发现的既有裂缝测量其宽度并与初始宽度进行现场比较。发现地下管线持续漏水、检查井内出现开裂或进水等异常情况及时通报，并拍照存档。巡视过程中，填写现场巡视表。

3）地表现场巡视

因本工程位于丰台南路站、造甲街等处，车流量较大，故在本工程施工过程中，要对竖井周边地表、隧道上方道路作为重点巡视对象。

（1）首次巡视

在施工影响前对所要巡视的地面做首次巡视。首次巡视的重点是调查地面有无裂缝、地面隆陷情况。有裂缝的地方做好标识，记录裂缝的位置、形态，用游标卡尺或裂缝读数显微镜测量并记录裂缝的宽度，并采用拍照的方式对既有裂缝、地面隆陷等情况进行影像资料存档。

（2）日常巡视

日常巡视的内容包括地面裂缝、地面沉陷、隆起等。对在首次巡视中发现的既有裂缝测量其宽度并与初始宽度进行现场比较，发现新增地面裂缝或裂缝发展速率超过预警标准、地面隆陷等异常情况及时通报，并拍照存档。巡视过程中，填写现场巡视表。

7.5.5　资料整理和分析反馈信息

1. 监测资料的整理

保证既有桥梁结构的安全，开工前对既有桥梁现状进行周密的调查，并做好记录和拍照工作。施工中加强观测和检查，对既有桥梁出现的裂缝、沉降、相应的施工工况及采取的措施等，都要做好详实记录。量测数据必须完整、可靠，对施工工况应有详细的描述，使之真正能起到施工监控的作用，为设计和施工提供依据。所有测点均应反映施工中该测点受力或变形等随时间的变化，即从施工开始到完成、观测数据趋于稳定为止。监测数据应及时分析，沉降、位移等观测项目尚应绘制随时间变化的关系曲线，对变形和内力的发展趋势做出评价。监测单位应能根据对当前测试数据的分析，较好地预报下一施工步序的变形趋势与受力情况和地表沉降等，并对施工措施提出相应建议。

监控量测资料均由计算机处理与管理，绘制各种类型的表格及曲线图，对监测结果进行回归分析，预测最终位移值，预测结构物的安全性，确定工程技术措施。因此，对每一测点的监测结果要根据管理基准和位移变化速率等综合判断结构和建筑物的安全状况，并编写周、月汇总报表，及时反馈指导施工，调整施工参数，达到安全、快速、高效施工的目的。

取得各种监测资料后，需及时处理，排除仪器、读数等操作过程中的失误，剔除和识别各种粗大、偶然和系统误差，避免漏测和错测，保证监测数据的可靠性和完整性，采用计算机进行监控量测资料的整理和初步定性分析工作。数据处理方法为：

（1）数据整理

把原始数据通过一定的方法，如按大小的排序用频率分布的形式把一组数据分布情况显示出来，进行数据的数字特征值计算、离群数据的取舍。

（2）插值法

在实测数据的基础上，采用函数近似的方法，求得符合测量规律而又未实测到的数据。

（3）采用统计分析方法对监测结果进行回归分析。

2. 分析反馈信息

寻找一种能够较好地反映监测数据变化规律和趋势的函数关系式，对下一阶段的监测量进行预测，防患于未然。

根据施工监测的成功经验，拟采用Ⅲ级监测管理并配合位移速率作为监测管理基准，即将允许值的三分之二作为警告值，允许值的三分之一作为基准值，将警告值和允许值之间称为警告范围，实测值落在此范围，应提出警告，说明需商讨和采取施工对策，预防最终位移值超限，警告值和基准值之间称为注意范围，实测值落在基准值以下，说明结构是稳定的。当施工中出现：①监测数据有不断增大的趋势；②时态曲线长时间没有变缓的趋势。应立即停止施工，采取相应处理措施。

对每一测点的监测结果根据管理基准和位移变化速率等综合判断新建区间及既有桥梁结构的安全状况，并编写周、月汇总报表。根据报表进行分析，及时反馈指导施工，调整施工参数，达到安全、快速、高效施工的目的。监测信息反馈流程见图 7.17。

7.5.6　监测管理体系和保证措施

1. 监测管理体系

针对本工程监测项目的特点建立专业组织机构，由 4～5 人组成监控量测及信息反馈小组，成员由多年从事地下工程施工及监测经验的技术人员组成，组长由具有丰富施工经

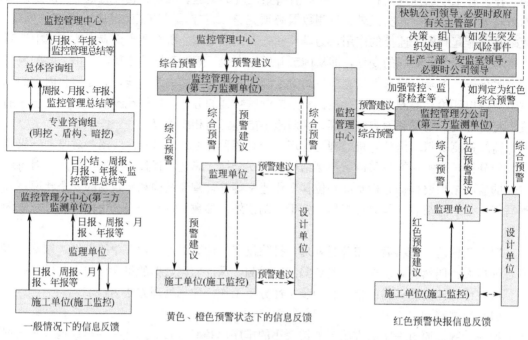

图 7.17　监控量测信息反馈程序

验，具有较高结构分析和计算能力的工程师担任。监测小组根据监测项目分为地面和地下两个监测小组，各设一名专项负责人，在组长的领导下负责地面和地下的日常监测工作及资料整理工作。监测组织机构见图 7.18。

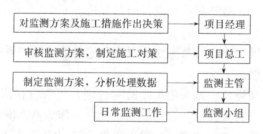

图 7.18　施工监测组织机构

2. 监控量测流程

监控量测流程见图 7.19。

3. 监测管理体系保证措施

（1）监测小组负责监测点设计、布置和量测操作以及数据处理，并将监测信息及时反馈给项目总工程师。

（2）监测小组以项目总工程师为直接领导，由具备丰富施工经验、监测经验及有结构受力计算、分析能力的工程技术人员组成。负责监测方案的制定、监测仪器的埋设和调试、监测数据的收集、整理和分析，并采用先进可靠的计算软件，快速、及时准确地反馈信息，指导施工。

（3）施工前根据施工工艺、地形地质条件、支护类型和参数、开挖方式等制定施工监测设计。施工过程中通过测量收集必要的数据，绘制各种时态关系图，进行回归分析，对支护的受力状况和施工安全做出综合判断，并及时反馈于施工中，调整施工参数，使施工过程完全进入信息化控制。

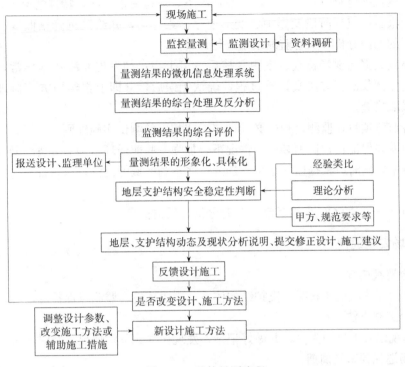

图 7.19　监控量测流程

（4）监测人员固定，保证监测资料的连续性和准确性；监测时严格执行相应的设计要求和规范要求。

（5）监测的资料经过现场检查、监测主管室内复核正确后方可上报有关部门、领导。

（6）专人负责保管监测资料，避免遗失。

7.5.7　监控量测质量保证措施

为保证监测工程的质量，除了需要有先进的监测仪器设备及富有经验的工程技术人员外，更重要的还应通过建立明确的责任制和检查校核制度来予以保证。为确保量测数据的真实性、可靠性和连续性，特制定以下工作制度和各项质量保证措施：

（1）监测组与监理工程师密切配合工作，及时向监理工程师报告情况和问题，并提供相关切实、可靠的数据和记录。

（2）测点布置力求合理，应能反映出施工过程中结构的实际变形和应力情况及对周围环境的影响程度。

（3）测试元件及监测仪器必须是正规厂家的合格产品，测试元件要有合格证，监测仪器要定期校核、标定。

（4）测点埋设应达到设计要求的质量，并做到位置准确，安全稳固，设立醒目保护标志。

（5）监测工作由多年从事监测工作及有类似工程监测经验的工程师负责，小组其他成员也是有监测工作经历的工程师或测工，并保证监测人员的相对固定，保证数据资料的连续性。

（6）监测数据应及时整理分析，一般情况下，应每周报一次，特殊情况下，每天报送一次。监测报告应包括阶段变形值、变形速率、累计值，并绘制沉降槽曲线、历时曲线等，作必要的回归分析，及对监测结果进行评价。

（7）检测数据均现场检查、室内复核后方可上报；如发现监测数据异常，应立即复测，并检查监测仪器、方法及计算过程，确认无误后，立即上报给甲方、监理及单位主管，以便采取措施。

（8）各监测项目在监测过程中必须严格遵守相应的测试实施细则。

（9）雨期在保证正常监测频率的情况下，加强一些薄弱环节和主要管线及建筑物等项目的量测频率，同时应根据监测结果，加强一些不利区域的监测，以保证整个工程始终处于监控状态。

（10）开展相应的 QC 小组活动，及时分析，反馈信息。

7.5.8 现场安全巡视

1. 安全巡视内容

主要包括开挖面地质状况、支护结构体系、周边环境、监测点保护等内容。

2. 安全巡视方法

现场巡视以人工目测为主，并做好记录，发现异常或危险情况，及时汇报。

3. 现场巡视频率及周期

依据监测项目制定巡视频率，如表 7.14 所示。

现场安全巡视频率及周期　　　　　　　　　　表 7.14

序号	安全巡视项目	巡视频率
1	开挖面地质状况	每次开挖后
2	支护结构体系	
3	周边环境	2次/d
4	监测点保护	2次/d

7.6 应急预案

7.6.1 拱顶坍塌

1. 风险特点

隧道拱顶坍塌一般发生在隧道开挖过程中或开挖完成后架设钢格栅的过程中，有时也会发生在钢格栅架设完成后，喷射混凝土的过程中。坍塌前一般会有局部或较小范围掉块，如不及时采取措施，掉块较大导致坍塌。拱顶坍塌可能造成的后果包括（不限于）砸伤人员、引起拱顶空洞及地面和拱顶沉降过大。

2. 应急措施

（1）疏散险情现场闲杂人员，必要时对地面影响范围内的周边单位或住宅内人员进行疏散；

（2）组织经验丰富的抢险人员采取堆土、沙袋或方木支撑、格栅钢架等手段封闭掌子面；

（3）加强与地面联系和监测，观察坍塌的发展情况；

（4）从已支护好的部位钻孔，对坍塌处采取喷射混凝土和注浆等措施，将坍塌处填充密实，必要时可结合地面回灌等手段；

（5）根据坍塌情况和发展趋势确定成立公司或项目管理公司现场施工指挥领导小组，进行现场施工管理；

（6）如坍塌过大，影响到道路则执行道理坍塌应急措施（图 7.20）。

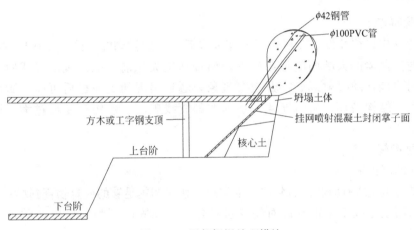

图 7.20　局部坍塌处理措施

3. 注意事项

（1）由于坍塌后发展不确定性和拱顶坍塌后果的多样性，出现坍塌后，在防止和减轻人员伤亡事故的同时，应第一时间封闭掌子面和坍塌处，防止和减弱继续坍塌，同时关注地面和地面措施；

（2）为防止次生灾害，回填一定要及时、密实。

7.6.2　隧道涌水

1. 风险特点

隧道突泥涌水一般发生在隧道开挖过程中，通常出现在隧道拱部，如出现突泥涌水导致隧道坍塌，甚至坍塌至地面。涌水一般为隧道开挖过程中各种原因导致的水管突然破裂，或连通有强烈补给的地下水体，或在开挖过程中围岩突然变化而相应的超前支护措施没有及时改变。

2. 应急措施

（1）准备好足够的沙袋，一旦发生突泥情况，立即用沙袋封堵；

（2）待封堵稳定后喷射混凝土封闭掌子面进行全断面超前注浆，并对注浆效果进行检查，直至达到开挖要求后方可继续施工；

（3）初支后及时加强背后回填注浆，保证初支背后密实；

（4）准备足够的抽水设备，及时排除涌水，如可能，第一时间切断水体补给来源，加强注浆堵水和加固围岩；

（5）根据情况确定成立公司现场施工指挥领导小组，进行现场施工管理。

3. 注意事项

（1）涌水后应根据涌水原因、来源及水量制定应急措施；如涌泥，则应根据涌出物的性质和大小制定应急措施；

（2）发生突泥涌水后一般情况下隧道承受的荷载会加大，施工时应强化初期支护，加快成环时间。

7.6.3 隧道初支失稳

1. 风险特点

隧道初支失稳往往发生在隧道开挖完成以后，二次衬砌施工前，往往出现在有临时仰拱或临时中隔墙的大断面隧道结构中。出现初支失稳前可能出现沉降或收敛过大的现象，同时可能伴随喷射混凝土开裂等现象，隧道出现初支失稳后可能导致沉降、收敛急剧加大，结构破坏，从而导致一系列的如管线破坏、建构筑变形过大、道路坍塌等严重后果。

2. 应急措施

（1）立即停止施工；

（2）紧急组织所有应急人员到位，根据指令快速调集足够的应急物资到场；

（3）采用土方或工字钢立即对初支进行加固，加固范围为失稳段两侧各延长一倍洞径；

（4）对于构成隧道永久结构初支，根据其失稳破坏情况，在专家指导下，采用锚杆补强、加密钢支撑或增加喷射混凝土厚度等综合处理措施；

（5）加固的同时，同步进行监控量测，根据监测结果指导加固施工；

（6）监测地面及管线和建（构）筑物的变形情况；

（7）待加固完成并稳定后方可继续施工。

3. 注意事项

（1）一旦发生失稳现象，立即补强临时支撑，清楚洞内被困人员；

（2）抢险时应密切关注隧道结构、变形及地面和相关建（构）筑物的情况；

（3）待稳定，并对永久初支可靠补强后，方可继续施工。

7.6.4 既有桥梁结构变形超限

1. 风险特点

隧道开挖过程中沉降过大或拱顶塌方易造成既有桥梁发生结构不均匀沉降，注浆压力或注浆量过大造成既有桥梁桩基础发生变形，对既有桥梁运营安全造成影响。

2. 应急措施

（1）立即停止施工并封闭掌子面；

（2）加强与桥梁管理运营公司沟通，了解桥梁变形现场实际情况；

（3）对隧道进行背后回填注浆，并采取多次径向补注浆，防止既有桥梁结构继续变形；

（4）在桥梁变形超限对应的 3 号线隧道中心设置两道竖向工字钢，工字钢上方设置一道横向工字钢与隧道顶密贴，工字钢下方各设置一台千斤顶，并根据既有线监测情况调整施加轴力，保证既有线安全；

（5）必要时组织专家讨论分析造成结构变形过大的原因和相应的治理措施；

（6）由于变形的持续性和长期性，抢险完成变形稳定后继续加强监测，并一直持续到工后，同时采取二次注浆措施。

3. 注意事项

应注意合理安排注浆顺序、部位、压力及不同时段的浆液选择及配比，以防止注浆过程中隆起过快或不均匀隆起。

7.6.5 天气原因（汛期）对穿越既有桥梁的影响

1. 风险特点

由于天气原因造成初支施工对既有桥梁的影响，主要是汛期。汛期地下水位上升，新建线路洞内施工受影响较大，势必会增加注浆量及增大注浆压力，对既有桥梁造成影响。

2. 应急措施

（1）根据监测，当发生不利影响达到预警值，立即停止施工，并对既有线桥梁采取保护措施；

（2）封闭开挖掌子面，加强水位监测，实时更新注浆压力、注浆量等参数；

（3）开挖掌子面设置导流管，疏排隧道内残留地下水，在正线隧道最低点增设潜水泵，保证残留地下水不影响施工；

（4）加强监测频率，强化监测措施和要求，根据影响的严重程度，确定成立公司或项目管理公司现场施工指导领导小组进行现场施工管理。

3. 注意事项

下雨时做好隧道洞口封堵，防止雨水大量流入隧道内；每条隧道各配备 3 台泥浆泵，用于排除隧道积水。

7.6.6 其他应急措施

（1）隧道内人行钢梯作为地下应急疏散通道，沿线应急照明及指示标志按要求进行设置。

（2）施工地面场区设置应急物资库房，隧道内设置移动式应急物资架，按照要求配备足够的应急物资，并做好标识及记录。

（3）隧道内与地面采取座机电话进行沟通，确保应急通信畅通及时。

（4）在隧道内每个掌子面设置视频监控，实时了解掌子面施工情况。

（5）竖井施工场区配备一台大功率发电机，发电机功率满足隧道内照明、隧道掌子面施工要求，确保在临时停电的情况下，隧道掌子面正常安全作业不受影响。

7.7　本章小结

本章依托沈阳 3 号线某区间穿越文化路立交桥为工程背景，介绍了暗挖区间近距离穿越桥桩的施工控制措施及标准马蹄形暗挖断面施工的相关工序等内容。结合实际施工效果，可以得到如下结论：

（1）通过数值仿真计算模拟及现场施工的效果来看，在砂卵石地层场地内，采取深孔注浆加固＋增设临时仰拱＋加密格栅间距的保护方案，对控制地层变形效果较好。

（2）暗挖施工时，严格遵循暗挖"十八字"方针，加强现场的实施监测，保证监测数据与现场施工进度的实时联动，用监测数据指导优化施工工序，是类似工程中控制变形的重要举措。

第8章
超浅埋暗挖大断面区间隧道穿越市政管线及建筑物

8.1 工程概况及难点

8.1.1 工程概况

本章依托工程为北京 19 号线平安里站—积水潭站（平—积）区间，区间整体概况详见本书 2.1.1 节。本章将介绍本区间渡线段穿越既有管线及建筑物的工程。渡线段主要采用棚盖法施工，部分单线单洞标准断面隧道采用矿山法施工。渡线段棚盖法区域顶板覆土约 12.75m，底板埋深 22.49m，长度约为 115m。渡线段初支结构形式分为拱顶直墙单层单跨断面、平顶直墙单层单跨断面、平顶直墙单层双跨断面及标准马蹄形断面（图 8.1～图 8.4、表 8.1）。

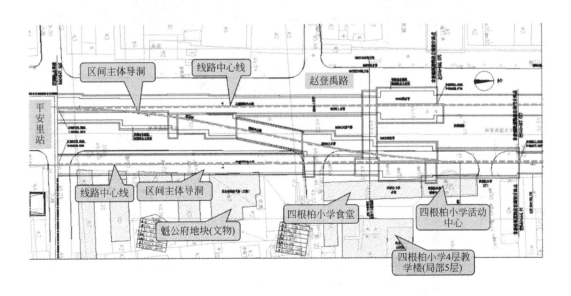

图 8.1 平—积区间渡线段总平面

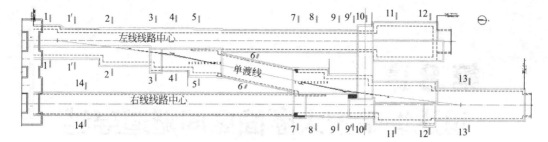

图 8.2　平—积区间渡线段结构平面

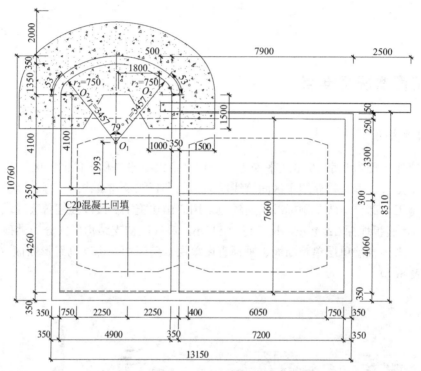

图 8.3　平—积区间渡线段结构 5-5 剖面

平—积区间渡线段各结构断面尺寸汇总　　　　　　　　　　　　　表 8.1

断面编号	结构形式	净空尺寸 (高×宽,m×m)	顶板厚度 (mm)	底板厚度 (mm)	侧墙厚度 (mm)	中隔墙厚度 (mm)
1-1	平顶直墙 单层单跨	5.84×7.05	900	900	800	—
2-2	平顶直墙 单层单跨	5.84×7.15	900	900	800	—
3-3	平顶直墙 单层单跨	5.74×7.95	1000	1000	900	—
4-4,9-9	平顶直墙 单层单跨	6.64×9.3	1200	1200	950	—
5-5	平顶直墙 单层双跨	5.89×10.95	850	850	750	400

续表

断面编号	结构形式	净空尺寸 (高×宽,m×m)	顶板厚度 (mm)	底板厚度 (mm)	侧墙厚度 (mm)	中隔墙厚度 (mm)
6-6	标准马蹄形	6.64×6.38	300	300	300	—
7-7	平顶直墙 单层单跨	6.09×4.6	650	650	500	—
8-8	平顶直墙 单层双跨	5.89×11.04	850	850	750	400
9'-9'	平顶直墙 单层双跨	6.64×8.4	1200	1200	950	
10-10	平顶直墙 单层单跨	8.46×8.3	1000	1000	900	
10'-10'	平顶直墙 单层单跨	6.09×8.3	650	650	900	
11-11	平顶直墙 单层单跨	8.26×9.3	1200	1200	1000	
11'-11'	平顶直墙 单层单跨	6.64×9.3	1200	1200	1000	
12-12	CRD法大断面	7.62×8.44	450	450	450	—

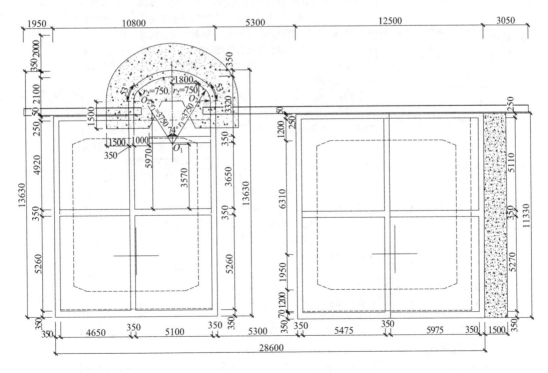

图 8.4　平—积区间渡线段结构 12-12 剖面

8.1.2　周边环境及风险源

1. 地下管线

渡线段结构上方地下管线较多，有上水、雨水、污水、热力、电力、天然气等管线。其中，需要重点控制的管线有：纵向侧穿 2900mm×2300mm 热力方沟、纵向侧穿 2000mm×2300mm 电力方沟、纵向下穿 DN1000 污水管、纵向下穿 DN1600 雨水管、纵向下穿 DN300 天然气管、纵向下穿 DN600 上水管以及纵向下穿 DN200 上水管，如表 8.2 所示。风险源与渡线段结构关系 3-3 剖面如图 8.5 所示。

平—积区间渡线段结构地下管线风险工程分级　　　　　　　　　　表 8.2

序号	风险工程名称	风险工程基本情况及保护措施	风险工程等级
1	渡线段结构下穿 DN1600 雨水管	渡线段结构纵向下穿 DN1600 雨水管，雨水管管底埋深 4.15m，壁厚 160mm，为混凝土管。与渡线段竖向最小净距 7.99m。先行导洞拱顶深孔注浆加固地层，平顶初支断面增设管棚强支护，严格按施工步序施工，施工过程中加强监测。同时应做好注浆压力的控制，避免注浆对管线造成不利影响。与产权单位协商，制定应急预案，以应对突发风险	一级
2	渡线段结构下穿 DN600 上水管	渡线段结构下穿 DN600 上水管，上水管管底埋深 3.18m，铸铁材质，壁厚 10mm。与渡线段初支竖向最小净距 8.96m。先行导洞拱顶深孔注浆加固地层，平顶初支断面增设管棚强支护，严格按施工步序施工，施工过程中加强监测。同时，做好注浆压力的控制，避免注浆对管线造成不利影响。与产权单位协商，制定应急预案，以应对突发风险	一级
3	渡线段结构下穿 DN1000 污水管	渡线段结构下穿 DN1000 污水管，污水管管底埋深 6.34m，壁厚 100mm，为混凝土管。与渡线段初支竖向最小净距 5.8m。先行导洞拱顶深孔注浆加固地层，平顶初支断面增设管棚强支护，严格按施工步序施工，施工过程中加强监测，同时做好注浆压力的控制，避免注浆对管线造成不利影响。与产权单位协商，制定应急预案，以应对突发风险	一级
4	渡线段结构下穿 DN300 天然气管	渡线段结构下穿 DN300 天然气管，天然气管管底埋深 3.18m，与先行导洞拱顶初支竖向最小净距 7.46m。先行导洞拱顶深孔注浆加固地层，平顶初支断面增设管棚强支护，严格按施工步序施工，施工过程中加强监测，同时做好注浆压力的控制，避免注浆对管线造成的不利影响。制定应急预案，应对管线渗漏的突发风险	一级
5	渡线段结构下穿 DN200 上水管	渡线段结构下穿 DN200 上水管，上水管管底埋深 1.09m，铸铁材质，壁厚 6mm。与先行导洞拱顶初支竖向最小净距离 8.55m。先行导洞拱顶深孔注浆加固地层，平顶初支断面增设管棚强支护，严格按施工步序施工，施工过程中加强监测。同时做好注浆压力的控制，避免注浆对管线造成的不利影响。制定应急预案，应对管线渗漏的突发风险	二级
6	渡线段结构邻近 2900mm×2300mm 热力沟	渡线段结构邻近 2900mm×2300mm 热力沟，沟内底标高 38.52m，与渡线段初支水平最小净距 4.144m。先行导洞拱顶深孔注浆加固地层，平顶初支断面增设管棚强支护，严格按施工步序施工，施工过程中加强监测	一级
7	渡线段结构邻近 2000mm×2300mm 电力沟	渡线段结构邻近 2000mm×2300mm 电力沟，沟内底标高 38.24m，与渡线段初支水平最小净距 7.644m。先行导洞拱顶深孔注浆加固地层，平顶初支断面增设管棚强支护，严格按施工步序施工，施工过程中加强监测	二级

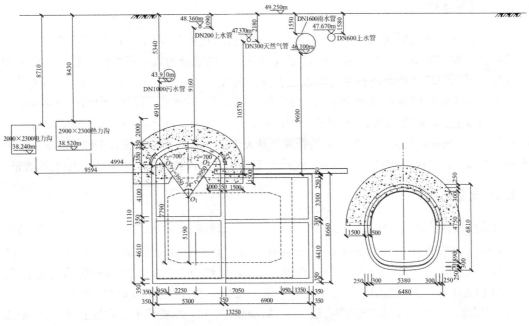

图 8.5　风险源与渡线段结构关系 3-3 剖面

2. 周边建（构）筑物

渡线段结构周边建（构）筑物存在一级风险源三个：下穿四根柏小学食堂（单层钢结构）、下穿四根柏小学活动中心（单层钢结构）、下穿文物馆公府（单层平房）；二级风险源一个：邻近四根柏小学教学主楼（地上 18.6m，基础埋深 4m，砖混结构）。风险工程分级如表 8.3 所示。

平—积区间渡线段结构周边建（构）筑物风险工程分级　　　　表 8.3

序号	风险工程名称	风险工程基本情况及保护措施	风险工程等级
1	渡线段结构下穿四根柏小学食堂	渡线段结构下穿四根柏小学食堂，既有食堂建筑为单层钢结构建筑，横通道结构与食堂最小水平距离约为 12.14m。下穿小学食堂一侧，管棚长度增加，侧壁增加注浆，严格按施工步序施工，施工过程中加强监测。施工中严格控制棚盖背后注浆压力，避免破坏建（构）筑物	一级
2	渡线段结构下穿四根柏小学活动中心	渡线段结构下穿四根柏小学活动中心，活动中心建筑为单层钢结构建筑，横通道结构距离活动中心最小竖向距离约为 12.14m。下穿活动中心一侧，管棚长度增加，侧壁增加注浆，严格按施工步序施工，施工过程中加强监测。施工中严格控制背后注浆压力，避免破坏建（构）筑物	一级
3	渡线段结构邻近文物馆公府	渡线段结构下穿文物馆公府，现状为既有单层平房。下穿位置区间为单洞单线标准马蹄形断面，拱顶与建筑物净距为 14.6m。拱顶深孔注浆加固地层，严格按施工步序施工，施工过程中加强监测	一级
4	渡线段结构邻近四根柏小学 5 层教学楼	渡线段结构邻近四根柏小学 5 层教学楼，教学楼为地上 18.6m、基础埋深 4m 的砖混结构，横通道与教学楼水平间净距约为 10.79m。邻近小学教学楼一侧，管棚长度增加，侧壁增加注浆，严格按施工步序施工，施工过程中加强监测	二级

8.1.3 地质条件

本次勘察揭露地层最大深度为 66.0m，根据钻探资料及室内土工试验结果，按地层沉积年代、成因类型，将本工程沿线勘探范围内的土层划分为人工堆积层、第四纪全新世沉积层、第四纪晚更新世沉积层与古近纪岩基层四大层。

渡线段结构先行导洞拱顶位于③$_1$粉质黏土层及③$_3$粉细砂层，往下依次为③砂质粉土—黏质粉土层，厚约 3.2m；⑤卵石—圆砾层，厚约 5.8m，最大粒径不小于 170mm，一般粒径 20~60mm，粒径大于 20mm 的颗粒含量大于 50%，中粗砂填充；⑦卵石层最大粒径不小于 200mm，一般粒径 20~80mm，粒径大于 20mm 的颗粒含量大于 60%，中粗砂填充。

8.1.4 水文条件

渡线段棚盖法区域结构顶板覆土约 12.75m，底板埋深 22.49m。顶板位于③$_1$粉质黏土层，底板位于⑦卵石层。本场地赋存三层地下水：第一层为上层滞水（一），水位标高 47.59m，位于先行导洞拱顶以上 8.4m 位置左右，埋深约为 3.5m，位于①粉质黏土填土层、①$_1$杂填土层；第二层为潜水（二），水位标高 35.24m，位于先行导洞拱顶以下 4.9m 位置左右，埋深约为 17.1m，位于⑤卵石层、⑤$_2$粉细砂层、⑥$_2$黏质粉土砂质粉土层、⑥$_3$粉细砂层；第三层为层间水（三），水位标高 20.40~21.99m，位于结构底板以下 7.6~6.1m 位置左右，埋深为 27.60~29.15m，位于⑦卵石层、⑦$_1$中粗砂层、⑦$_2$粉细砂层、⑦$_3$砂质粉土黏质粉土层、⑨卵石层、⑨$_1$中粗砂层、⑩$_4$中粗砂层、⑪卵石层、⑪$_1$中粗砂层。

8.1.5 工程重难点

本段工程存在以下施工重难点：

（1）本段区间场地位于北京市西二环，周边环境复杂，建筑物、管线等较多，施工风险大。区间采用棚盖法施工，本身管棚的打设精度为控制变形的关键环节，如何保证管棚打设平直、各项参数满足设计要求，是本工程的施工重点。

（2）本区间为渡线段，存在较多的结构变断面，其受力转换复杂，初支结构的合理分块开挖及竖向临时支撑的及时到位，保证结构暗挖施工过程，实时满足"先撑后拆"的原则，是保证本工程安全实施的重点。

（3）本工程采用"深孔注浆"的加固措施，保证注浆体现场施工的连续性，有效性是控制上方风险源变形的主要措施之一。

8.2 超浅埋暗挖施工方案

本区间顶板覆土较浅，且上方为城市主干道路，道路下方存在较多重要管线，不具备明挖施工条件，推荐采用暗挖法施工。传统暗挖拱顶大断面，即采用"锯齿状"断面包络整个单渡线的传统暗挖方式，最终拟定的暗挖断面尺寸过大，与既有的地下管线位置关系存在冲突，可实施性不高，且暗挖竖井破除马头门的范围太大，考虑竖井本身贴近学校建筑，且需三面破除，施工风险过大，风险不可控。因此，本工程最终选择暗挖平顶直墙断面的思路，即采用"棚盖法"，此方法优点如下：

（1）采用刚度较强的钢管作为顶部临时支护，保障施工质量的前提下，钢棚盖对于暗挖断面上方土层的变形控制效果较好；

（2）暗挖断面采用平顶直墙断面，减小了断面尺寸，增加了与上方管线的竖向净距，解决了与管线位置冲突的问题，有效地减小了对既有管线及建筑物的影响，具备可实施性。

本区间渡线段实际施工过程中，严格按照设计要求施工，取得了良好的施工效果。下面将具体介绍本工程中涉及的部分重要施工工序的施工方案，以供类似工程参考。

8.2.1　总体施工顺序

渡线段二衬结构利用已完成的四根柏施工竖井横通道组织施工，各断面由横通道远端向横通道方向施工，最后施工横通道范围二衬结构，与车站接头端预留 10m 范围，待车站北端二衬施工完成后再进行初支、二衬的施工，具体施工顺序及组段划分见图 8.6。

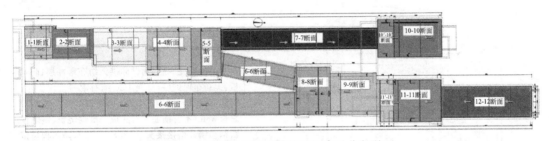

图 8.6　渡线段结构总体施工顺序及分段平面

渡线段平顶直墙单层单跨（无中隔壁）结构横断面（7-7 断面）施工步序：由下至上依次施工底板、临时仰拱下侧墙、顶板及剩余部分侧墙。本结构形式断面底板一次性浇筑 43m（全部施作），侧墙每段施工 9m，顶板每段施工 9m。底板施工顺序：基面处理→防水施工→钢筋绑扎→混凝土浇筑及养护；侧墙施工顺序：基面处理→防水施工→钢筋绑扎→模板架立→混凝土浇筑及养护；顶板施工顺序：模板支撑体系搭设（兼做施工作业平台）→钢筋绑扎→混凝土浇筑及养护→防水施工。

渡线段平顶直墙单层单跨（有临时中隔壁）结构横断面（1-1～4-4、9-9～11-11）施工步序：由下至上依次施工底板、临时钢支撑、临时仰拱下侧墙、有钢支撑侧顶板及剩余侧墙、无钢支撑侧顶板及剩余侧墙。本结构形式断面底板、侧墙、顶板每段施工均为 9m，底板及侧墙施工顺序同 7-7 断面，平顶导洞内顶板施工顺序：模板支撑体系搭设（兼做施工作业平台）→基面处理→防水施工→钢筋绑扎→混凝土浇筑及养护，拱顶导洞内顶板施工顺序同 7-7 断面。

渡线段平顶直墙单层双跨结构横断面（5-5、8-8）施工步序：由下至上依次施工底板、临时钢支撑、临时仰拱下侧墙、有钢支撑侧顶板及剩余侧墙、临时仰拱下中隔墙、无钢支撑侧顶板及剩余侧墙、中隔墙。本结构形式断面底板、侧墙、中隔墙、顶板每段施工均为 9m，各部位施工顺序同 1-1～4-4、9-9～11-11 断面。

渡线段隧道衬砌遵循"仰拱超前、拱墙整体衬砌"的原则，二次衬砌前提是：初期支护稳定、仰拱施作完成、衬砌背后防水板铺装完成、衬砌内钢筋绑扎完成，以上各项检查合格后，进行衬砌台车就位、固定，并安装挡头板及中埋式钢边橡胶止水带，二衬采用泵送混凝土一次灌注施工完成，在混凝土强度达到规范要求后方可脱模，进行下一循环施工。右线向南、单渡线标准断面隧道二衬施工采用模板台车施工，分段长度为12m。右线向北 CRD 断面二衬施工采用组合钢模板，分段长度不超过拆撑长度（8m）。

8.2.2 渡线段横断面施工步序

本区间变断面较多，合理的受力转化是保证工程安全性的关键，渡线段平顶直墙二衬施工分三种形式，CRD 法大断面有一种形式，具体施工步序及适用断面详见表8.4～表8.7。

平顶直墙单层单跨二衬施工（无临时中隔壁）步序 　　表 8.4

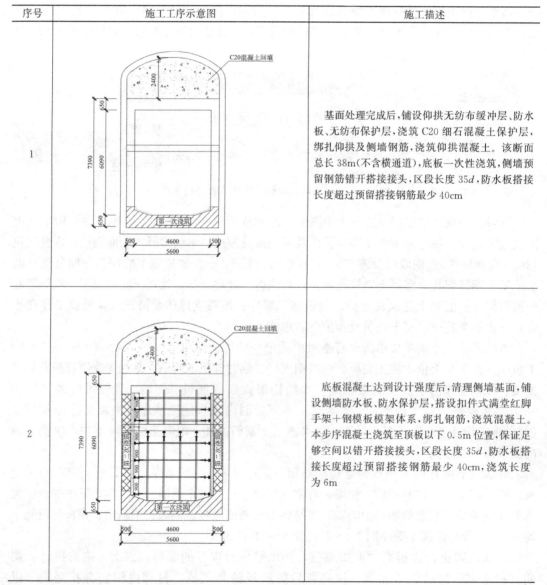

序号	施工工序示意图	施工描述
1		基面处理完成后，铺设仰拱无纺布缓冲层、防水板、无纺布保护层，浇筑 C20 细石混凝土保护层，绑扎仰拱及侧墙钢筋，浇筑仰拱混凝土。该断面总长38m(不含横通道)，底板一次性浇筑，侧墙预留钢筋错开搭接接头，区段长度 35d，防水板搭接长度超过预留搭接钢筋最少 40cm
2		底板混凝土达到设计强度后，清理侧墙基面，铺设侧墙防水板、防水保护层，搭设扣件式满堂红脚手架＋钢模板模架体系，绑扎钢筋，浇筑混凝土。本步序混凝土浇筑至顶板以下 0.5m 位置，保证足够空间以错开搭接接头，区段长度 35d，防水板搭接长度超过预留搭接钢筋最少 40cm，浇筑长度为 6m

续表

序号	施工工序示意图	施工描述
3	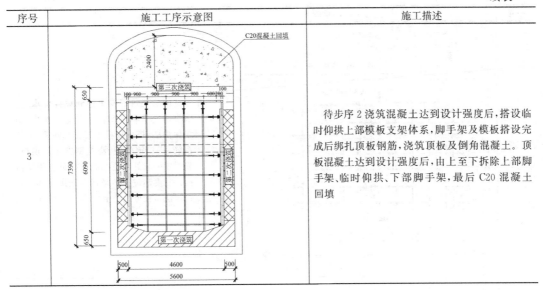	待步序 2 浇筑混凝土达到设计强度后，搭设临时仰拱上部模板支架体系，脚手架及模板搭设完成后绑扎顶板钢筋，浇筑顶板及倒角混凝土。顶板混凝土达到设计强度后，由上至下拆除上部脚手架、临时仰拱、下部脚手架，最后 C20 混凝土回填

平顶直墙单层单跨二衬施工（有临时中隔壁）步序　　　　表 8.5

序号	施工工序示意图	施工描述
1	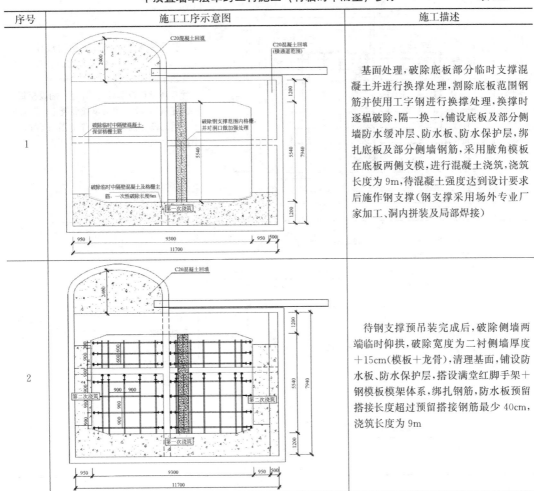	基面处理，破除底板部分临时支撑混凝土并进行换撑处理，割除底板范围钢筋并使用工字钢进行换撑处理，换撑时逐榀破除，隔一换一，铺设底板及部分侧墙防水缓冲层、防水板、防水保护层，绑扎底板及部分侧墙钢筋，采用腋角模板在底板两侧支模，进行混凝土浇筑，浇筑长度为 9m，待混凝土强度达到设计要求后施作钢支撑（钢支撑采用场外专业厂家加工、洞内拼装及局部焊接）
2		待钢支撑预吊装完成后，破除侧墙两端临时仰拱，破除宽度为二衬侧墙厚度＋15cm（模板＋龙骨），清理基面，铺设防水板、防水保护层，搭设满堂红脚手架＋钢模板模架体系，绑扎钢筋，防水板预留搭接长度超过预留搭接钢筋最少 40cm，浇筑长度为 9m

序号	施工工序示意图	施工描述
3	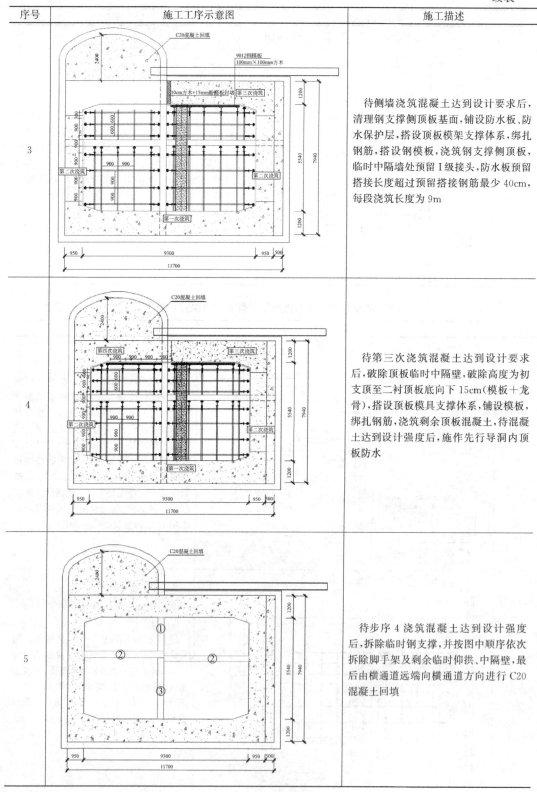	待侧墙浇筑混凝土达到设计要求后，清理钢支撑侧顶板基面，铺设防水板、防水保护层，搭设顶板支架支撑体系，绑扎钢筋，搭设钢模板，浇筑钢支撑侧顶板，临时中隔墙处预留Ⅰ级接头，防水板预留搭接长度超过预留搭接钢筋最少40cm，每段浇筑长度为9m
4		待第三次浇筑混凝土达到设计要求后，破除顶板临时中隔壁，破除高度为初支顶至二衬顶板底向下15cm（模板＋龙骨），搭设顶板模具支撑体系，铺设模板，绑扎钢筋，浇筑剩余顶板混凝土，待混凝土达到设计强度后，施作先行导洞内顶板防水
5		待步序4浇筑混凝土达到设计强度后，拆除临时钢支撑，并按图中顺序依次拆除脚手架及剩余临时仰拱、中隔壁，最后由横通道远端向横通道方向进行C20混凝土回填

平顶直墙单层双跨二衬施工步序　　　　　　　　表8.6

序号	施工工序示意图	施工描述
1	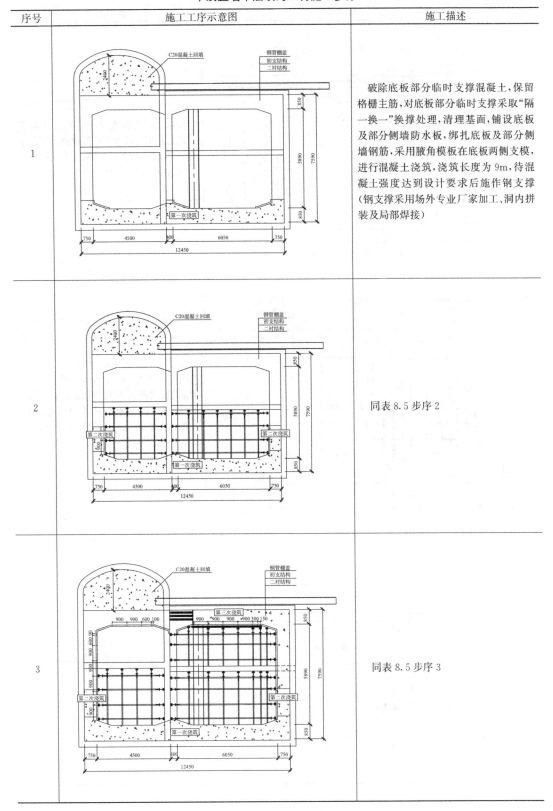	破除底板部分临时支撑混凝土,保留格栅主筋,对底板部分临时支撑采取"隔一换一"换撑处理,清理基面,铺设底板及部分侧墙防水板,绑扎底板及部分侧墙钢筋,采用腋角模板在底板两侧支模,进行混凝土浇筑,浇筑长度为9m,待混凝土强度达到设计要求后施作钢支撑(钢支撑采用场外专业厂家加工、洞内拼装及局部焊接)
2		同表8.5步序2
3		同表8.5步序3

序号	施工工序示意图	施工描述
4	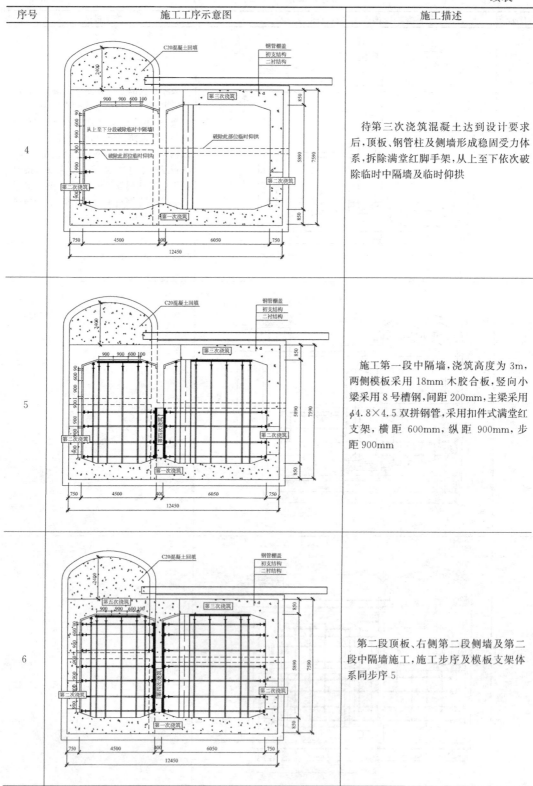	待第三次浇筑混凝土达到设计要求后,顶板、钢管柱及侧墙形成稳固受力体系,拆除满堂红脚手架,从上至下依次破除临时中隔墙及临时仰拱
5		施工第一段中隔墙,浇筑高度为3m,两侧模板采用18mm木胶合板,竖向小梁采用8号槽钢,间距200mm,主梁采用$\phi4.8\times4.5$双拼钢管,采用扣件式满堂红支架,横距600mm,纵距900mm,步距900mm
6		第二段顶板、右侧第二段侧墙及第二段中隔墙施工,施工步序及模板支架体系同步序5

CRD法暗挖大断面施工步序　　　　　　　　　　　　　　　表8.7

序号	施工工序示意图	施工描述
1	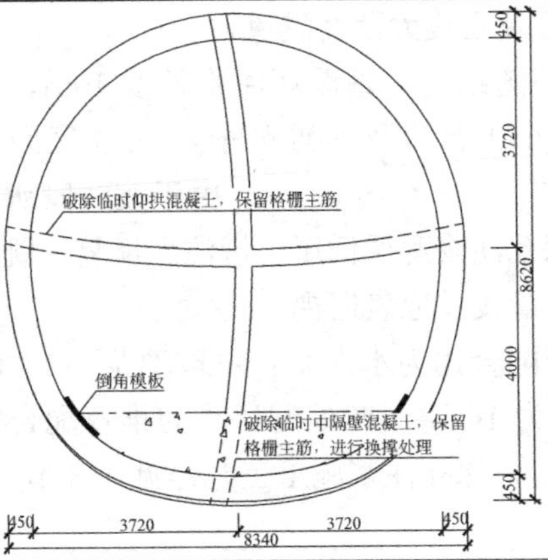	破除底板范围临时中隔壁混凝土,一次性破除长度8m,破除高度2.1m,格栅割除高度0.8m,清底。铺设底板无纺布缓冲层,底板及矮边墙防水板、无纺布保护层、混凝土保护层。待混凝土保护层强度满足设计要求后绑扎钢筋,采用可调钢模板在底板两侧支模,模板采用扣件与二衬环向主筋连接,保证混凝土浇筑时倒角模板稳固不脱落,浇筑长度6m/组,待主体混凝土强度达到设计强度后浇筑C20回填层。钢筋接头预留长度错开35d,防水板预留长度超过钢筋长度至少40cm
2	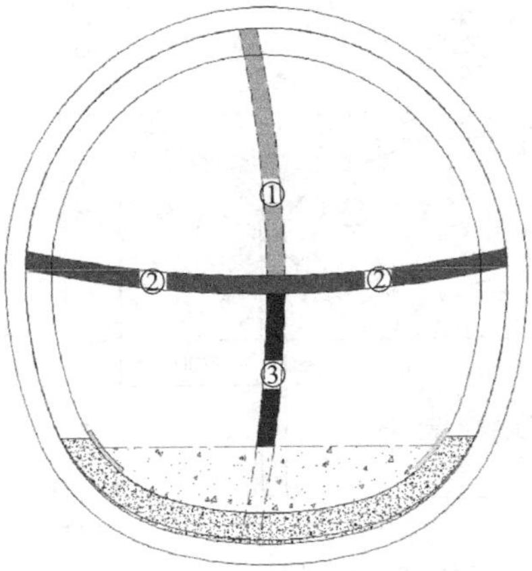	回填层混凝土浇筑达到设计强度后,对拱墙进行基面处理,处理完成后按图中所示顺序从上至下依次破除临时初支结构,破除时采用人工+机械。每段拆撑长度不超过8m(首段设置6m试验段)
3	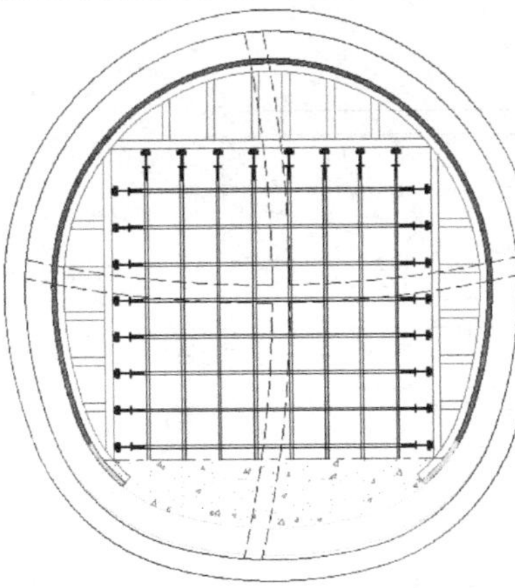	待步序2临时初支结构破除完成后,搭设满堂红脚手架支撑体系,铺设防水板、无纺布保护层、绑扎拱墙钢筋,架设模板。单组施做长度6m,待拱墙混凝土达到设计强度后拆除模板脚手架

8.2.3　超前加固方案

渡线段结构各导洞采用台阶法施工,其中先行导洞采用拱顶直墙结构形式,渡线段结构导洞采用平顶直墙结构形式,区间标准断面、CRD大断面均为马蹄形(图8.7~图8.9)。先行导洞、区间标准断面、CRD大断面超前支护采用深孔注浆,其余导洞超前

支护采用 $\phi402@450\text{mm}/500\text{mm}$ 管幕。导洞采用人工开挖、无轨电瓶车运输完成。初期支护采用钢筋格栅＋钢筋网片＋C25 喷混凝土＋锁脚锚管联合支护。

1. 深孔注浆（先行导洞、区间标准断面及正线大断面隧道）

深孔注浆采用袖阀管工法，根据现场和图纸确定每循环注浆长度 10m，预留注浆岩盘为 2m。设计加固土体范围为先行导洞整个上台阶及其初支外 2.5m、区间标准断面初支外 2.5m 至内 0.5m、正线大断面隧道初支外 2m 至内 0.5m。由于渡线段初支邻近污水管线、热力管沟，为确保注浆管线安全，深孔注浆遵循低压、慢注、反复、跳孔、由外及内、密排布孔的原则，注浆过程需做好周边管线及地表巡视。

深孔注浆采用双液注浆施工加固，浆液配合比为水泥浆：水玻璃浆＝1：0.25（体积比），水泥浆水灰比为 1：1，水玻璃浆浓度为 16°Bé（此处配比均为推荐配合比，实施前应做试验，并根据试验情况确定最终配合比）。深孔注浆施工工艺详见 4.3 节。

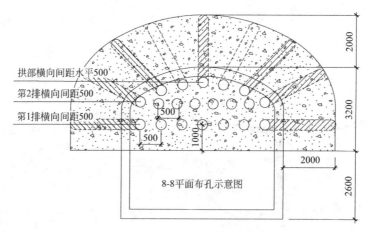

图 8.7　先行导洞深孔注浆 8-8 横剖面

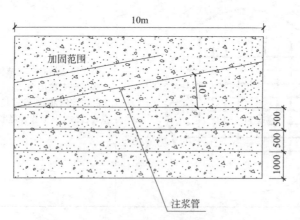

图 8.8　先行导洞深孔注浆纵断面示意

2. 小导管超前加固措施

根据地层条件选用 DN32（$\phi43.4$），$t=4.25\text{mm}$ 焊接钢管（适用于黏土、粉土、砂土地层）或 DN25（$\phi34.7$），$t=2.75\text{mm}$ 焊接钢管（适用于卵石、圆砾地层），CRD 区间中隔壁

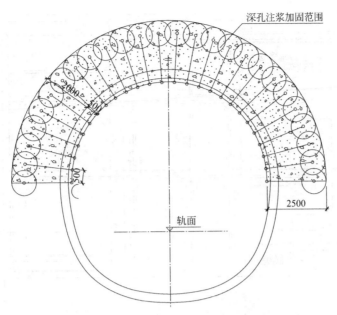

图 8.9　CRD 大断面隧道深孔注浆横断面示意

上半部分单排布置，$L=2\text{m}$，环向间距 300mm。每榀格栅钢架打设一环。本工程小导管及锁脚锚管采用 $\phi25\times2.75\text{mm}$ 钢焊管，长度为 2.0m，注浆管一端做成圆锥状，在另一端焊接钢筋箍，距钢筋箍一端 500mm 不开孔，剩余部分每隔 200mm 梅花形布设 $\phi6$ 的溢浆孔。注浆材料为水泥-水玻璃双液浆（实施前应进行试验，并根据试验结果调整配合比）；注浆压力为 0.3MPa；注浆扩散半径为 250mm；注浆速度≤30L/min（图 8.10）。

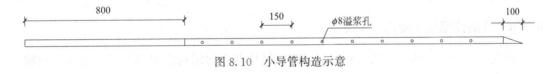

图 8.10　小导管构造示意

8.2.4　施工横通道洞门加固方案

施工渡线段导洞结构前，为保证施工安全，需对施工横通道洞门进行加固处理。洞门加固采用 250×150×8 矩管组成框架结构，立柱与横、纵梁间设置工25b 钢斜撑，各构件连接处严格采取焊接措施，保证结构整体稳定性。具体布设方法详见图 8.11 和图 8.12。总体施工顺序由下层加固至上层，由横通道封端墙向洞门方向施做框架结构。每层施工顺序为立柱→纵梁→斜撑→横梁→八字撑→水泥砂浆填充缝隙。立柱、横梁、纵梁均使用手拉葫芦架立，安装位置要求精准，立柱及横梁结构应有效与横通道侧壁连接，形成整体，确保稳定性。施工过程中需对横通道初支进行破除，在架设完毕后必须及时进行恢复。

8.2.5　施工小导洞开挖方案

先行导洞、平顶直墙导洞、标准马蹄形断面开挖均采用台阶法施工（图 8.13），各个导洞分上、下两层台阶开挖。CRD 法大断面分四部开挖（图 8.14），首先开挖导洞 1 至封

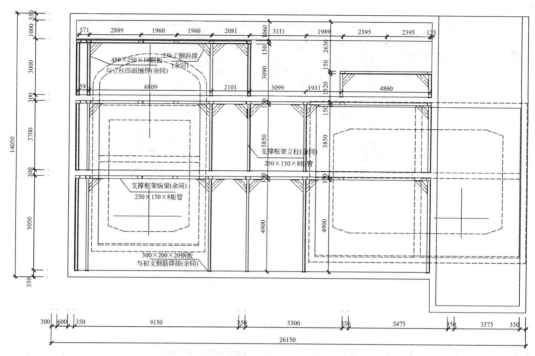

图8.11 横通道向南（向北）洞门加固示意

端，然后依次开挖导洞2、导洞3和导洞4，各部开挖均使用台阶法施工。上下台阶掌子面距离控制在3.0~5.0m范围内，核心土长度为2.0~4.0m，每层导洞之间错开12m的安全距离。

台阶法施工要求详见6.2.1节。

8.2.6 背后注浆施工要求

初支及二衬施工期间，初支迎土面及初支结构与二衬结构之间不可避免地存在空隙，此空隙也是暗挖施工造成上方土层产生沉降变形的主要因素之一。因此，对此处空隙的注浆填充工序，是控制暗挖沉降必不可少的重要工序。导洞初支背后注浆主要为回填注浆和径向注浆，详见图8.15。

1. 回填注浆

在垂直于初支方向预埋$\phi42\times4.25$mm回填注浆管，$L=0.9$m/0.95m（注浆深度为初支背后0.5m），纵向间距2m，环向起拱线以上3根，起拱线以下1.8m处两侧各设1根，先行导洞2层临时仰拱以下0.9m处两侧各设置1根。导洞开挖初期支护封闭成环3m后、距拱顶扣拱处掌子面3m后，及时对初期支护背后回填注浆。浆液采用水泥砂浆或纯水泥浆，注浆压力宜控制在0.3MPa。回填注浆管布置、埋设见图8.16。

2. 径向注浆

施工过程中，如地面及拱部沉降量超过警戒值后，应及时进行径向补偿注浆。径向注浆间距、注浆参数同回填注浆参数，注浆深度为初支背后2.6m。具体见图8.17。

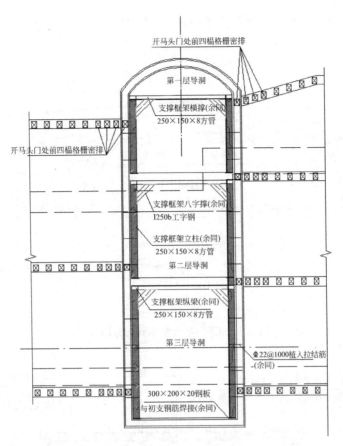

图 8.12 横通道洞门加固纵向剖面示意

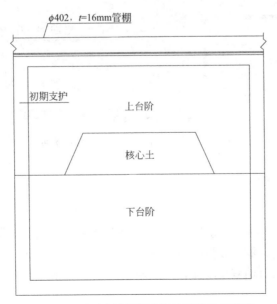

图 8.13 平顶直墙导洞台阶法开挖分部示意

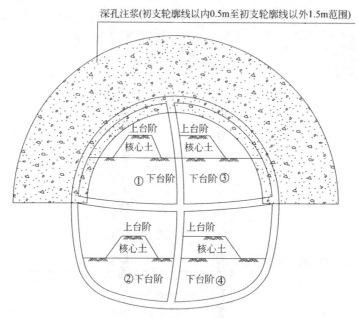

图 8.14　CRD 法大断面开挖分部示意

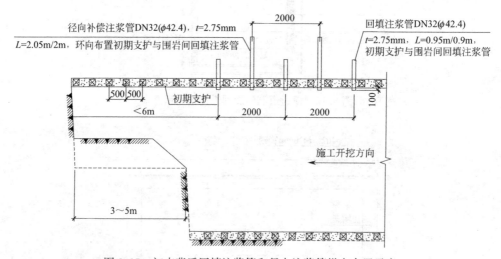

图 8.15　初支背后回填注浆管和径向注浆管纵向布置示意

8.2.7　施工横通道开挖

（1）横通道参数

渡线段结构在先行导洞 1、导洞 1、导洞 4 各设置一个横通道，横通道 1 为开挖导洞 2 设置，横通道 2 为开挖导洞 5 设置，横通道 3 为开挖导洞 6、7 设置。横通道 1、2、3 结构形式相同，均为平顶直墙双层断面，开挖断面净高 8.01m，净跨 3.0m。横通道断面及支护参数见图 8.18。

（2）横通道施工方法

横通道格栅从导洞侧墙内侧开始布置，开洞范围 4 榀密排，横通道采用台阶法施工，施工方法与导洞施工相同。

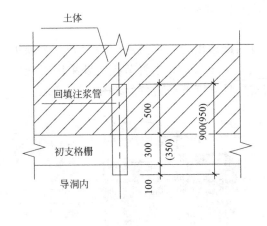

图 8.16 回填注浆管布置

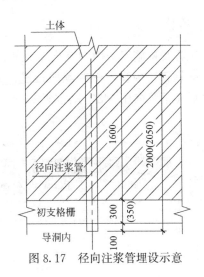

图 8.17 径向注浆管埋设示意

钢筋网φ6.5@150×150，内外双层布设，钢筋网搭接长度150mm

格栅钢架，间距500mm

纵向连接筋Φ22@1000，内外双层梅花形布设

350mm厚C25喷射混凝土

(拱顶250mm，临时仰拱300mm)

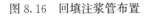

φ42.4，t=2.75mm锁脚锚管，打设角度30°
L=2.0m，每榀打设

图 8.18 横通道断面

8.3 管幕施工工艺

管幕的施工质量是衡量本工程施工成败的关键因素，也是保障区间上方道路、管线及

建筑物安全的重要措施。下面将详细介绍本工程管幕施工的具体工艺及方案。

8.3.1 管幕方案

本工程管幕施工采用螺旋出土顶管施工，边顶进边出土，在隧道边墙上方分节顶进 ϕ402mm 钢管，顶管单侧按顺序推进，分节长度 2.0m、3.6m，管节接头处采用焊接连接，最后在钢管内用 M30 水泥砂浆进行灌注密实。具体管幕平面布置如图 8.19 所示。

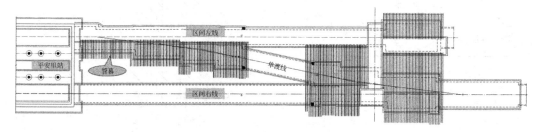

图 8.19　渡线区管幕钢管平面布置

1. 螺旋顶管原理

管幕钢管直接作为螺旋钻杆（螺旋钻杆通过锥扣连接，为中空结构，作为导向激光通道）的外套管，通过液压泵站使顶管机动力头旋转，同时配以顶管机的油缸将工作钢管徐徐顶入土体。管幕施工时通过外套管与螺旋钻杆之间的螺旋空间出土。

2. 顶管施工特点

（1）安全性高：出土跟顶进同步进行，钢管跟土体之间无缝隙，对地层扰动小。

（2）适用性强：砂卵石、粉细砂、黏土、回填地层都可以施工，可以灵活改变钻杆以及机器尺寸，场地条件限制小。

（3）精度高：管幕打设精度为±10cm。

8.3.2 平台方案

管幕施工地点为平安里站—积水潭站区间，区间端部里程为 K46+547.065～K46+662.070，区间总长共 115m，涉及 7 个不同开挖断面尺寸，针对 7 个不同断面采用一套 20m 长综合平台，该平台为单元拼接，整体调平固定后形成一个"地面"，能适应整个渡线段管幕施工。

平台长 20m 为一个循环，由多个板块组成单元，每个单元由 10mm 厚钢板及加强肋板焊接组成（三种规格，5.1m×2m、0.5m×4m、0.7m×4m），通过拼接将各单元连接成整体，循环往复利用。根据管幕施工位置、顶管机型号，平台采用一次性定位、调平，沿导洞方向平台两侧设防护栏，两端头靠近导洞侧墙设上、下人行梯子。考虑开挖班施工时涉及交叉作业，平台支腿共 12 根，宽 3.4m，高 3.5m，能够过车、过人，施工时为控制平台精度不受影响，防止三轮车碰撞支腿立柱，设置可移动式的防撞栅栏，单片栅栏长 2m，通长连接，粘贴反光条，同时设专职指挥人员，三轮车在指挥人员的引导下通过，避免三轮车冲撞平台造成管幕精度受损。平台顶面防护栏高 2.2m，宽 5m，设置平台两个端头，网格采用钢丝网片，并悬挂安全标识。平台两端设置爬梯，爬梯宽 0.6m，爬梯扶手高 1m，坡比 1:0.75，踏步板设置 20 块，爬梯置于平台靠近东侧初支位置。

8.3.3 施工工艺及方法

1. 施工工艺流程

本工程管幕施工采用螺旋出土顶管施工，边出土边顶进。考虑四根柏地质为砂卵石层，管节太长不利于螺旋出土，钢管管节长度分为 3.6m 和 2m，钢管管节之间采用等强焊接连接，相邻钢管焊缝错开 0.6m 布置。钢管内填充 M30 水泥砂浆，管幕外设 1 根 φ42 注浆管补偿注浆，控制管幕施工引起的沉降。本工序施工主要包括施工前准备、机械设备就位、钢管顶入、钢管连接及密封注浆，工艺流程见图 8.20。

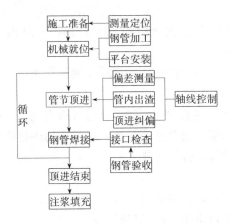

图 8.20 管幕施工工艺流程

2. 施工步骤

1）测量布点及初支破除

首先由测量人员使用激光全站仪校检控制桩位，测放出管幕的准确位置并在导洞拱墙上对顶管位置按编号进行标记。放样完成后，采用人工手持风镐对管幕范围内导洞初支混凝土进行拆除，破除尺寸为 2m ×0.45m（长×高），格栅拆除为每次一榀。初支破除根据现场实际进度超前施做。

2）机架调平

将顶管机按测量孔位布置，电子水平尺粗调平，再用五线仪精确调平，通过螺栓与平台连接、固定，调试顶管机液压系统直至满足施工要求。

3）钢管吊装

将限位器固定在顶管机正前方，钢管通过 3t 电动葫芦吊装就位，一端置于双系统，另一端置于限位器，电子水平尺调平，帮焊板限位器双系统三点一线，保证顶进精度。

4）顶进施工

钻机组装调试完成就位后，先顶进端头楔形钻头，随后跟进螺旋钻杆及第一节钢管，钢管顶入土体后超前楔形钻头，采用欠土顶进方式，边顶进边出土，作业面排出的渣土由专人及时清理。其中钢管每节长 2m、3.6m，钢管连接方式采用焊接。为保证焊接时每节管的水平精度及焊接质量，现场焊接采用爬焊机进行对位焊接，焊接时管外采用靠尺辅以地质罗盘进行对位控制以保证钢管密贴平顺。顶管过程中应严格控制顶进速度，使顶进速度与出土相协调，以减少顶力，控制管幕顶进过程中对土体的扰动。同时利用钻杆内装入的光学装置，通过全站仪来测量方位，全程观测，及时发现管幕钻进的偏差，通过钻杆及时调整钻头前端的楔形板方向进行纠偏，严格控制孔轴线，确保施工精度。

5）监控方法

（1）顶管机的角度保持水平，钢管角度同样保持水平，调平先采用水平尺粗调，然后用水准仪精确调平；

（2）每进尺 0.6m，记录探棒传回的角度，适当采取纠偏措施，每进尺 6~8m 在螺旋钻杆端头采用经纬仪测量灯光，计算高差；

（3）在钻进的同时，严格控制面向角的变化，通过探棒反馈数值控制 20m 钢管自转小于 3°；

（4）统计出土量，控制在理论出土量的 80% 以内，一旦出土量接近于此值，施工中就需要多采取直接顶进方法；

（5）钢管铺设完成后，在钢管内送入光源再次测量高差检验。

6）钢管焊接

（1）钢管之间采用水平尺调整对齐，然后顶管机适当加力，使钢管之间贴紧；

（2）锁扣对齐以母扣为准，公扣适当加工，母锁扣的焊接确保通长；

（3）焊接采用气体保护焊，焊缝饱满。

7）钻杆回撤

（1）钢管打到设计位置后，采用油缸的方式回撤；

（2）回撤时必须保证正转出土，严禁反转。

8）钢管内填充水泥砂浆

钢管顶进到位管内渣土清理完成后，在管口采用 1cm 钢板封端（预留灌浆孔和排气孔，排气孔与灌浆孔上下布置，排气孔在上方布置），然后通过注浆机对管内灌注 C30 水泥砂浆，注浆导管必须插至管幕前端 50cm 处，采取后退式注浆，退管与注浆进度协调一致。水泥砂浆填充作业暂定为滞后管幕 10 根开始进行施工，根据现场实际情况及检测数据进行实时调整。灌浆终止以注浆量和现场观察溢孔溢浆情况进行双项指标控制，确保管内水泥砂浆填充密实，灌浆过程中控制好填充速度，不宜过快。

9）管幕外补偿注浆

根据现场工序组织，暂定顶管完成 2~3 根后及时进行管外补偿注浆，控制地层变形。根据地表监测情况随时进行调整。补偿注浆采用 1:1 水泥浆进行灌注。严格控制注浆压力小于 0.5MPa，加强洞内外巡视，防止注浆对周边管线及路面造成破坏。水泥浆配合比由现场试验确定，施工过程中严格控制配合比。

3. 安全保障措施

1）安全措施

（1）各作业人员必须遵守劳动纪律，服从领导和安全检查人员的指挥，工作时思想集中，坚守岗位，未经许可不得从事非本工种作业，严禁酒后上班，不得在严禁烟火的地方吸烟、动火。

（2）严格执行操作规程，不得违章指挥和作业，对违章作业的指令有权拒绝，并有责任制止他人违章作业。

（3）按照作业要求正确穿戴个人防护用品，进入施工现场必须戴安全帽，严禁赤脚或穿高跟鞋、拖鞋。

（4）在施工现场行走要注意安全，不得攀登龙门架和随吊桶上下。

2）各工序施工安全注意事项

（1）设备安装与调试

管幕施工设备进场严格按照程序向项目部及监理单位报验，报验合格后方可进场安装及调试。利用竖井电葫芦吊装设备时，应绑扎牢固，严禁超重起吊。起吊下方严禁站人，待设备降落至离作业地面 1m 以内，人员方可靠近操作，待就位平稳后方可摘钩。吊装过程中信号工必须全程现场指挥，门吊机必须执证上岗，按规程操作。

（2）管幕顶进及出土

管幕顶进前认真学习相关技术交底，摸清周边管线，严格顶进精度控制及速度，减小沉降，做到顶进与出土相协调，减少顶管推力对管线的影响；顶管机需专业人员配需合格后操作；加强管幕连接及安装过程中安全防护，防止被砸伤；顶进过程中千斤顶使用前需检定合格并标定，加力过程中需缓慢进行并做好防护，防止对周边人或物造成伤害；各种机械要有专人负责维修、保养，并经常对机械的关键部位进行检查，预防机械故障及机械伤害的发生；在钻机操作时，严格遵守操作规程，防止机械伤人事故发生。

3）焊接施工操作安全注意事项

（1）焊机应放置在防雨、通风良好的地方，焊机应垫离地面 20cm，焊机供电必须"一机、一箱、一闸、一漏"，杜绝一闸多机；

（2）焊机一次线长度应不大于 5m，二次线长度不大于 30m，一、二次接线处防护完好；

（3）焊机一次线必须使用三芯电缆，二次线必须选用 YAS 型橡皮护套铜芯多股软电缆，焊机插孔完好，焊线接装压接牢固；

（4）焊钳和电缆线必须绝缘良好，焊机应有二次降压和接地保护；

（5）焊接作业人员，必须经专业安全技术培训，持证上岗，非电焊工严禁进行电焊操作；

（6）电焊操作时应穿电焊工作服、绝缘鞋和戴电焊手套、防护面罩等安全防护用品，高处施焊时系防火型安全带；

（7）电焊作业现场周围 10m 范围内不得堆放易燃易爆物、杂物；

（8）雨、雪、风力六级以上（含六级）天气不得露天作业，雨雪后应清除积水、积雪后方可作业；

（9）操作前应首先检查焊机和工具，如焊钳和焊接电缆的绝缘、焊机外壳保护接地和焊机的各接线点等，确认安全合格后方可作业；

（10）严禁在易燃易爆气体或液体扩散区域内、运行中的压力管道和装有易燃易爆物品的容器内以及受力构件上焊接和切割；

（11）施焊地点潮湿或焊工身体出汗后使衣服潮湿时，严禁靠在带电钢板或工件上，焊工应在干燥的绝缘板或胶垫上作业，配合人员应穿绝缘鞋或站在绝缘板上；

（12）焊接时接地线头严禁浮搭，必须固定、压紧，用胶布包严；

（13）操作时必须切断电源的情形：改变电焊机接头；更换电焊机及配件需要改接二

次回路；转移工作地点搬动焊机；焊机发生故障需进行检修；更换保险装置；工作完毕或临时离开操作现场时。

4）管幕砂浆填充注意事项

（1）电气设备的检修、连接找电工进行，严禁私拉乱接；

（2）主动做好电气设备的防雨、防火、防破损工作；

（3）搅拌机应设置在平坦的位置上，用方木垫起前后轮轴，使轮胎搁高架空，以免在开动时发生走动；

（4）搅拌机应实施二级保护，上班前电源接通后必须仔细检查，经空车试转认为合格，方可使用。试运转时应检查拌筒转速是否合格，一般情况下，空车速度比重车（装料后）稍快 2~3 转，如相差较多，应调整动轮与动轮的比例；

（5）拌筒的旋转方向应符合箭头指示方向，如不符时应更正电机接线；

（6）检查转动离合器和制动器是否灵活、可靠，钢丝绳有无损坏，轨道滑轮是否良好，周围有无障碍及各部位的润滑情况等；

（7）开机后，经常注意搅拌机各部件的运转是否正常；停机时，经常检查搅拌机叶片是否打弯、螺栓是否打落或松动；

（8）当砂浆搅拌完毕或预计停歇 1h 以上，除将余料除净外，应将石子和清水倒入搅拌机筒内，开机转动，把粘在料筒上的砂浆冲洗干净后全部卸出；料筒内不得有积水，以免料筒和叶片生锈，同时还应清理搅拌筒外积灰，使机械保持清理完好；

（9）管幕灌浆严格控制泵送压力，低压一般不超过 0.5MPa。

8.4 穿越风险施工过程控制

8.4.1 下穿管线的保护处理措施

（1）施工前对管线进行详细排查，探明管线的不准确埋深、材质、接头位置及形式、渗漏情况、年代等基本情况。

（2）先行导洞上台阶采取深孔注浆超前加固，加固范围为开挖轮廓线外 2m 以内的土体。

（3）下穿管线前对管线下方的空洞、水囊及有害气体进行超前探测，采取洛阳铲进行超前探测，在先行导洞拱部拱顶及起拱线位置处成"品"字形挖 3 个探孔，每次超前探 5m，挖 2m，至少保证 3m 的超前探测量。若发现渗漏或管线下方有空洞，应采取引流、注浆等有效措施，确保施工安全及管线的正常使用。

（4）施工过程中，严格按照设计要求进行监控量测，通过监测结果及时调整施工参数，确保管线安全。

（5）针对雨水、污水管线，制定专项应急预案，防止因管线渗漏对工程及周边环境造成重大影响。

（6）管幕施工时严格保持"欠土"顶进，出土器不得突出钢管，且须落后钢管前端两倍管径以上距离；在暗挖大断面处设置锁扣，避免管间土体损失引起沉降；在钢管壁上设置注浆管，对地层及时进行补偿注浆。

8.4.2　下穿建筑物的保护处理措施

（1）导洞初支采用 $\phi 402@450/500$，$t=16$，管内填充水泥砂浆的棚盖钢管体系支护，钢管外附带 $\phi 42$ 注浆管，对土体进行补偿注浆加固。

（2）施工前对开挖影响范围内的房屋进行检测评估，确定房屋允许的沉降控制值，同时做好现状房屋的影像采集工作。对文物穿越前与有关管理单位进行沟通，取得其同意后方可进行施工作业。

（3）施工中严格控制管幕顶进精度及沉降，通过全站仪及有线导向装置对管幕顶进方位进行精度控制，最大竖向坡度偏差控制在 $0\sim 3‰$，端头最大竖向偏差控制在 50mm 以内。钢管顶进过程严格执行欠土开挖，钻杆滞后钢管顶端 1m。

（4）通过棚盖结构上的注浆管及时对地层进行补偿注浆，减少土体损失。

（5）加强沉降变形加测，必要时增加监测频率。

（6）为避免钢管下沉，导致地面沉降，在初支墙顶设置钢垫板，当格栅钢架具备一定竖向承载力后，及时施作格栅钢架与钢管间的钢垫片，钢垫片与钢管及格栅钢架密贴顶紧后及时喷射钢格栅混凝土。

（7）为避免钢管下沉，导致地面沉降，在上导洞侧墙中部及底部设置锁脚锚杆，在上导洞底部设置"L形拱脚"。

（8）为减少建（构）筑物沉降，在渡线段结构穿越地面建（构）筑物时，对渡线段结构邻近地面建（构）筑物一侧初支外 2.5m 范围内土体采取注浆加固措施，以增强土体的稳定性。

8.4.3　其他措施

详见 6.4.2 节其他通用措施。

8.5　应急响应方案

8.5.1　应急处理措施

1. 对外联系组

发生事故后，负责事故处理中各救援队伍之间的通信联系，在总指挥的授权下向上级应急中心和地方公安部门、安全生产监督管理部门报告，并负责伤亡人员的亲属接待，善后问题。

2. 现场抢险抢修组

接到任务后，以最快的方式赶到现场，排除险情，控制事态进一步恶化。

3. 善后处理组

接到任务后，以最快的方式赶到现场，组织救护车辆及医务人员、器材现场抢救伤员。对事故中的轻伤人员，现场及时进行包扎救治；伤情严重的，由专人负责送至附近医院紧急抢救。

4. 信息传递组

接到任务后，以最快的方式赶到现场。负责现场周围人员和群众安全疏散工作，避免二次伤害，设置警戒，封锁保护现场。布置安全警戒，保证现场井然有序；实行交通管制。保证现场及厂区道路畅通；加强保卫工作，禁止无关人员、车辆通行。

5. 物资供应组

接到任务后，以最有力的方式，确保准备应急救援车辆、物资、资金等所需物资应。

8.5.2　警戒、疏散、信息发布

应急救援总指挥认为事故可能危及公众生命财产安全时，授权信息传递组组长负责发出指令，动员可能受到事故危害范围内的公众，采取必要的安全防范措施或者紧急撤离危险场所。组织现场勘察和治安保卫，负责现场警戒和清理疏散现场方圆150m范围内的居民。对外联络组长长负责对媒体和新闻单位统一发布事故信息。

8.5.3　应急救援工作的恢复

根据事故情况，由应急总指挥对事故可能造成对基础设施、环境等的危害进行预测。根据预测结果，决定应急程序的结束和制定恢复方案。当发生重大事故时，由事故调查单位和上级应急救援指挥中心组织专家组对基础设施、环境等进行技术鉴定，制定技术措施，实施恢复。

8.6　本章小结

（1）本章详细介绍了北京19号线平安里站—积水潭站区间渡线段穿越既有管线和建筑物的施工方案及相关的保护措施方案，论证了复杂环境下采用"管幕"支护的方式进行超浅埋暗挖施工工法的优势及可行性，并介绍具体施工工艺及相关注意事项，为类似项目提供参考经验。

（2）通过实际工程施工效果来看，"棚盖法"暗挖施工能有效地避免传统暗挖大断面尺寸过大、断面受力转换多，有一定的覆土厚度要求、造成土层过大沉降等多种不利条件。此法比较适合场地有限、周边管线、建筑物等环境条件复杂的城市核心区暗挖施工。

第9章
总结

本书围绕轨道交通工程邻近施工问题，选取典型实际工程，重点介绍了每项工程的风险控制措施、工程风险专项施工及设计方案，总结如下：

第2章主要介绍了盾构法区间隧道下穿既有车站及区间工程，以北京19号线平安里站—积水潭站区间为工程案例，详细给出了盾构法穿越风险工程的控制措施及施工方案，包括盾构掘进参数、试验段设置、盾构管片加强措施等。此案例为盾构穿越既有线工程，对于盾构穿越既有建筑物、管线、铁路等建（构）筑物同样适用，读者可根据实际工程条件酌情参考。

第3章主要介绍了明挖基坑上跨既有盾构区间工程，选取风险较大且具有典型性的长距离顺行上跨工程，详细分析了明挖基坑卸载导致隧道上浮的原理及相应风险控制措施，包括基坑分层分块开挖、坑底加固、增加配重等，并结合三维有限元数值模拟和实际施工效果，肯定了类似工程所采用风险控制措施的有效性。此案例措施可推广至明挖基坑上跨矿山法区间、上跨地铁出入口、上跨其他地下隧道等工程。

第4章主要介绍了暗挖（矿山法）区间隧道近距离上跨既有地铁区间（矿山法）工程，以北京19号线某区间为案例，详细描述了矿山法区间近距离上跨既有区间的施工保护方案，重点介绍了深孔注浆措施的施工工艺，并通过有限元数值计算和实测数据分析，验证了本工程采取措施的合理性和有效性。

第5章主要介绍了软土地区明挖深基坑邻近既有地铁及区间工程，以杭州近江单元SC0302-B1/B2-14地块基坑邻近婺江路站及其附属为背景。本案例作为软土地区比较典型的基坑邻近工程，详细阐述了工程施工方案、风险保护措施，如采取型钢组合支撑体系（含伺服系统）、坑底旋喷桩加固措施、分层分块开挖措施等。结合三维有限元数值计算结果及实际施工效果，验证了本工程各项措施的有效性，也为后续类似工程，特别是软土地区的相关工程提供借鉴。

第6章主要介绍了地铁工程中的一项重要工法——PBA工法，以北京19号线某区间风井穿越市政管线为工程背景，详细介绍了PBA工法施工工艺流程，特别是导洞（初支）及二衬施工的工艺及要点，同时介绍了PBA工法针对穿越管线风险可采取的保护措施，此内容也可推广至穿越建（构）筑物等风险工程，类似PBA工程可酌情借鉴。

第7章主要介绍了暗挖（矿山法）区间穿越桥桩工程，以沈阳3号线某区间穿越文化路立交桥工程为背景，介绍了穿越桥梁时暗挖区间及桥梁本身可采取的针对性保护措施，并重点介绍了标准马蹄形暗挖断面的施工工艺流程及对应的辅助措施。此穿越桥梁措施亦可推广到暗挖隧道穿越既有建筑物、管线、铁路、地铁等工程中。

第 8 章介绍了近两年比较流行，特别是对于周边场地有限、受控环境因素较多的情况下可采用的工法——超浅埋暗挖法（即棚盖法）。本章以北京 19 号线平安里站—积水潭站区间渡线段为工程背景，详细阐述了棚盖法的施工步骤及采用的风险控制措施，并重点介绍了控制地层变形的一项重要工艺——管幕施工工艺。本案例采用超浅埋暗挖法，在保证周边环境风险可控的前提下，最大限度地减小了工程埋深，使车站底板位于水位线之上，相比传统暗挖施工工法，抬升了整个车站的底板埋深，有效地避免了暗挖遇到的地下水处理问题，最大限度地节省了工程造价，具有很好的借鉴意义。

综上，本书归纳了轨道交通工程邻近施工的主要典型案例，区间（车站）施工工法涵盖了盾构法、矿山法、超浅埋暗挖法（棚盖法）、明挖法、PBA 工法；穿越方式包含下穿（密贴、垂直）、上跨（顺行、垂直）、侧穿等多种空间位置关系；穿越风险源涵盖了既有区间（盾构、矿山）、既有车站及附属、市政管线、建筑物、桥梁等；穿越地层涵盖了卵石地层、淤泥地层、黏土层等多种不同地质条件的地层；主要风险措施涵盖了深孔注浆、超前小导管、分层分块开挖、大管棚支护、坑底加固、增设临时仰拱、格栅加密、设置试验段、合理的盾构掘进参数、强化的量测手段等，几乎覆盖了轨道交通工程中可采取的大部分风险控制措施。对于从事轨道交通行业，特别是结构设计专业人员进行风险专项设计时，本书案例可作为相应的参考借鉴。

本书工程案例部分是作者对近年来所负责工程项目的总结和归纳，由于作者水平有限，书中难免疏漏和不足，敬请读者严加斧正，不吝赐教。